Inhaltsverzeichnis

Vorwort

Glückwunsch! Du stehst kurz davor, die spannende Reise durch die spanische Sprache zu beginnen. Und ich freue mich darauf, dich auf dieser Reise zu begleiten.

Auf jeden Fall eröffnet sich dir mit dem Erlernen der spanischen Sprache eine neue Welt: Du lernst neue Kulturen kennen und machst durch die praktische Anwendung der Sprache jede Menge neue Erfahrungen. Denn die spanische Sprache ist eine der kulturell reichhaltigsten und schönsten Sprache auf der Welt! Und nicht nur das. Knapp 600 Millionen Menschen sprechen Spanisch und somit zählt Spanisch zu einer der am meisten genutzten Sprachen weltweit. Spätestens wenn du deinen nächsten Urlaub oder eine Abenteuerreise durch Spanien oder Südamerika planst, kommst du an Spanisch nicht vorbei. Denn in Spanien und in anderen lateinamerikanischen Ländern sprechen viele kaum Englisch. Ohne spanische Sprachkenntnisse wirst du somit nicht annähernd so viel auf deiner Reise erleben wie mit Spanisch! Und wenn Auswandern ein Thema für dich ist, dann solltest du unbedingt damit beginnen Spanisch zu lernen, um von den Einheimischen aufgenommen und dich vor Ort genauso wohl wie zuhause zu fühlen.

Dabei handelt es sich bei diesem Buch keineswegs um ein langweiliges und trockenes Lehrbuch. Das Buch ist so angelegt, dass du so einfach und praxisnah wie möglich die spanische Sprache lernst, spanische Muttersprachler einwandfrei verstehst und sicher mit anderen auf Spanisch kommunizieren kannst.

In diesem Buch lernst du neben essentiellen grammatikalischen Bausteinen die wichtigsten Vokabeln des Grundwortschatzes und nützliche Phrasen, sodass du direkt mit dem Sprechen loslegen kannst. Damit dir die Aussprache keine Sorgen bereitet, findest du zu jedem Kapitel dieses Buches zahlreiche Audioaufnahmen. Diese wurden von verschiedenen Muttersprachlern aufgenommen. Auf diese Art kannst du dich leicht an die korrekte Aussprache gewöhnen, dein Hörverständnis trainieren und ein natürliches Sprachgefühl für die spanische Sprache entwickeln. So wirst du ideal für deine nächste Reise durch Spanien oder Lateinamerika vorbereitet. Zusätzlich erwarten dich nach jedem Kapitel Dialoge und Kurzgeschichten, sodass du deine Sprachkenntnisse systematisch aufbauen und vertiefen kannst.

Und nicht nur das.

Am Ende jedes Kapitels findest du ebenfalls fordernde Übungen, damit du das Gelernte direkt anwenden kannst, um so deinen Lernerfolg zu maximieren.

Es ist klar, dass sowohl Motivation als auch das Verwenden richtiger Lernmethoden dafür ausschlaggebend sind, ob du dir eine Sprache erfolgreich aneignen kannst oder nicht. Genau aus diesem Grund habe ich dir in der Praxis bewährte Lernmethoden zusammengestellt, sodass dir das Lernen leichtfallen wird. Lernen muss nicht kompliziert und stumpfsinnig sein, im Gegenteil: Dir wird das mühelose Erlernen der spanischen Sprache jede Menge Spaß bereiten.

Und um täglich deine Motivation aufrechtzuerhalten und zudem noch wertvolle Tipps zu erhalten, haben wir eine Facebook- und Instagram-Community ins Leben gerufen. Zugang dazu findest du zu einem späteren Zeitpunkt in diesem Buch. Hier kannst du dich mit anderen Lernenden austauschen und wertvolle Tipps abholen. So wirst du auf jeden Fall erfolgreich Spanisch lernen!

Abschließend möchte ich dir noch einmal zum Kauf dieses Buches gratulieren und wünsche dir viel Freude und Erfolg auf deiner spannenden Abenteuerreise durch die spanische Sprache.

Somit lass uns keine Zeit mehr verlieren und gemeinsam starten!

Susanne Pulvermüller

Kostenloser Zugang zu Audioinhalten

Beim Lesen und Üben werden dir sicherlich die Verweise zu Audioinhalten auffallen. Diese wurden von spanischen Muttersprachlern aufgenommen, damit du zum einen dein Hörverständnis und deine Aussprache üben kannst. Zum anderen ermöglicht es dir allumfänglich in die Sprache einzutauchen und so den besten Lerneffekt zu erzielen.

Deshalb empfehle ich dir stets bei jedem Punkt die Audioinhalte anzuhören und sie ebenfalls nachzusprechen. So wird es dir nicht nur leichter fallen, die Vokabeln zu verinnerlichen, sondern auch jede Menge Spaß bereiten, mit diesem Buch deine Spanischkenntnisse aufzubauen und zu vertiefen.

Den Zugang zu den Audioinhalten findest du auf der nächsten Seite. Scanne dafür entweder mit der Kamera-App auf deinem Smartphone den **QR-Code** oder tippe auf den **Link**, um die Audios aufzurufen.

Dabei kannst du die Audios entweder direkt über den Browser abspielen lassen oder auf dein Smartphone bzw. deinen Laptop herunterladen, um sie jederzeit auch ohne Internetverbindung abspielen zu lassen. So kannst du idealerweise selbst unterwegs ganz bequem dein Spanisch verbessern.

Solltest du Schwierigkeiten mit den Audiodateien erleben, so schreib uns gerne eine E-Mail und wir kümmern uns schnellstmöglich um dein Anliegen!

team@aesverlag.de

Ich wünsche dir viel Freude und Erfolg beim Lesen und Üben!

Link: **https://bit.ly/audioinhalte_spanisch**

QR-Code:

Die Audiodateien kannst du bei dem Cloud-Anbieter Dropbox über den Webbrowser oder die Dropbox-App abrufen und bei Bedarf offline abspeichern. In der Regel benötigst du keinen Dropbox-Account, um auf die Inhalte zugreifen zu können. Sollte dennoch eine Aufforderung zur Registrierung erscheinen, so empfehle ich dir die kostenlose Basic-Mitgliedschaft. Unter dem folgenden Link kannst du dich kostenlos registrieren: ***www.dropbox.com/basic***.

Sollte der Bit.ly-Link aus irgendeinem Grund nicht funktionieren, so kannst du über den QR-Code oder über den folgenden Link auf die Inhalte zugreifen:

https://www.dropbox.com/sh/o6t7opj5hrabtwc/AABFahs4nbcF4ES9bOLVZmtCa?dl=0

Audiobeispiel Audioinhalte sind mit diesem Hinweis in den jeweiligen Textpassagen zu finden. Sobald du also dieses Symbol im Text findest, ermutige ich dich dazu, dir direkt die entsprechende Audiodatei anzuhören und die Inhalte nachzusprechen. So übst du optimal dein Hörverständnis, trainierst deine Aussprache und erzielst somit den maximalen Lernerfolg!

Einleitung

Die spanische Sprache ist eine der kulturell reichhaltigsten und schönsten Sprachen. Sie wird von mehr als 585 Millionen Menschen in 26 Ländern gesprochen. Spanisch ist die Muttersprache von 496 Millionen Menschen und ist damit nach dem chinesischen Mandarin die am zweitstärksten verbreitete Muttersprache[1]. Spanisch ist zudem nach Englisch die weltweit am zweithäufigsten erlernte Fremdsprache. Eine Weltsprache mit lateinischen, germanischen, arabischen und indigenen Einflüssen. Und eine Weltsprache, die auch unsere deutsche Sprache bereichert hat. Deswegen hier ein kurzer Blick auf die interessante Geschichte der Entwicklung des Spanischen zur Weltsprache.

Was führte zu dieser starken Verbreitung und Begeisterung fürs Spanische? Spanisch ist eine romanische Sprache, die ihre Ursprünge in der lateinischen Umgangssprache, dem „Vulgärlatein", hat, also der Sprache der Römer, die ab ca. 200 v. Chr. bis zum 4. Jahrhundert nach Christus die Iberische Halbinsel eroberten und ihren Einfluss von Nordosten aus über die ganze iberische Halbinsel ausbauten. Da Spanien weit ab vom römischen Regierungssitz war, konnten sich die lateinischen Dialekte der Legionäre, Händler sowie Einwanderer der Grenzregionen mit der Sprache des Volkes vermischen, ausbreiten und durchsetzen. Nach dem Fall des römischen Reichs im 5. Jahrhundert, eroberten Westgoten das Land, wodurch sich etliche germanische Worte zu einer lateinisch-deutschen Mischung etablierten wie etwa „burgo" (Burg, Festung), „rico" (reich) oder „robar" (rauben).

Neben dem Latein trug das Arabische in den acht Jahrhunderten maurischer Herrschaft das meiste zur spanischen Sprache bei. Diese Epoche von 711 bis 1492 wird als „Convivencia" (Zusammenleben) bezeichnet. Sie zeichnet sich durch das einzigartige, meist friedliche Miteinander von Muslimen, Juden und Christen aus, die mit der Zeit ein Zusammengehörigkeitsgefühl entwickelten. Vor allem die Bereiche Landwirtschaft, Architektur, Mathematik und Kunst profitierten von der hochentwickelten Kultur und Wissenschaft der Araber. Der arabische Einfluss machte sich auch durch neue

---

[1] Instituto Cervantes:
https://cvc.cervantes.es/lengua/anuario/anuario_22/informes_ic/p01.htm

Begriffe bemerkbar, die seither den spanischen Wortschatz bereichern. Hier nur einige Beispiele, die für dich leicht zu lernen sind, da sie sich mit der Zeit auch im Deutschen verbreitet haben: „azúcar“ (Zucker), „café“ (Kaffee), „taza“ (Tasse), „álgebra“ (Algebra), „cifra“ (Ziffer), „azafrán“ (Safran), „paraíso“ (Paradies), „sofá“ (Sofa).

Zur Standarisierung einer einheitlichen spanischen Sprache führte die „Reconquista“ (Rückeroberung) der maurischen Gebiete durch die katholischen Könige Ferdinand von Aragón und Isabella von Kastilien am Ende des 15. Jahrhunderts. Sie vergrößerten ihren Einflussbereich immer weiter nach Süden, wodurch sich das Kastilische als spanische Einheitssprache etablierte und im Laufe der Zeit auch schriftlich standardisiert wurde. Die Entdeckungsreisen von Christopher Columbus verbunden mit der Kolonialisierung führte zur Verbreitung des Spanischen auf dem gesamten südamerikanischen Kontinent. Die kolonisierte Bevölkerung übernahm nach und nach die Sprache der Besatzer, um am gesellschaftlichen Leben teilzunehmen. Dennoch ist auch der indigene Einfluss auf das heutige Spanisch spürbar. Nicht mehr wegzudenken sind Begriffe wie „cacao“ und „chocolate“.

Seit 1975 ist das Kastilische per Verfassung offizielle Staatssprache, das heißt, es ist die Sprache, die wir heute unter dem Begriff Spanisch verstehen. Dieses heute übliche Spanisch, das in 26 Ländern verstanden und kommuniziert wird, ist natürlich auch Thema dieses Buches. Obwohl die Regionalsprachen in Spanien insbesondere während der Franko Diktatur unterdrückt wurden, haben sich einige Dialekte in den 17 autonomen Regionen bis heute erhalten. Was das Katalanische, das Baskische und das Galicische anbelangt, so haben diese drei Dialekte einen gleichberechtigten Status gegenüber der Staatssprache, also dem normalen Spanisch. Diese Sonderrechte haben sich die drei politisch mächtigen „Autónomas“ im Laufe der Zeit erstritten. Die drei Sprachen unterscheiden sich stark vom eigentlichen Spanisch. Das Katalanische ist vom Französischen geprägt, das Galicische vom Portugiesischen, der Ursprung des Baskischen kann bis heute nicht bestimmt werden. Straßenschilder, Speisekarten und sonstige Infos werden in diesen besonderen Regionen im jeweiligen Dialekt geschrieben. Meist jedoch, zumal in touristisch wichtigen Gebieten, werden die Dialekte ins normale Spanisch übersetzt.

Alle weiteren autonomen Regionen verschriftlichen ihren Dialekt nicht. Nur beim Sprechen merkt man im Süden Spaniens wie in Andalusien, dass kaum jemand das „s“ ausspricht und das gelispelte „s“ schon gar nicht.

Solche kleinen Besonderheiten findet man auch in Südamerika, da die meisten Siedler, die sich mit Kolumbus auf den Weg machten, aus Andalusien stammten, von dort aus starteten ja auch seine Schiffe. In jedem Fall kommst du mit dem offiziellen Spanisch, das du in diesem Buch lernst, in allen spanischsprachigen Ländern und Regionen zurecht.

Der kleine Einblick in die Geschichte bringt dich der spanischen Sprache und ihrer kulturellen Vielfalt näher und macht dich hoffentlich neugierig auf eine der schönsten Sprachen.

Bist du bereit für die Entdeckungstour? Dann lass dich begeistern und bereichern. Ich freue mich auf die Reise mit dir!

TIPP Sollten bei der Arbeit mit diesem Buch Schwierigkeiten auftreten, setze dich gerne direkt unter **team@aesverlag.de** per E-Mail mit uns in Verbindung! Wir stehen dir jederzeit zur Verfügung und werden uns umgehend um dein Anliegen kümmern.

1. Erfolgreich Lernen – kein Kunststück! (inkl. Lernapp)

Eine Sprache zu lernen, geht am einfachsten im Land selbst, in dem die Sprache gesprochen wird. Klar, man lernt dort mit allen Sinnen und verknüpft mit der Sprache etliche neue Erfahrungen. Genau auf diesen Erkenntnissen basiert die Lernstrategie dieses Buches. Ziel ist, dass du vollständig ins Spanische eintauchst und dich mit der Sprache umgibst, als wärst du in Spanien. Mit einfachen Tricks schaffst du es die Sprache zu hören, zu lesen und mit Bildern oder speziellen Situationen zu verknüpfen, fast so wie ein Muttersprachler. Statt des stumpfsinnigen und mühsamen Auswendiglernens macht eine Sprache plötzlich Spaß, weil man durch sie schnell das erreicht, was man will: Lernerfolg, interessante Gespräche, neue Freunde, das Kennenlernen einer neuen Kultur. Um Leidenschaft und Spaß für das Spanische zu entwickeln und deine selbstgesteckten Ziele zu erreichen, benötigst du natürlich wie beim Sport die richtige Lerntechnik. Mit der auf dich zugeschnittenen Lerntechnik, auf die sich dieses erste Kapitel konzentriert, ist erfolgreiches Lernen kein Kunststück.

1.1. Lerntypen und Strategien

Jeder Mensch lernt anders. Während manche Gedichte ohne Probleme auswendig wiedergeben können, bereiten vielen selbst kurze Merksätze Probleme. Dabei liegt es nicht daran, dass die einen intelligenter wären als die andern. Es kommt auf die Lerntechnik an: Wer besser auswendig lernt, kommt anders zum Erfolg als jene, die sich durch Gespräche oder Vorträge Inhalte behalten. Durch die passende Lerntechnik lernst du leichter. Damit du weißt, welche Lerntechnik beim Erlernen der spanischen Sprache für dich sinnvoll ist, ist es sehr hilfreich, wenn du deinen eigenen Lerntyp kennst. Verschiedene Lerntypen haben unterschiedliche Stärken, die man beim Lernen nutzen kann. Man unterscheidet vier Lerntypen, für die es jeweils spezielle Techniken gibt, um erfolgreich zu lernen.

Der **visuelle Lerntyp** lernt am besten mit seinen Augen, also indem er sieht. Bilder, Videos, Schaubilder und Zeichnungen sind für diesen Typ viel schneller zu verstehen als etwa Texte oder langwierige Gespräche. Für den visuellen Lerntyp sind Karteikarten für das Erlernen der Vokabeln und Mindmaps, die Wortfamilien oder Gegensätze zeigen, die beste Wahl. Das einfache handschriftliche Schreiben der Vokabeln ist für visuelle Lerntypen zudem sinnvoll. Falls du was vom visuellen Lerntyp hast, dann arbeite zusätzlich mit Symbolen oder kleinen Zeichnungen, oder wenn die Zeit knapp ist, klebe die neuen Wörter an die entsprechenden Gegenstände. Bereits beim Schreiben und Visualisieren der Bedeutungen wirst du das neue Wort abspeichern. Falls die Erstellung von graphischen Visualisierungen nicht möglich oder zu zeitintensiv ist, stelle dir die entsprechenden Bilder beim Lernen vor. Die neuen Lerninhalte werden so automatisch mit Bildern verknüpft und schneller gelernt.

Auditive Lerntypen können sich gesprochene Inhalte am besten merken. Vorträge, Gespräche und Tonaufnahmen sind die besten Mittel, um die spanische Sprache zu lernen. Für diesen Typ ist es besonders sinnvoll die neuen Vokabeln mit Hilfe unserer Audiobeispiele zu hören und sie anschließend selbst laut zu sprechen. Effektiv ist auch Selbstgespräche zu führen und dabei die neuen spanischen Vokabeln anzuwenden, egal ob auf dem Weg zur Arbeit, zur Uni, oder zum Supermarkt. Höre, wenn möglich spanische Radio- und Musiksender, auch wenn du in den ersten Wochen nur wenig verstehst, schau deine Lieblingsfilme auf spanisch an. Auch spanische YouTube Videos zu speziellen Themen eignen sich fürs Lernen. Für auditive Lerntypen ist allerdings eine ruhige Lernatmosphäre von Vorteil, denn sie lassen sich durch Geräusche leicht ablenken.

Bist du ein Praktiker, meist aktiv und möchtest du bei Veranstaltungen gern mitwirken? - Dann hast du was vom **motorischen Lerntyp**, der alles gern greifbar macht: Anfassen, ausprobieren, einfach mal machen, learning by doing. Anstatt stur am Schreibtisch zu sitzen, ist Bewegung beim Lernen leistungssteigernd, auch wenn die Bewegung nichts mit dem Lernstoff zu tun hat. Also einfach mal ausprobieren und beim Lernen auf und ab gehen. Natürlich ist es am sinnvollsten, wenn die Bewegung etwas mit dem Thema zu tun hat. Beim Thema Natur empfiehlt sich ein kleiner Ausflug in die Natur. Diese praktische Veranschaulichung ist natürlich nicht immer möglich. Beim Vokabeln lernen, kann es dir helfen, wenn du die Worte mit den entsprechenden Gegenständen verbindest und sie in die Hand nimmst oder ihre Inhalte durch entsprechende Mimik und Gestik unterstreichst. Oder wie wäre es, selbst den Kochlöffel in die Hand zu nehmen und bei der Zubereitung einer Paella neue Worte zu lernen?

Der **kommunikative Lerntyp** lernt am leichtesten in Gesprächen. Wie beim auditiven Lerntyp bieten sich Selbstgespräche an. Ideal ist die Anwendung der Sprache in der Praxis. Um dein volles Lernpotential auszuschöpfen, benötigst du Diskussionen, einen Spanisch-Stammtisch, Lerngruppen oder einen Tandempartner. Einfache Unterhaltungen auf Spanisch eignen sich gleich zu Beginn, später ist die Auseinandersetzung mit verschiedenen Themen, die dieses Buch vorstellt, sinnvoll. Dieser Lerntyp lernt am leichtesten in Gesprächen. Die Lerninhalte bleiben am besten hängen, wenn du darüber redest, du ordnest sie auf diese Art und speicherst sie ab. Klar, eine neue Sprache zu erwerben, ist für diesen Typ am einfachsten im Land selbst. Dennoch bieten audiovisuelle Medien einen guten Ersatz. Außerdem ist es sinnvoll, sich abfragen zu lassen, Hauptsache du setzt dich mit jemandem über deine Lerninhalte auseinander. Solange du noch keinen Tandempartner gefunden hast, ist es sinnvoll Selbstgespräche zu führen oder häusliche Kommunikationspartner zu suchen, wie die Zimmerpflanze, den Hund, die Katze oder ein Quietscheentchen. Die Quietscheentchen Methode ist übrigens bei Programmierern sehr beliebt und hat sich bewährt. Sie erklären ihrer Gummiente auf dem Schreibtisch das neue Programm, damit sie die Sachverhalte im Gehirn klar strukturiert behalten und Fehler gleich erkennen.

1.2. Die persönliche Lerntechnik

Die Einteilung in Lerntypen ist sehr hilfreich, um ein Gefühl dafür zu bekommen, welche Lernstrategie sich für dich besonders eignet. Allerdings lässt sich kaum ein Mensch zu hundert Prozent nur einer dieser Gruppen zuordnen. Deswegen verlass dich nicht auf ein Sinnesorgan, sondern probiere alle aus und entscheide dann selbst, welche Lernstrategien dir am meisten Spaß machen und bei welchen du Informationen effizient aufnimmst.

Lerne je nach deinen Vorlieben eher mit visuellen Medien, in Gesprächen, durchs Hören oder durch Tätigkeiten. Probiere die Ansätze aus und kombiniere sie. Das ist anfangs vielleicht etwas mehr Aufwand als das klassische Auswendiglernen, es macht sich aber auf längere Sicht bezahlt. Das Lernen wird dir leichter fallen, es geht schneller und du kannst dir die Informationen deutlich besser merken. 80% des Lernerfolgs erreichst du durch mehrkanaliges Lernen. Deswegen ist es sinnvoll, genau die Sinne beim Lernen einzubeziehen, die dir liegen. Beim Wort „sol“ (Sonne) kann man eine Sonne zur Vokabel zeichnen, das Wort laut aussprechen, das Wort hören und sollte die Sonne gerade scheinen, dann empfiehlt sich zudem der Blick aus dem Fenster, während man das Wort spricht. Beim mehrkanaligen Lernen wird die Sprache im Gehirn mit verschiedenen Handlungen vernetzt und prägt sich so schneller und effektiver ein.

1.3. Zeitmanagement: Die Pomodoro Methode

Laut Studien können sich die meisten Menschen nur 25 Minuten voll konzentrieren. Deswegen ist ein genaues Zeitmanagement wichtig. Ich empfehle dir kurze 25-minütige konzentrierte Arbeitssprints. Danach unbedingt 10 Minuten pausieren. Du kannst dir auch einfach die kostenlose Pomodoro App herunterladen, sie erinnert dich immer an den Anfang und das Ende einer Pause. In deinen Arbeitsphasen solltest du dich ausschließlich auf die Vokabeln, die Grammatik oder den gewählten Themenbereich konzentrieren. Alle potentiellen Störungen oder Ablenkungen wie Handyanrufe am besten vermeiden. Die Pausen sind eine Belohnung und dienen der Erholung, um danach wieder volle Leistung zeigen zu können, egal ob du weiter Spanisch lernen möchtest oder dir andere Aufgaben vornimmst. Die Produktivität wird durch die Ruhephasen gesteigert. Die Pomodoro Technik wurde von dem Italiener Francesco Cirillo entwickelt. Er benutzte zum Zeitmanagement seine Küchenuhr, die aussah wie eine Tomate – daher der Name.

1.4. Fokus aufs Wesentliche: Die Pareto Methode (80/20)

Das Paretoprinzip besagt, dass 80 Prozent des Lernerfolgs mit nur 20 Prozent des Aufwands erreicht werden. Deswegen konzentriert sich das Buch auf die wesentlichen grammatikalischen Grundlagen und die meistverwendeten Vokabeln. Um die spanische Sprache praktisch anzuwenden, muss man nicht jeden Käfer bei seinem Namen nennen können. Es ist ein Irrglaube, man müsse zuerst etliches Vokabular beherrschen, um sich verständigen zu können. Ein gutes Lernresultat von 80 Prozent ist bei 20 Prozent Aufwand völlig ausreichend. Dadurch lernst du nur Dinge, die für dich relevant sind, und die du auch anwendest. Zudem wird durch diese Lernmethode die Motivation gesteigert, weil du weißt, wofür du lernst. Das Paretoprinzip ist Grundlage dieses Buches. Und wenn du die ersten 80 Prozent der spanischen Sprache beherrschst, kannst du dich immer noch um die restlichen 20 Prozent kümmern.

1.5. Mit Spaß und Leidenschaft zum Erfolg (inkl. Lernapp)

Ioannis Ikonomou wird als der beste Übersetzer der EU bezeichnet, er beherrscht 32 Fremdsprachen fließend. Sein Tipp: Entwickle eine Leidenschaft für die Sprache, die du lernen möchtest. Du musst die Sprache lieben lernen. Damit eine Sprache zu lernen nicht nur stumpfsinniges Pauken bedeutet, ist ein Tandempartner ideal, mit dem es Spaß macht sich zu unterhalten und auszutauschen. Leidenschaft und Spaß kannst du zudem über die spanische Esskultur entwickeln, aktuelle Songs, die dir gefallen, Filme, bekannte Youtuber oder Persönlichkeiten, die dich beeindrucken. Warum nicht ab und zu eine Paella genießen bei Musik von Shakira oder Melendi und danach deinen Lieblingsfilm auf Spanisch anschauen? Oder wechsle auf Google zur spanischen Einstellung, so bekommst du täglich neue spanische Nachrichten. Tauche in die spanische Sprache ein und baue sie so oft wie möglich in deinen Alltag ein.

TIPP Hier findest du wichtige Webseiten, um einen Tandempartner zu finden, tolle Podcasts, interessante Filme, Musiksender, meinen Lieblings-YouTuber German, der zwar schnell spricht, aber durch Gestik und Mimik verständlich wird, einen sprachlich einfachen und kurzen Nachrichtensender mit leicht verständlichen Videos, leckere spanische Rezepte und spanische Berühmtheiten. So kannst du gleich jetzt ein gutes Sprachgefühl entwickeln und in die spanische Welt eintauchen.

- Tandempartner: Auf den Websiten '*My language exchange*' und '*Open Language Exchange*' (**https://www.mylanguage-exchange.com**; **https://en.openlanguageexchange.com**) findest du geeignete Tandempartner. Empfehlenswert ist außerdem die App auf Playstore: *Tandem Language Exchange* und *Lingbe Kostenlos Sprachen üben mit Muttersprachlern*. Natürlich findest du auch an den Unis Tandem Gruppen, einfach mal nachfragen. Meist kann man mitmachen, auch wenn man nicht studiert.

- Nachrichten: Gibt's auch auf YouTube unter *Ac2ality 5 Noticias de la Semana* oder auf der offiziellen Website von *Ac2ality*. Wenn du dich einschreibst, wirst du regelmäßig informiert (**https://www.Ac2ality**); Nachrichten App auf Playstore: *Noticías de última hora de España*.

- Podcasts: Sehr empfehlenswert ist der spanische Podcast *Coffee Break* (**https://www.ivoox.com/podcast-coffee-break-senal-ruido_sq_f1172891_1.html**), den gibt's auch auf YouTube, einfach „*Coffee Break*" eingeben und dich einschreiben. Zudem gibt es auf Spotify zahlreiche Podcasts z. B. *Una a la semana, Nadie Sabe Nada,* oder einfach auf Spotify unter Podcasts-Spanien einen Bereich auswählen: Von Geschichtlichem über Verbrechergeschichten und Komödien geht es bis hin zu Girl Talks über Liebe...

- YouTuber: *Hola Soy German* (**https://www.youtube.com/user/HolaSoyGerman**) oder *Luisito Rey*, er spricht deutlich langsamer und ist sehr für Anfänger zu empfehlen (**https://youtube.com/user/luisitorey**)

- Leckere Rezepte: *La cocina de la abuela* auf YouTube

(**https://www.youtube.com/watch?v=Y899spKdSB**) oder *Platos Fáciles con Tamara* auf YouTube (**https://youtube.com/c/Platos-Faciles**)

- Spanische Musik: Auf Spotify (**https://www.spotify.com/de/**) findest du zahlreiche Playlisten mit spanischer Musik.
- Personen: Such auf Instagram nach spanischen Berühmtheiten z.B. der Sängerin „Rosalita" und abonniere sie. Auch auf TikTok gewinnen spanische Influencer mit ihren Tänzen zum traditionellen spanischen Salsa an Berühmtheit.
- Filme: Streaming Webseiten wie Netflix, Amazon Prime, Disney+ haben eine breite Anzahl an spanischen Filmen und Serien im Angebot. Schau die Filme gern mit deutschen Untertiteln an. Und schau unbedingt „La Casa de Papel" (Haus des Geldes) an. Die spanische Serie wird auch in Deutschland geschätzt.

Am besten wählst du aus, was für dich passt.

Ein weiterer Tipp: Mach dich neugierig auf die Sprache. Notiere dir im Bus oder im Kaffee, was du in dem Moment gerne auf Spanisch sagen würdest und erwerbe dir genau diese Worte und Sätze im Anschluss. Für die schnelle und richtige Übersetzung kann ich die App von PONS empfehlen. Du kannst sie kostenlos herunterladen und dann jederzeit offline benutzen. Das Nachschlagewerk von PONS ist qualifiziert, bietet zuverlässige Übersetzungen und zudem Satzbeispiele. Abraten möchte ich dringend von der zu häufig inkorrekten Google-Übersetzung. Spaß und Leidenschaft entwickeln sich auch durch deinen Fortschritt und die aktive Anwendung des Spanischen. Probiere die Sprache deswegen aus, nutze dabei unsere Satzbeispiele, die nützlichen Sätze zu verschiedenen Themengebieten und die Musterdialoge, alle drei bestehen aus korrekten, häufig gesprochenen Wörtern und Sätzen, die man wirklich braucht. Nutze die Audiodatei in Pausen und Wartezeiten und lerne mobil. Sprich die Vokabeln und Sätze laut aus, wenn immer möglich. Das kannst du bereits mit den ersten Vokabeln im Selbstgespräch praktizieren. Mehr Spaß macht es natürlich mit anderen. Suche Chats mit spanischsprachigen Menschen oder mit jenen, die wie du Spanisch lernen oder am besten einen zuverlässigen Tandempartner. Hauptsache du wendest die Sprache aktiv an. Vielleicht findest du auch vor Ort interessierte Menschen, die sich gerne mit dir treffen und auf Spanisch unterhalten. Auf all diese digitalen oder echten Treffen kannst du dich aktiv vorbereiten und danach deinen Fortschritt dokumentieren.

Was das oft leidige Thema „Vokabeln lernen“ anbelangt, kannst du auch dabei die für dich geeignete Lernstrategie auswählen: Neben der sinnvollen Methode, Karteikarten zu erstellen, gibt es mittlerweile kostenlose interaktive Apps, mit denen du dein persönliches Lernset zu den Themenbereichen und Vokabeln dieses Buches zusammenstellen kannst und per Handy, Laptop oder Computer jederzeit prüfen kannst. Ich empfehle dir die App Anki auszuprobieren.

TIPP Um den Zugang zur Anki App und alle Vokabeln aus diesem Buch als Karteikarten kostenlos für die App zu erhalten, schreib uns eine kurze E-Mail mit dem Betreff "**Anki Karteikarten Spanisch lernen"** und wir senden dir alles zu!

team@aesverlag.de

Apps oder Karteikarten haben den Vorteil, dass sie in Wartezeiten beim Arzt oder zwischendurch in Pausen schnell genutzt werden können. Die schwierigen Vokabeln werden mit der Anki App in regelmäßigen Abständen wiederholt, bis du die Kategorie „sicher“ oder „einfach“ erreicht hast, dann werden die Intervalle erhöht. Dieses Arbeitssystem kannst du auch mit Karteikarten umsetzen. Es ist sehr effektiv, da du dich auf die für dich schwierigen Vokabeln konzentrierst und nicht alle Wörter gleich häufig wiederholst. Auf diese Art lernst du systematisch und zeitsparend, egal ob mit Anki oder Karteikarten.

1.6. Exklusive Facebook- und Instagram-Community

Damit du nicht auf dich alleine gestellt bist, sondern dich mit anderen Spanischlernenden und den Mentoren von *Spanischerfolg* austauschen kannst, haben wir eine exklusive Facebook-Community. Dort kannst du alle deine Fragen stellen und Lern- und Tandempartner finden. Schau gerne vorbei und gib unbedingt an, dass du durch das Buch auf die Gruppe aufmerksam geworden bist!

Um mehrmals pro Woche Motivation zu sammeln und dein Spanisch zu üben, können wir dir ebenfalls unsere Instagram-Seite ans Herz legen. Auf dieser veröffentlichen wir regelmäßig hilfreiche Beiträge, damit du mehrmals pro Woche Spanisch lernen und üben kannst.

Es warten auf dich folgende Inhalte: Grammatikerklärungen, Vokabeln aus verschiedensten Bereichen, False Friends, True Friends, Phrasen, häufige

Fehler und Verwechslungen, Tipps, Übungen und vieles mehr! So baust du optimal deine Spanischkenntnisse aus und entwickelst ein natürliches Sprachgefühl.

Sei unbedingt dabei!

Facebook-Community	**Instagram-Seite**
https://www.facebook.com/groups/spanischerfolg	**https://www.instagram.com/spanischerfolg/**

1.7. Lerntipps

- **vermeide Motivationskiller** wie „das schaffe ich nicht“. Versuche dich beim Lernen darauf zu konzentrieren, was du bereits geschafft hast. Dann bist du positiv motiviert für den nächsten Schritt.
- **Bleib** wie im Sport immer **am Ball**, trainiere jeden Tag und wenn´s nur zehn Minuten sind. Wiederhole deine Übungen und Vokabeln.
- Setze dir **klare und realistische Ziele**: Was will ich in einer Woche, einem Monat schaffen? Erstelle einen Zeitplan.
- **Belohne dich**, wenn du dein Ziel erreicht hast, am besten mit einem spanischen Gericht oder mit spanischer Musik.
- **Trau dich!** Keine Angst vor Fehlern. Sprich so viel wie möglich Spanisch. Ab Beginn macht es Sinn, direkt loszulegen.

- **Eintauchen**: Viel auf Spanisch hören, sehen, sprechen und schreiben. Schau spanische Serien, Spielfilme, höre unsere Audiodatei so verinnerlichst du den korrekten Satzbau und bekommst ein Gefühl für die Aussprache. Lies zudem die Texte im Buch laut. Fasse Gehörtes, Gelesenes und Gesehenes zusammen und schreibe dazu deine Meinung nutze diesbezüglich vor allem die Angebote im Buch.

- Such dir **spanische Gesprächspartner**, die mit dir regelmäßig spanisch sprechen. Und nutze unsere Sprechübungen und Tricks, damit die Aussprache klappt.

- Wähle dir ein **spanisches Wort des Tages** und verwende es so oft wie möglich. Natürlich kannst du dir auch Sätze aus unseren Musterdialogen jeweils für einen Tag vornehmen. Danach sitzen diese neuen Vokabeln und Sätze.

Zusammenfassung Kapitel 1

Spanisch lernen ist kein Kunststück, wenn du deine persönliche Lernstrategie gefunden hast und das Lernmaterial passt. Um dir dabei zu helfen, habe ich dir die verschiedenen Lerntypen und Lernmethoden vorgestellt. Suche einfach aus, was dir am meisten entspricht und dir Spaß macht. Die folgenden Kapitel sind klar strukturiert und bringen dich zum Ziel, schnell und effizient Spanisch zu lernen. Du lernst die Grundstruktur der spanischen Sprache kennen wie auch das Wesentliche der Grammatik, um die Sprache korrekt und möglichst gleich anzuwenden. Dabei helfen dir die Audiodateien, Musterdialoge und nützlichen Sätze, die zahlreichen Übungen mit Lösungen, unsere Tipps und Eselsbrücken wie auch die Geschichten, in denen das Gelernte noch einmal auftaucht und gefestigt wird. So kannst du die neu gelernten Aspekte direkt im Gespräch mit einem Tandempartner oder zur Übung anwenden.

Die Themenbereiche Zahlen, Mengen, Zeitangaben und Lebensmittel am Schluss des Buches kannst du bei Bedarf bereits am Anfang deines Lernweges als Nachschlagewerk nutzen, um dich auf häufige Alltagssituationen vorzubereiten.

Am Ende jedes Kapitels findest du eine Zusammenfassung, in der das Wichtigste knapp und übersichtlich dargestellt wird. Das dient dir als schnelles Nachschlagewerk und zur Wiederholung. Zudem erhältst du eine Liste aller wichtigen Vokabeln in praktischer Übersicht. Die neuen und wichtigen Wörter und deren genaue Aussprache werden in einer leicht verständlichen, deutschen [Lautschrift] hinter dem Wort angegeben. Die deutsche Übersetzung der neuen spanischen

Worte, die zur Erklärung der Grammatik oder Aussprache dienen, gebe ich im Text (in Klammern) an. Nicht alle aufgeführten spanischen Ausdrücke erscheinen in den Wortlisten, nur jene, die in der Praxis wirklich wichtig sind. Für ein erweitertes Vokabelwissen empfiehlt es sich, diese Vokabeln und Sätze, die zusätzlich zu den Wortlisten in jeder Lektion durchgenommen werden, in ein Heft zu schreiben oder digital zu speichern, das muss aber nicht sein. Etliche Vokabeln, die dem Deutschen gleichen wie „café“ oder „fenomenal“, lassen sich einfach erschließen und anwenden, deswegen führe ich sie zur Vereinfachung nicht extra in der Vokabelliste auf. Generell ist es sinnvoll, nicht jedes Wort auswendig zu lernen, sondern durch die Anwendung in Kontexten einfach aufzunehmen. Häufig prägen sich Worte im Kontext fast von selbst ein, zumal wenn sie dem Deutschen gleichen oder sich ihre Bedeutung aus dem Zusammenhang erschließt. Probiere diese Methode aus, ich verspreche dir, das Lernen wird auf diese Art einfacher!

Sophie und Paul werden uns bei dieser Lernweise unterstützen. Bevor es losgeht, lernst du Ihre Geschichte, ihre Erfahrungen, ihre Vorlieben und ihre Motivation hier kurz kennen. Sophie kommt aus Deutschland und möchte ihre Spanischkenntnisse vor ihrem nächsten Urlaub in Spanien und für ihr Studium auffrischen. Sie kann gut über Gehörtes lernen, deswegen nutzt sie die Audiobeispiele aus diesem Buch. Aber das genügt ihr nicht, sie will ihr Wissen anwenden, sie will eintauchen in die spanische Sprache und Kultur. Ihr Schlüssel ist Paul... Sophie und Paul werden uns in den folgenden Kapiteln immer wieder begegnen. Gelingt es Sophie, Paul zu begeistern und für sich zu gewinnen? Starten wir mit der Reise in die spanische Welt!

2. Aussprache und Rechtschreibung

In diesem Kapitel lernst du das spanische Alphabet und dessen Aussprache kennen. Einer der vielen Vorteile beim Erlernen der spanischen Sprache ist, dass du mit Hilfe einfacher Regeln die spanischen Wörter bereits am ersten Tag richtig aussprechen und schreiben kannst. Die beigefügten Audiodateien unterstützen dich dabei.

2.1 Aussprache und Schreibweise

Fast alle Buchstaben werden im Spanischen so ausgesprochen wie im Deutschen. Zudem gibt es vier Buchstaben weniger als im Deutschen, da die Laute „ä, ö, ü, ß“ nicht verwendet werden. Deswegen ist es sehr einfach spanische Worte zu lesen, auszusprechen oder zu schreiben. Es gibt nur wenige Buchstabenkombinationen und Laute, die für dich neu sind. Im Folgenden das einfache Alphabet und einige typische spanische Laute.

Das spanische Alphabet und die Aussprache der Buchstaben wie auch der Worte stelle ich dir mit einer vereinfachten Lautschrift in eckigen Klammern vor, dabei wird alles so geschrieben, wie es ausgesprochen wird. Nur das gelispelte „s“ wird mit [th] angegeben, da es dem englischen „th“ gleicht und im Deutschen nicht vorkommt.

Die korrekte Aussprache der Buchstaben benötigst du immer dann, wenn du deinen Namen, den Ort, in dem du wohnst, etc. buchstabieren musst. Wichtig beim Buchstabieren ist, dass die Umlaute „ü, ö, ä“ im Spanischen immer durch Vokalkombinationen angegeben werden. Also „ü“ durch „u+e“, „ö“ durch „o+e“ und „ä“ entspricht „a+e“. Der Nachname Müller muss im Spanischen also mit Mueller angegeben werden.

Buchstabe	*[Aussprache]*	Buchstabe	*[Aussprache]*
A	*[a]*	**N**	*[ene]*
B	*[be]*	**O**	*[o]*
C	*[the] mit gelispeltem s [th]*	**P**	*[pe]*
D	*[de]*	**Q**	*[ku]*
E	*[e]*	**R**	*[ere]*
F	*[efe]*	**S**	*[ese]*
G	*[che]*	**T**	*[te]*
H	*[atsche]*	**U**	*[u]*
I	*[i]*	**V**	*[ube]*
J	*[chota]*	**W**	*[ube doble]*
K	*[ka]*	**X**	*[ekis]*
L	*[ele]*	**Y**	*[i griega]*
M	*[eme]*	**Z**	*[theta] mit gelispeltem s [th]*

Audiobeispiel 2.1 Die Aussprache der Buchstaben des spanischen Alphabets findest du in den Audiodateien zu diesem Buch.

Ansonsten werden alle Vokale („a,e,i,o,u") wie auch die meisten Konsonanten in Worten so wie im Deutschen ausgesprochen und geschrieben.

Was die Konsonanten betrifft, gibt es ein paar einfache Regeln, die man beachten muss. Hier eine Aufstellung der speziellen Aussprache und Schreibweise einzelner Konsonanten:

Rechtschreibung		Beispiel	Aussprache
c	+ a,o,u	casa, costa, oscuro	*wie „k" in „Kilo"*
qu	+ e,i	queso, equipo	
c	+ e,i	ciudad, veces	*wie ein gelispeltes „s" [th]*
z	+ a,o,u	plaza, azúcar, marzo	
g	+ e,i	genial, gimnasio	*wie „ch" in „acht"*
j		joven, mujer	

Rechtschreibung	Beispiel	Aussprache
ll	lluvia, llamarse	*wie „j“ in „Jacke“*
gu + e,i	guerra, guitarra	*wie „g“ in „Garten“, das „u“ wird nicht gesprochen*
ch	chico, chao	*wie „tsch“ in „Tschüss“*
ñ	España, español	*wie „nj“ in „Konjunktur“*

Audiobeispiel 2.2 Die Aussprache der Beispiele findest du in der Audiodatei. Hör sie mehrmals an. Versuche aber bitte zuerst die Beispiele ohne Audio richtig auszusprechen und höre dann die Audiodatei an und verbessere deine Aussprache.

TIPP so gibst du das „ñ“ auf der Tastatur ein:

ñ: [Alt] + 164

Ñ: [Alt] + 165

Die Alt Taste immer gedrückt halten, während du die Zahlen eingibst.

Alle anderen Verwendungen der aufgeführten Konsonanten entsprechen der Aussprache im Deutschen. Also, wenn das „g“ nicht vor einem „e“ oder „i“ steht, wird es als „g“ ausgesprochen wie bei „amigo“ und „amiga. Ebenso bei „gu“: Wenn die Buchstabenkombination nicht vor „e“ oder „i“ steht, dann wird das Wort wie bei „guapo“ (hübsch) einfach so ausgesprochen, wie es dasteht.

Die Buchstaben **„b“** und **„v“** werden beide im Spanischen **ähnlich wie ein deutsches „b“ ausgesprochen, nur viel weicher.** So hört es sich in manchen Fällen nahezu wie ein deutsches „w“ an.

Generell **wird das „h“ nicht ausgesprochen**. Bei der Begrüßung „Hola“ spricht man nur „Ola“.

Das rollende **„r“** im Wort „perro“ und das gelispelte **„s“** bei „ciudad“ oder „zapato“ sind zwei typische Eigenheiten der spanischen Sprache, wobei das gelispelte „s“ ganz dem englischen „th“ entspricht. Mit etwas Übung wirst du diese Hürden meistern. Das klappt sicher nicht gleich aufs erste Mal. Ist auch nicht unbedingt zu Beginn notwendig, das Üben ist aber doch sinnvoll, damit du dir die Technik gleich richtig angewöhnst. Und es kommt super bei Spaniern an, wenn du die Techniken der Aussprache dieser zwei Laute mit der Zeit beherrschst. Ich werde diese beiden Laute in einer vereinfachten Lautschrift als [rr] und [th] kennzeichnen. Hier in Kürze das Wesentliche.

Das rollende r [rr]: Das normale **„r“** wird nicht gerollt, nur das **starke „r“**, also „rr**“** wie bei „perro“ (Hund) oder das „r“ am Beginn eines Wortes wie bei „radio“ (Radio)

TIPP Hier eine einfache Übung zum rollenden **„r“**: Einatmen und 10 Sekunden lang „trrrrrrr“ aussprechen mit geöffnetem Mund bei der Ausatmung. Wiederhole diese Übung einfach immer mal wieder, bis du deine Zunge zum „Flattern“ bringst. Rolle dann das „r“ bei Wörtern, die mit „r“ beginnen wie „rápido“ (schnell).

Das gelispelte „s“: Das **„c“** [th] vor **„e“** und **„i“** und das **„z“** [th] werden wie ein **gelispeltes „s“** ausgesprochen. Das gelispelte „s“ gehört zum Standard der offiziellen spanischen Sprache, von dem allerdings einige spanische Muttersprachler in Andalusien und Lateinamerika mitunter abweichen und stattdessen ein scharfes „s“ [ss] aussprechen. Also nicht schlimm, wenn das [th] nicht gleich klappt. Kein Spanier wird dir das übel nehmen. Wenn du jedoch die spanische Sprache studieren möchtest, dann ist die Beherrschung des [th] notwendig.

TIPP Hier eine einfache Übung zum gelispelten „s“ [th]: Lege deine Zunge unter die oberen Vorderzähne und spreche ein normales „s“ aus.

Audiobeispiel 2.3 In den Audiodateien zu diesem Kapitel findest du die folgenden Beispiele mit korrekter Aussprache der Laute [rr] und [th].

[rr]: Navarra, radio, Rioja, Tarragona, rápido (schnell), río (Fluss), restaurante, perro (Hund)

[th]: cocina (Küche), ciudad (Stadt), Jerez, Valencia, Barcelona, cero (null), plaza (Platz), cinco (fünf)

Es lohnt sich, die Audiodatei genau anzuhören und die Beispielworte nachzusprechen, bis du den Klang im Ohr hast und auch deine Aussprache gelingt. Keine Sorge, wenn das „r" noch nicht so richtig rollt oder dir das Lispeln etwas schwerfällt. Das gibt sich mit der Zeit. Die Spanier verstehen dich auch ohne diesen Feinschliff.

Audiobeispiel 2.4 Lies die folgenden Wörter langsam und überprüfe deine Aussprache mit der Audiodatei:

España, guitarra, paella, Gerona, chico (Junge), Barcelona, Granada, Sevilla, chocolate, queso (Käse), Galicia, Mallorca, Chile, amigo (Freund), costa (Küste), guapo (hübsch), plaza, Jerez, feliz (glücklich), llamarse (heißen).

Wiederholung und Übung

Buchstabe(n)	Beispiel	Aussprache
c	claro, calor cancion ciudad, veces	*wie das deutsche ____ im Wort _____, aber vor ___ und _____ gelispelt wie das englische [th]*
ch	ocho, chocolate	*wie das deutsche _____ im Wort _____*
g	guapo, amiga, agua, genial, gimnasio	*wie das deutsche _____ im Wort ______vor „a", „o", „u". Aber vor _____ und _____ wie _____ im Wort ______*
h	hola, hotel, hombre, hora	________________________
j	joven	*wie ______ im Wort ________*
ll	Mallorca	*wie das deutsche ____ im Wort _______*
ñ	España	*wie _____ im Wort ________*
qu	equipo	*wie ____ im Wort __________*
z	zapato, zumo	*gelispelt wie im englischen das ____*

2.2 Betonung und Akzentsetzung

Für die Betonung gibt es zwei Regeln und alles, was davon abweicht, wird mit einem Akzent versehen. Du musst dir also nicht zu viele Gedanken darüber machen. Hier die zwei Regeln:

- Wörter, die auf **Vokal** (also „a,e,i,o,u") oder **„n"** beziehungsweise **„s"** enden, werden auf der vorletzten Silbe betont. „Ca-sa" hat zwei Silben, die ich durch das Zeichen **„-"** trenne, um sie deutlicher zu machen. Zudem ist die betonte vorletzte Silbe unterstrichen, also „ca". Dasselbe gilt für diese Beispiele: „es-pa-ño-les" (Spanier), „calle" (Straße), „a-mi-go" „me lla-mo" (ich heiße), „per-so-na" (Person).
- Alle übrigen Wörter, also jene die auf **Konsonanten außer „n" und „s"** enden, werden auf der letzten Silbe betont: „ca-pi-tal" (Hauptstadt), „or-de-na-dor" (Computer), „con-trol" (Kontrolle), „mu-jer" (Frau).

Jene Wörter, deren Betonung keiner der beiden Regeln entsprechen, werden mit einem Akzent auf dem Vokal, der betont wird, gekennzeichnet. Keine Angst, es gibt nur einen Akzent, im Spanischen nennt man ihn „Tilde".

Hier ein paar Beispiele, die alle auf Vokal oder „n" und „s" enden, aber auf dem mit Tilde gekennzeichneten Vokal betont werden:

„so-fá", „jar-dín" (Garten), „co-mu-ni-ca-ción", „te-lé-fo-no", „ki-ló-me-tros"

Und noch einige Beispiele für Wörter, die auf Konsonanten außer „n" und „s" enden. Auch hier wird betont, wo der Akzent steht:

„fút-bol", „a-zú-car" (Zucker), „có-mic", „fá-cil" (einfach), „di-fí-cil" (schwierig), „lá-piz" (Stick)

Fallen die **starken spanischen Vokale „a, e, o"** zusammen, wie beim Wort „ca-os", „i-de-a", „le-er" (lesen), so bildet **jeder Vokal eine Silbe**. Das ist bei **„i" und „u", den schwachen Vokalen, nicht der Fall,** sie verbinden sich mit einem starken Vokal: „rui-do" (Lärm), „a-gua" (Wasser), „hue-vo" (Ei). Soll das „i" oder „u" betont werden, erhalten die schwachen Vokale einen Akzent: „dí-a" (Tag), „frí-o" (kalt), „Ra-úl".

Audiobeispiel 2.5 Alle hier aufgeführten Regeln sind mit den konkreten Beispielen über die Audiodatei aufgeführt. Nimm dir die Zeit und verinnerliche dir die Regeln beim Hören und Nachsprechen.

Wiederholung und Übung

1.) In der folgenden Aufgabe kannst du dein Wissen zur Betonung testen, indem du die Lücken ausfüllst. Viel Spaß!

Wörter, die auf Vokal, ____ oder ____ enden, werden auf der _________ Silbe betont. Enden Wörter auf alle anderen Konsonanten, dann werden sie auf der _________ Silbe betont. Wörter, die von diesen zwei Regeln abweichen, tragen auf dem betonten Vokal einen _________.

2.) Und zur Abrundung: Unterstreiche die Silbe, die jeweils betont werden muss.

alemán (deutsch), profesor (Lehrer), estudiante (Schüler, Student), hospital (Krankenhaus), libro (Buch), compañero (Freund), madre (Mutter), padre (Vater), español (spanisch)

TIPP Für die spanische Akzentsetzung auf den Vokalen tippst du einfach zuerst auf den Akzent rechts oben neben der Rücklauftaste und dann auf den entsprechenden Vokal, das gilt auch für die Großschreibung eines Vokales (dann mit zusätzlich gedrückter Shift-Taste für die Großbuchstaben).

2.3 Groß- und Kleinschreibung

Zum Schluss dieses Kapitels wieder mal was Erfreuliches: Im Spanischen schreibt man alles klein bis auf zwei Ausnahmen, die auch für die deutsche Sprache gelten.

Die erste Regel: Natürlich wird wie in fast allen Sprachen das Wort am Satzanfang großgeschrieben. Die zweite Regel wird deutlich aus Sophies erster Nachricht an Paul, den sie bei ihrem letzten Urlaub in Sevilla kennengelernt hat und jetzt als Tandempartner für sich gewinnen will.

"Hola Paul, soy Sophie, vivo en Alemania. Ahora estudio español en la Universidad de Tübingen. Soy una gran fan de Juanes y Shakira. ¿Te acuerdas de mí?“

„Hallo Paul, ich bin Sophie, ich lebe in Deutschland. Jetzt studiere ich Spanisch an der Universität Tübingen. Ich bin ein großer Fan von Juanes und Shakira. Erinnerst du dich an mich?“

Genau wie im Deutschen werden also sämtliche Eigennamen großgeschrieben. Dazu gehören:

- **Eigennamen von Personen und Institutionen:** Ministerio de Educación y Ciencia (Ministerium für Erziehung und Wissenschaft), Estado (Staat), Gobierno (Regierung), Ayuntamiento de Cartagena (Stadtverwaltung Cartagenas), Oficina de Turismo (Touristeninformation)
- **Geographische Bezeichnungen, also Namen von Städten, Ländern, Bergen, Flüssen**: los Alpes (die Alpen), el País Vasco (das Baskenland), la Costa Cálida de la Región de Murcia (Die Costa Cálida der Region Murcia).

Generell also alles kleinschreiben, bis auf die zwei Ausnahmen, die du dir leicht merken kannst.

TIPP Sicher ist dir schon aufgefallen, dass Fragen und Ausrufe nicht nur am Schluss, sondern auch am Anfang gekennzeichnet werden. Dabei stehen Fragezeichen und Ausrufezeichen zu Beginn des Satzes immer auf dem Kopf, also **¿** und **¡**. Am Schluss des Satzes folgen die Fragezeichen und Ausrufezeichen wie im Deutschen. Diese zwei spanischen Sonderzeichen am Anfang der Fragen und Ausrufe kannst du mit folgenden Tastenkombinationen eingeben. Halte dazu die Alt-Taste immer gedrückt und gebe dann die entsprechenden Zahlen ein:

¿: „Alt“ + „168“

¡: „Alt“ + „173“

Außerdem gibt es nur obere Anführungszeichen im Spanischen. Also auch zu Beginn eines Satzes wird das Anführungszeichen oben gesetzt.

Wiederholung und Übung

Korrigiere die Kleinschreibung in den folgenden Sätzen. So kannst du dein Wissen gleich einmal testen.

- la chica es de alemania.
- sophie vive (lebt) en baden-württemberg y estudia español en la universidad de tübingen.
- la costa cálida de la región de murcia es (ist) genial. paul vive en cartagena.

Wortliste zu Kapitel 2

Spanisch	***[Aussprache]***	**Deutsch**
sí	*[si]*	ja
no	*[no]*	nein
tal vez	*[tal beth]*	vielleicht
gracias (por)	*[grathias]*	danke (für)
de nada	*[de nada]*	bitte sehr
puedes por favor	*[puedes por fabor]*	kannst du bitte
¿cómo?	*[komo]*	wie? wie bitte?
el día	*[dia]*	der Tag
claro que sí	*[klaro ke si]*	natürlich
estupendo, -a	*[estupendo]*	herrlich
guapo, -a	*[guapo]*	hübsch (nur bei Personen)
el lunes	*[lunes]*	der Montag
el martes	*[martes]*	der Dienstag
el miércoles	*[mierkoles]*	der Mittwoch
el jueves	*[chuebes]*	der Donnerstag
el viernes	*[biernes]*	der Freitag
el sábado	*[sabado]*	der Samstag
el domingo	*[domingo]*	der Sonntag
difícil	*[difithil]*	schwierig
fácil	*[fathil]*	einfach

y (wird zu **e**, wenn das nächste Wort mit **i** oder **hi** beginnt)	*[i] / [e]*	und
la chica	*[tschika]*	das Mädchen
el chico	*[tschiko]*	der Junge
el idioma	*[idioma]*	die Sprache
alemán, -a	*[aleman]*	deutsch
español, -a	*[espanjol]*	spanisch
España	*[espanja]*	Spanien
Alemania	*[alemania]*	Deutschland

Audiobeispiel 2.6 Die aufgeführten Worte findest du in den Audiodateien zu diesem Buch.

Frases útiles para presentarse
- Nützliche Sätze, um sich vorzustellen

¿Hola, qué tal?	Hallo, wie geht es dir?
Bien/mal, gracias y tú?	Gut/schlecht, danke und dir?
¿Cómo te llamas?	Wie heißt du?
Me llamo Paul.	Ich heiße Paul.
¿De dónde eres?	Woher kommst du?
Soy de Alemania.	Ich bin aus Deutschland.
Hasta pronto.	Bis bald.

Audiobeispiel 2.7 Die neuen Wörter aus diesem Kapitel wie auch die nützlichen Sätze findest du in den Audiodateien zu diesem Buch.

Globales Lesen, Hören und Verstehen: Sophie und Paul in Sevilla

¡Hola Paul!

Me llamo Sophie, soy de Alemania. Ahora estudio español en la Universidad de Tübingen. Soy una gran fan de Juanes y Shakira. ¿Te acuerdas de mí y de los días estupendos en Sevilla?

Hasta pronto
Sophie

Paul hat sich über Sophies Mail gefreut und schreibt ihr zurück. Du kennst zwar noch nicht alle Vokabeln der Mails, aber oft lässt sich die Bedeutung durch den Zusammenhang oder ähnliche Wörter im Deutschen erschließen. Im Lösungsteil ist der Text übersetzt, so kannst du dein Verständnis nochmal überprüfen.

¡Hola Sophie!

¿Qué tal? Gracias por tu e-mail. Claro que sí me acuerdo de ti, la chica más guapa. Qué buenos días en Sevilla, la ciudad fenomenal, los museos interesantes. Y el sábado: la comida en el restaurante San Marco en la Plaza España, la ensalada con tomate y queso, la paella, la tarta de chocolate, la música de flamenco, la guitarra. ¡Estupendo! ¡Ahora estudias español, perfecto!

Hasta pronto

Paul

Audiobeispiel 2.8 Hör die Briefe von Sophie und Paul mehrmals an und lese sie dann laut vor. Wenn du sicher bist, spreche laut mit. Bitte schau nicht gleich die Übersetzung an. Wenn du einige Worte nicht auf Anhieb verstehst, ist das überhaupt nicht schlimm. Lies drüber weg, und du wirst trotzdem wissen um was es geht. Es ist gar kein Problem, wenn du nur das Wichtigste verstehst. Viele Wörter sind nämlich gar nicht so relevant. Oder, wenn es besonders wichtige Worte sind, dann errate sie mit Hilfe des Kontextes, dabei liegst du meist richtig. Durch diese globale Lese- und Hörstrategie sparst du Zeit und Nerven. Und du entwickelst eine sinnvolle und ökonomische Lese- und Hörkompetenz. Mit dieser Technik wird es dir bald leicht fallen einen Text zu verstehen, ohne alle Wörter zu kennen.

Zusammenfassung Kapitel 2

Die meisten spanischen Buchstaben spricht man so aus wie man sie schreibt. Dabei gibt es kaum Unterschiede zum Deutschen, das heißt du kannst sehr schnell damit beginnen vom Blatt zu lesen und bist damit erfolgreich. Lediglich einzelne Laute werden auf eine spezielle spanische Weise ausgesprochen.

- Das „h“ wird generell nicht ausgesprochen
- Gelispelt **[th]** werden das **„c“ vor „e“ und „i“** und das **„z“**
- **Vor** den restlichen Vokalen **„a, o, u“** wird das **„c“ wie ein [k]** ausgesprochen, ebenso das **„qu“ vor „e“ und „i“**
- **„ll“** und **„ñ“** sind spezielle spanische Buchstaben, sie werden wie **[j]** und **[nj]** ausgesprochen.
- Das **„ch“** wird wie **[tsch]** gesprochen
- **„gu“ vor „e“ und „i“** wird wie **[g]** ausgesprochen. Vor den anderen Vokalen genügt ein einfaches „g“.
- Das **„g“ vor „e“ und „i“** entspricht dem deutschen **[ch]**.

Groß geschrieben werden nur Worte am **Satzanfang** und **Eigennamen**.

3. Die Bausteine – Wortarten und Satzbau

Um korrekte Sätze zu bilden ist der spanische Satzbau wichtig. Hast du den intus, dann kannst du dich schon mit wenig Vokabular gut verständigen. Der spanische Satzbau ist dem deutschen sehr ähnlich, aber doch einfacher und regelmäßiger, deswegen stellt er keine große Herausforderung dar und ist leicht zu meistern.

3.1 Der einfache Satzbau

Ein einfacher spanischer Satz ist identisch mit dem deutschen Satzbau. Um das zu verdeutlichen, erkläre ich dir kurz die einzelnen Satzbausteine:

Satzbaustein	Beispiel
Subjekt: Wer oder was tut etwas?	Sofie
Prädikat (Verb): Was wird getan?	schreibt
indirektes Objekt: Wem?	Paul
direktes Objekt: Wen oder Was?	eine E-Mail
Ort: Wo?	in ihrem Lieblingskaffee
Zeit: Wann?	um die Mittagszeit

Im Spanischen wird es auch bei schwierigen Sätzen lange nicht so kompliziert wie im Deutschen. Spanisch ist eine S-V-O Sprache, es gilt immer die Faustregel:

Subjekt	**-**	**Verb**	**-**	**Objekt**
S	**-**	**V**	**-**	**O**
Sophie		**estudia**		**español**
Sophie		lernt		Spanisch

Das an das Subjekt angeglichene oder gebeugte Verb wird übrigens auch als Prädikat bezeichnet. Besteht das Prädikat aus einem Hilfsverb, wie etwa „wollen“ (querer), „müssen“ (deber), „können“ (poder), „haben“ (tener) und einem Vollverb, dann gilt auch dabei die Regel S-V-O (Merkhilfe: **S**traßen**v**erkehrs**o**rdnung), Hilfsverb und Vollverb werden im Spanischen nie getrennt:

Sophie quiere estudiar español.

Sophie will Spanisch lernen.

Paul sabe tocar la guitarra.

Paul kann Gitarre spielen.

Ausführlich werden die Verben wie auch deren Bildung übrigens in Kapitel 5 beschrieben.

Das Objekt ist entweder ein direktes Objekt - danach fragst du mit „wen oder was?“ - oder ein indirektes Objekt - danach fragst du mit „wem?“. Hier ein Satz mit beiden Objektarten:

Sophie envía la foto a Paul.

Sophie schickt Paul ein Foto.

Das direkte Objekt (wen oder was?) „la foto“ steht im Spanischen vor dem indirekten Objekt (wem?), in diesem Fall „Paul“. Übrigens wird das indirekte Objekt stets mit der Präposition **„a“** angehängt. Im Gegensatz zum Deutschen, gibt es im Spanischen diese festen Regeln. Bei zwei Objekten gilt also immer:

S - V - **O**

direktes Objekt – indirektes Objekt

Wiederholung und Übung

Bringe die folgenden Satzbausteine in die richtige Ordnung.

a. cuenta (erzählt) / a Sophie / una historia (eine Geschichte) / Paul

b. a Paul / enseña (zeigt)/ Sophie / el libro (das Buch)

c. quiere (möchte) / estudiar (lernen) / Sophie / español

d. puede (kann)/ a Sophie / enseñar (lehren) /español /Paul

3.2 Angaben zu Ort und Zeit

Die Angaben zu Ort und Zeit nennt man auch adverbiale Bestimmungen. Du kannst sie wie im Deutschen am Anfang oder am Schluss des Satzes positionieren. Stehen die Zeit- oder Ortsangaben am Anfang, so werden sie besonders betont.

Paul trabaja en Cartagena los lunes y los miércoles.

Paul arbeitet in Cartagena montags und mittwochs.

Los lunes y los miércoles Paul trabaja en Cartagena.

Montags und mittwochs arbeitet Paul in Cartagena.

Sophie estudia en Tübingen cada día.

Sophie lernt täglich in Tübingen.

Cada día Sophie estudia en Tübingen.

Täglich lernt Sophie in Tübingen.

Stehen die Ortsangaben am Beginn, dann sind sie besonders betont und die S – V – O Folge verändert sich ausnahmsweise. Das gebeugte Verb steht dann vor dem Subjekt, wie übrigens auch im Deutschen.

> En Tübingen estudia Sophie con sus amigos español.
>
> In Tübingen lernt Sophie mit ihren Freunden Spanisch.

Am einfachsten und sichersten ist es Orts- und Zeitangaben an den Schluss zu setzen, dann kannst du dich immer an die S-V-O Regel halten. Mit nur einer Ausnahme: Im Begleitsatz nach der direkten Rede werden wie im Deutschen zuerst das Prädikat (Verb) und dann erst das Subjekt genannt.

> "¿Vienes a España este año?", **pregunta** Paul.
>
> „Kommst du dieses Jahr nach Spanien?", **fragt** Paul.

Es gibt noch einige wenige Feinheiten zu diesem Thema, auf die ich hier nicht weiter eingehe. Mit der Regel S-V-O beherrschst du bereits 80 Prozent und das genügt vollkommen.

Wiederholung und Übung

1.) Bring zur Übung des Satzbaus die durcheinander gewürfelten Sätze in die richtige Reihenfolge. Gehe dabei systematisch vor und bestimme zuerst die verschiedenen Satzglieder, also Subjekt, Prädikat (gebeugtes Verb), direktes und indirektes Objekt und adverbiale Bestimmungen des Ortes und der Zeit. Hier ein exemplarisches Beispiel:

- Paul / Sophie / hoy / escribe / un e-mail/ en la biblioteca

  Subjekt: Wer oder was? Sophie

  Prädikat/gebeugtes Verb: Was wird getan? escribe (schreibt).

  Direktes Objekt: Wen oder Was? un e-mail.

  Indirektes Objekt: Wem? a Paul

  Zeitangabe: Wann? hoy (heute)

  Ortsangabe: Wo? en la biblioteca (in der Bibliothek)

TIPP Beachte bei den Aufgaben die S – V – O Regel und auch die eine Ausnahme.

a. Sophie / cada día (jeden Tag) / estudia.
b. a Sophie/ el lunes (am Montag) / Paul / quiere (will) / ver (sehen)
c. Sophie / un compañero de intercambio (einen Tandempartner) / necesita / en España.
d. tiene (er hat) / Paul / este verano / muchos proyectos (viele Projekte) / en Cartagena
e. toma (trinkt) / en casa (zuhause) / por la mañana / Paul / un café
f. Sophie / "No puedo ir (ich kann nicht gehen) a España este mes (diesen Monat)" /dice
g. construyen (konstruieren) / muchos rascacielos (viele Hochhäuser) / las empresas (die Firmen) / cerca de la costa (nahe der Küste)

2.) Suche dir einen Tandempartner und lerne mit ihm entweder direkt vor Ort oder wie Sophie per Mail spanisch. In Kapitel 1.6 findest du tolle Möglichkeiten einen Partner zu finden. Stelle dich in der ersten Mail kurz vor und wende die wichtigen Sätze und das Vokabular an. Viel Spaß!

Wortliste zu Kapitel 3

Spanisch	***[Aussprache]***	**Deutsch**
hoy	*[oi]*	heute
ayer	*[ajer]*	gestern
mañana	*[manjana]*	morgen
siempre	*[siempre]*	immer
cada día	*[kada dia]*	jeden Tag, täglich
nunca	*[nunka]*	nie
de vez en cuando	*[de beth en kuando]*	manchmal
muchas veces	*[mutschas bethes]*	oft
ahora	*[aora]*	jetzt
todavía (no)	*[todabia]*	noch (nicht)
los lunes, los martes	*[lunes, martes]*	montags, dienstags …

la semana	*[semana]*	die Woche
el mes	*[mes]*	der Monat
el año	*[anjo]*	das Jahr
también	*[tambien]*	auch
como	*[komo]*	wie
porque	*[porke]*	weil
conmigo	*[konmigo]*	mit mir
hablar	*[ablar]*	reden, sprechen
tener	*[tener]*	haben
querer	*[querer]*	möchten
deber	*[deber]*	müssen
contar	*[kontar]*	erzählen
vivir	*[bibir]*	leben
trabajar	*[trabachar]*	arbeiten
escribir	*[escribir]*	schreiben
enviar	*[enbiar]*	schicken
tomar	*[tomar]*	essen, trinken, nehmen
estar de acuerdo	*[estar de akuerdo]*	einverstanden sein
la pregunta	*[pregunta]*	die Frage
la respuesta	*[respuesta]*	die Antwort
el compañero de intercambio	*[companjero de intercambio]*	der Tandempartner
el rascacielos	*[raskathielos]*	das Hochhaus

Audiobeispiel 3.1 Hör dir die Worte auf der Audiodatei mehrmals an und spreche sie laut nach.

Frases útiles en la primera cita
- Nützliche Sätze beim ersten Treffen

¿Qué te parece visitar la ciudad?

Was hältst du davon, die Stadt anzuschauen?

Me gusta la ciudad.

Mir gefällt die Stadt.

¿Qué quieres?

Was möchtest du?

Quiero tomar un zumo de naranja.

Ich möchte einen Orangensaft trinken.

íGracias!

Danke!

íDe nada!

Bitte sehr!

Tengo una pregunta.

Ich habe eine Frage.

¿Cuándo quedamos? ¿El miércoles o mañana?

Wann treffen wir uns? Am Mittwoch oder morgen?

¿Estás de acuerdo?

Bist du einverstanden?

¿Dónde está la Plaza Mayor?

Wo ist der Marktplatz?

No te entiendo.

Ich verstehe dich nicht.

¡Habla más despacio, por favor!

Rede bitte langsamer!

Vale.

Ok.

Hasta pronto.

Bis Bald.

Audiobeispiel 3.2 Die nützlichen Sätze aus diesem Kapitel stehen in den Audiodateien zu diesem Buch. Bleib dabei und höre die Vokabeln und Sätze immer wieder mal zwischendurch.

Globales Lesen, Hören und Verstehen: Sophie möchte Spanisch lernen...

Sophie hat sich riesig darüber gefreut, dass Paul sich an sie erinnert. Jetzt geht es ihr darum, ihn als Partner zu gewinnen, um spanisch zu lernen. Sie lernt noch einige wichtige Worte dazu und schreibt ihm dann die folgende Mail. Sophie ist schon einige Schritte weiter als du, sie kann die Verben konjugieren, die du bis jetzt erst im Infinitiv, also in der Grundform wie „lernen“, kennengelernt hast. Sie schreibt „estudio“, „me acuerdo“ und „envío“, also „ich lerne“, „ich erinnere mich“, „ich schicke“ oder „trabajas“, „tienes“, also „du arbeitest“, „du hast“. Durch diese passive spielerische Aufnahme einiger Konjugationsformen verbunden mit deiner Neugier und Kreativität, wette ich, dass du dir die meisten Bedeutungen aus dem Kontext selbst erschließen kannst. Natürlich werden wir die Konjugation von Verben noch genau durchnehmen. Aber jetzt vertrau dich erst mal auf dein Gespür für die geschriebenen und gehörten Wörter. Lies die Texte von Sophie und Paul mehrmals laut vor, dadurch prägen sich dir die Sätze ein. Selbstverständlich kannst du im Lösungsteil die deutsche Übersetzung anschauen und dein Ergebnis überprüfen.

Amigo Paul,

gracias por tu e-mail. Me acuerdo muchas veces de los días estupendos en Sevilla. Te envío fotos de nuestra cita en Sevilla. Estudio cada día español en la biblioteca de la universidad. Ahora no estudio, claro, porque quiero escribir este e-mail. Quiero aprender español y me gusta hablar contigo en español. ¡Hablas bien español! ¿Qué te parece practicar el español conmigo?

Tengo muchas preguntas: ¿Dónde estás ahora?

¿Trabajas todavía en Cartagena y vives en La Azohía?

Tienes 28 años, ¿no?

¿En la Región de Murcia hay también muchos rascacielos como en Barcelona?

¿Todavía tocas la guitarra cada día?

Hasta pronto

Paul beginnt gleich, nachdem er Sophies Mail bekommen hat, mit seiner Antwort:

Amiga Sophie,

gracias por las fotos estupendas.

Aquí en la Costa Cálida vivo genial, no hay muchos rascacielos. Desde la playa tienes una vista estupenda a las montañas. Muchas veces tomo el sol y después tomo un café en un bar. Ahora en diciembre tenemos todavía 20 grados.

Claro que sí, trabajo. Los lunes y los miércoles siempre trabajo en Cartagena. Y de vez en cuando trabajo cada día, como ahora. Tengo muchos proyectos con mis compañeros de trabajo. De eso te escribo otro día. La guitarra sólo la toco de vez en cuando.

¿Qué te parece venir a España? ¿Cuándo quedamos?

Adiós y hasta pronto

Paul

Audiobeispiel 3.3 Höre die Briefe mehrmals an und lese sie dann laut. Hast du das Wesentliche verstanden? Dann belohne dich!

Zusammenfassung Kapitel 3

Der Aussagesatz hat im Spanischen eine klare Struktur:

Subjekt – Verb – Objekt

Falls zwei Objekte der Fall sind, gilt immer die Regel:

direktes Objekt (wen?) vor indirektem Objekt (wem?)

Bei **Zeit- und Ortsangaben** kannst du wie im Deutschen wählen, zu Beginn des Satzes oder am Ende. Wenn du die Zeit oder den speziellen Ort betonen willst, dann setze die Angabe jeweils an den Anfang.

4. Dinge und Personen

In diesem Kapitel geht es um Nomen und deren bestimmte oder unbestimmte Artikel. Dabei werden wir uns auch mit Worten befassen, die die Nomen ersetzen, den Personalpronomen. Um den Besitz anzugeben oder auf etwas hinzuweisen, werfen wir außerdem einen Blick auf die Possessivpronomen und die Demonstrativpronomen. Am Ende des Kapitels wirst du bereits in der Lage sein, schwierigere Sätze zu bilden und dich flüssiger auszudrücken.

4.1 Nomen und Artikel

Um alles, was uns umgibt und was wir fühlen zu benennen, benötigen wir Nomen und Artikel. Das sind Namen für Lebewesen, Dinge und Gefühle, wie „die Frau“, „der Baum“, „das Haus“ „die Freude“. Erfreulicher Weise ist das Spanische in dieser Hinsicht viel einfacher gestrickt als die deutsche Sprache. Es gibt nur männliche bzw. weibliche Nomen und Artikel, nicht wie im Deutschen drei unterschiedliche (der, die das bzw. ein, eine). Zudem werden die Nomen und Artikel nicht wie im Deutschen dekliniert. Umständliche Fälle wie der Genitiv „des Bruders“ oder der Akkusativ „den Bruder“ bleiben dir erspart.

Den **bestimmten Artikel „el“** für männliche Nomen und **„la“** für weibliche hast du im Kapitel zur Aussprache bereits kennengelernt. Sie werden immer dann benutzt, wenn etwas bereits Bekanntes beschrieben wird.

Was die **Nomen** betrifft, gilt als Faustregel: **weibliche Nomen enden in der Regel auf „-a“ und männliche Nomen auf „-o“**.

männlich	weiblich
el chic**o**	**la** chic**a**
der Junge	das Mädchen

Es gibt es nur ganz wenige Ausnahmen, wie „el día“, „el idioma“ (die Sprache), „el problema“, „la foto“, „la mano“ (die Hand) und „la radio“.

TIPP Für Nomen, die nicht auf „-a“ oder „-o“ enden, gibt es folgende Eselsbrücken:

Nomen, die auf **„-ad“** oder **„-ión“** enden, sind immer **weiblich**:

la canción (das Lied), la relación (die Beziehung), la expresión (der Ausdruck), la televisión (das Fernsehen), la traducción (die Übersetzung), la verdad (die Wahrheit), la soledad (die Einsamkeit)

Generell **männlich** sind Nomen auf **„-aje“** oder **„-or“**:

el garaje (die Garage), el paisaje (die Landschaft), el amor (die Liebe), el dolor (der Schmerz), el error (der Fehler)

Es empfiehlt sich, die wenigen Nomen, die nicht den aufgeführten Regeln entsprechen, mit ihrem Artikel zu lernen. Hier die wichtigsten, von denen du bereits einige kennst:

- el café, el coche (das Auto), el hambre (der Hunger), el taxi, el árbol (der Baum), el lápiz (der Stick), el móvil (das Handy), el país (das Land), el sol (die Sonne)
- la carne (das Fleisch), la gente (die Menschen), la llave (der Schlüssel), la noche (die Nacht), la tarde (der Nachmittag, Abend), la suerte (das Glück), la sal (das Salz), la sed (der Durst)

Diese Wörter werden in den Wortlisten noch einzeln aufgeführt. Hier hast du alle auf einen Blick, dann kannst du sie systematisch lernen oder auch kurz nachschlagen.

Wie beim bestimmten Artikel gibt es beim **unbestimmten Artikel** nur eine männliche und eine weibliche Form, nämlich **„un“** und **„una“**:

männlich	weiblich
un chic**o** ein Junge	**una** chic**a** ein Mädchen

Du verwendest den bestimmten oder unbestimmten Artikel genauso wie im Deutschen. Wenn wir uns auf etwas Spezielles oder eine bestimmte Person beziehen, verwenden wir den bestimmten Artikel. Mit dem unbestimmten Artikel bezeichnen wir Personen und Dinge, von denen es mehrere desselben Typs gibt. Im Spanischen ist das genauso wie im Deutschen. Also lass dich einfach durch deine gewohnte Verwendung der Artikel leiten. Die beiden folgenden Beispiele zeigen, dass der unbestimmten Artikel verdeutlicht, dass María noch mehr Brüder hat. Durch den bestimmten Artikel wird klar, dass Pedro der einzige Bruder von María ist.

Pedro es un hermano de María.

Pedro ist ein Bruder von María.

Perdro es el hermano de María.

Pedro ist der Bruder von María.

Eine wichtige Anmerkung noch am Schluss: Es gibt im Spanischen den neutralen Artikel **„lo“**, er dient aber nicht der Bezeichnung von Nomen, denn die sind ja entweder weiblich oder männlich. „Lo“ ist unveränderlich, steht nie vor einem Nomen und ist eine reine Singularform. Der neutrale Artikel **„lo + que“** steht in Relativsätzen mit der Bedeutung von „das, was…“ oder substantiviert ein Adjektiv – **„lo + Adjektiv“** -, im Sinne von „das Gute“, „das Schlechte“.

Estudio español, **lo que** me gusta mucho.

Ich lerne Spanisch, was mir sehr gefällt.

Todo **lo que** dice es correcto.

Alles, was er sagt, ist korrekt.

Lo interesante/lo importante/lo bueno/lo malo es…

Das Interessante/das Wichtige/das Gute/das Schlechte ist…

Wiederholung und Übung

1.) Setze die bestimmten Artikel ein:

___ casa, ____ plaza, ___ chico, ___ emoción, ___ amiga, ___ número, ___ playa, ___ día, _____ verdad, ____ carne, ____café, _____paisaje, _______ amor, ____ sal, ____ coche.

2.) Ergänze die Regel: Nomen, die auf _____ enden, sind in der Regel weiblich. Nomen, die auf ______ enden, sind meist männlich.

3.) Entscheide, ob der bestimmte oder der unbestimmte Artikel eingesetzt werden muss:

a. ¿Cómo se llama ____ chico?	*Wie heißt der Junge?*
b. Tengo ___ pregunta.	*Ich habe eine Frage.*
c. Sevilla es fenomenal. Me gusta ___ ciudad.	*Sevilla ist phänomenal. Mir gefällt die Stadt*
d. Quiero tomar ___ zumo de naranja.	*Ich möchte einen Orangensaft trinken.*

4.2 Pluralbildung

Die Artikel und Nomen werden im Plural folgendermaßen gebildet:

Artikel	Singular	Plural
bestimmt	**el** chico **la** chica	**los** chicos **las** chicas
unbestimmt	**un** chico **una** chica	**unos** chicos **unas** chicas

Alle Nomen, die auf einen Vokal enden (-a, -e, -i, -o, -u), erhalten im Plural ein „-s“. Endet das Nomen auf einen Konsonanten, wird der Plural mit „-es“ gebildet. Hier ein paar Beispiele:

- **Plural mit „-s“** bei Nomen, die auf einen **Vokal** enden:

Singular	Deutsch	Plural	Deutsch
la cosa	*die Sache*	las cosa**s**	*die Sachen*
el vaso	*das Glas*	los vaso**s**	*die Gläser*
la calle	*die Straße*	las calle**s**	*die Straßen*
el taxi	*das Taxi*	los taxi**s**	*die Taxis*

- **Plural mit „-es“** bei Nomen, die auf einen **Konsonanten** enden:

Singular	Deutsch	Plural	Deutsch
el árbol	*der Baum*	los árbol**es**	*die Bäume*
la emoción	*die Emotion*	las emocion**es**	*die Emotionen*
el móvil	*das Handy*	los móvil**es**	*die Handys*
el país	*das Land*	los país**es**	*die Länder*

- Bei Wörtern, die im Singular auf einen Konsonanten enden und auf der letzten Silbe einen Akzent tragen wie „emoción“, entfällt dieser Akzent im Plural, da ja bei der Endung auf „-s“ automatisch die zweitletzte Silbe betont wird, der Akzent wird deswegen überflüssig.

- Endet ein Wort im Singular auf „-z“, dann wird stattdessen im Plural ein „c“ gesetzt, denn immer vor „-e“ und „-i“ muss ein „c“ für das gelispelte [th] stehen. Das kannst du bei Unsicherheiten in der Aussprache immer mal wieder nachlesen. Also aus „el pez“ (der Fisch) wird „los peces“, aus „la vez“ (das Mal) wird „las veces“ (die Male).

- Falls weibliche und männliche Nomen im Plural stehen, wird stets die männliche Form gewählt. Man begrüßt seine Freunde, auch wenn die meisten davon weiblich sind, immer mit “¡Hola chicos!“. Dazu ein paar Beispiele:

Los <u>amigos</u> de Sophie son Paul, Mónica y Cristina.

Die Freunde von Sophie sind Paul und Mónica und Cristina.

La madre y el padre de Paul son los <u>padres</u>.

Die Mutter und der Vater von Paul sind die Eltern.

> Julia tiene un hijo y una hija. Julia tiene dos hijos.
> Julia hat einen Sohn und eine Tochter. Sie hat zwei Kinder.

- Wenige Wörter enden im Singular auf „-s“, wie „el jueves“, „el cumpleaños“ (der Geburtstag) und „el rascacielos“. Im Plural bleiben diese Nomen gleich: also „los jueves“, „los cumpleaños“ und „los rascacielos“. Zudem gibt es einzelne Wörter nur im Plural, weil sie aus zwei Komponenten bestehen. Hier die wichtigsten: „los vaqueros“ (die Jeans), „los pantalones“ (die Hose), „las tijeras“ (die Schere), las gafas (die Brille).

Wiederholung und Übung

Die Pluralbildung ist ein wichtiger Bereich der spanischen Grammatik. Es ist deswegen sehr sinnvoll, die Übungen zu nutzen, damit du dir die Verwendung der Artikel und Nomen einprägst und dein Wissen systematisch erweiterst.

Bilde den Plural folgender Nomen und ihrer Artikel:

a. el amigo / ______________

b. una vez / ______________

c. el móvil / ______________

d. la emoción / ______________

e. una cosa / ______________

f. el animal / ______________

g. el lunes / ______________

h. un chico / ______________

4.3 Personalpronomen

„Pro“ kommt aus dem Lateinischen und heißt „für“, Pronomen stehen also stellvertretend für ein Nomen. Sie haben die wichtige Funktion, Wiederholungen zu vermeiden. Dadurch werden Texte flüssiger und stilistisch besser.

Personalpronomen stehen als Stellvertreter für Personen, Gegenstände, Zustände oder Sachverhalte. Statt „Paul“ wird einfach „er“ benutzt. Wenn wir im Satz „Paul freut sich auf Sophie“ die Person Paul durch ein Personalpronomen ersetzen, dann sagen wir „Er freut sich auf Sophie“. „Er“ ist das deutsche Personalpronomen für eine männliche Person. Im Spanischen ist es genau wie im Deutschen. Und genauso wie im Deutschen kann sich das Personalpronomen auf ein Subjekt beziehen, das angibt wer handelt, oder auf ein Objekt. Diese Begriffe hast du schon im 3. Kapitel zum Satzbau kennengelernt. Schlag bei Bedarf einfach nochmal nach, damit du die neuen Inhalte gut aufnehmen kannst.

In einem ersten Schritt behandeln wir das Personalpronomen, das sich ausschließlich auf das Subjekt (wer oder was?) im Satz bezieht. Im Beispielsatz also das Personalpronomen „er“, welches das Subjekt „Paul“ ersetzt, es wird als Subjektpronomen bezeichnet. Zur Einführung alles wieder auf einen Blick:

Personalpronomen als Subjektpronomen

Person	Spanisch	Deutsch
1. Singular	**yo**	ich
2. Singular	**tú**	du
3. Singular	**él**	er
	ella	sie
	usted (Höflichkeit)	Sie
1. Plural	**nosotros**	wir
	nosotras	
2. Plural	**vosotros**	ihr
	vosotras	
3. Plural	**ellos**	sie
	ellas	
	ustedes (Höflichkeit)	Sie

In der 3. Person Singular musst du im Spanischen nur zwei Formen unterscheiden: Alle weiblichen Nomen werden mit „ella“ ersetzt und alle männlichen Nomen mit „él“. Eine neutrale Form wie im Deutschen „es“ oder im englischen „it“ gibt es erfreulicher Weise im Spanischen nicht. Auf diese Art wird die Satzbildung im Spanischen deutlich einfacher. Generell gilt, dass deutsche sächliche Nomen wie „das Kind“ oder „das Mädchen“ im Spanischen männlich – „el niño“ – oder weiblich – „la chica“ – sind. Deswegen werden sie bei Bedarf mit den entsprechenden männlichen und weiblichen Personalpronomen „él“ und „ella“ wiedergegeben.

Bei den Personalpronomen im Plural sind die Spanier den Deutschen und Engländern in puncto Emanzipation ein klein wenig voraus: Im Plural wird unterschieden zwischen dem „wir“, das nur weibliche und dem „wir“, welches männliche Nomen ersetzt. Ebenso gibt es für „ihr“ und „sie“ weibliche und männliche Formen. Im Spanischen kannst du durch die Unterscheidung zwischen weiblicher und männlicher Form deutlicher differenzieren, wer gemeint ist. Allerdings gilt auch hier: Sobald sich nur ein Mann unter die Frauen mischt, wird die männliche Form des Personalpronomens gewählt. Hier Beispiele:

Beispiel	**Personalpronomen**
Claudia y Sophie	**ellas**
Manuel y Paco	**ellos**
Claudia y Jorge	**ellos**
Tú (Sophie) y yo (Rosa)	**nosotras**
Tú (Jorge) y yo (Paul)	**nosotros**

Was die Höflichkeitsformen „usted“ im Singular und „ustedes“ im Plural anbelangt, so werden sie selbst in offiziellen Behörden wie etwa im Rathaus, den Ministerien, den Stadtwerken und in der spanischen Botschaft kaum mehr benutzt. Dies steht der Darstellung in etlichen spanischen Lehrbüchern entgegen, die sich leider immer noch auf einen veralteten Gebrauch stützen.

Aber warum wird fast nur noch geduzt? Während der Franko-Diktatur (1936-1975) diente die Unterscheidung zwischen „Sie“ und „du“ der sozialen Unterscheidung zwischen mächtigen wohlhabenden Spaniern und armen. Die Reichen musste man mit „usted“ ansprechen, die Armen mit „tú“. Die ursprüngliche Höflichkeitsform diente während des Franko-Regimes zur Etablierung einer Zwei-Klassen-Gesellschaft und der sozialen Diskriminierung der ärmeren Bevölkerungsschicht. Mit dem heutigen Trend des konsequenten Duzens erklären die Spanier dieser von oben verordneten Demütigung armer Schichten eine klare Absage. Deswegen betrachten es die Spanier auch nicht als unhöflich, wenn du sie beim Einkaufen, im Restaurant oder in offiziellen Behörden duzt, im Gegenteil, sie freuen sich, dass du dem allgemeinen Trend folgst. Selbst in Schulen duzen die Schüler ihre Lehrer und sprechen sie beim Vornamen an. Falls du mal als Lehrer*in in Spanien arbeiten möchtest, stell dich drauf ein.

Die Verwendung von „usted“ und „ustedes“ beschränkt sich auf ganz wenige bürokratische Handlungen, wie etwa den Kauf eines Hauses. Bei Bedarf einfach hier im Buch nachschlagen. Lediglich in Lateinamerika kommt „ustedes“ zum Einsatz, aber auch nicht für die Höflichkeitsform. „Ustedes“ ersetzt in Lateinamerika häufig die 2. Person Plural: „Ihr arbeitet“ wird mit „ustedes trabajan“ übersetzt und „sie arbeiten“ heißt „ellos trabajan“. Nur zur Info, falls du Ambitionen hast, Lateinamerika zu besuchen, stell dich drauf ein. Aber natürlich versteht dich auch dort jeder mit der offiziellen Grammatik, die Grundlage dieses Buchs ist.

Was die Verwendung der Subjektpronomen im Allgemeinen anbelangt, ist es wichtig, dass im Unterschied zum Deutschen, die Subjektpronomen im Spanischen wesentlich seltener benutzt werden. Meist wird nur durch die Endung des Verbs mitgeteilt, um welche Person es sich handelt. Ausführlich wird dieses Thema im nächsten Kapitel behandelt. Aber hier schon mal ein Einblick.

Hola, soy Sophie. Aprendo español con Paul.

Hallo, ich bin Sophie. Ich lerne mit Paul Spanisch.

¿Quién eres?

Wer bist du?

Das Personalpronomen wird nur dann benötigt, wenn das Verb fehlt oder um in nicht eindeutigen Fällen klarzustellen, um wen es genau geht.

Ella es Sophie, él es Paul y ellos son mis hermanos Pedro y Ángel.
Sie ist Sophie, er ist Paul und sie sind meine Brüder Pedro und Ángel.

Yo soy Paul y él es Antonio.
Ich bin Paul und er ist Antonio.

Soy Sophie, ¿y tú?
Ich bin Sophie, und du?

Claudia y yo vamos al cine, ¿venís?
Claudia und ich gehen ins Kino, kommt ihr mit?

In einem zweiten Schritt geht es jetzt um die **Objektpronomen**, sie ersetzen das direkte Objekt (wen oder was?) oder das indirekte Objekt (wem?). Aber warum benötigen wir überhaupt zusätzlich zu den Subjektpronomen noch Objektpronomen? Das zeigt dir das folgende Beispiel auf Deutsch:

Beispiel	Personalpronomen
Sophie schreibt **Paul.**	**Sie** schreibt **ihm.**

Hier wird das Subjekt „Sophie“ durch das Subjektpronomen der 3. Person Singular ersetzt und das indirekte Objekt „Paul“ durch „ihm“ (das indirekte Objektpronomen der 3. Person Singular). Während die Subjektpronomen deutlich machen, wer agiert, zeigen die Objektpronomen **wem** die Handlung gilt oder **an wen** sie sich richtet. Genauso läuft es im Spanischen, und deswegen brauchen wir die Objektpronomen. Die zwei Sätze werden dann folgendermaßen übersetzt:

Beispiel	Personalpronomen
Sophie escribe a **Paul.**	**(Ella) le** escribe.

Sofern klar ist, dass Sophie schreibt, kann das Subjektpronomen natürlich entfallen.

Im Gegensatz zum Deutschen sind im Spanischen die direkten und indirekten Objektpronomen gleich bis auf die 3. Person im Singular und Plural. Das macht die Satzbildung im Spanischen deutlich einfacher als im Deutschen.

Außerdem wird bei den indirekten Objektpronomen überhaupt nicht mehr zwischen weiblich und männlich unterschieden, es gilt auch in der 3. Person Singular immer **„le“** und im Plural **„les“**. Hier siehst du schon mal die vollständige Übersicht.

Personalpronomen als Objektpronomen

Person	Direktes Objekt (wen oder was?)	Indirektes Objekt (wem?)	Deutsch
1. Singular	me	me	*mich / mir*
2. Singular	te	te	*dich / dir*
3. Singular	**lo**	**le**	*ihn, es / ihm (Sie / Ihnen)*
	la		*sie, es/ihr (Sie / Ihnen)*
1. Plural	nos	nos	*uns*
2. Plural	os	os	*euch*
3. Plural	**los**	**les**	sie / ihnen (Sie / Ihnen)
	las		sie / Ihnen (Sie / Ihnen)

Lediglich die direkten Objektpronomen der 3. Person Singular und Plural unterscheiden zwischen einer männlichen (lo, los) und weiblichen Form (la, las). Bezieht sich das Pronomen auf ein weibliches und ein männliches Nomen, wird die männliche Form „los“ verwendet. Das wird durch die folgenden Sätze deutlich.

¿Y Cristina? No **la** encuentro.

Und Cristina? Ich finde **sie** nicht.

¿El libro? **Lo** leo.

Das Buch? Ich lese **es**.

¿Y los documentos? ¿**Los** tenéis?

Und die Dokumente? Habt ihr **sie**?

¿Qué tal Crisitina y Sophie? No **las** he visto.

Wie geht es Cristina und Sophie? Ich habe **sie** nicht gesehen.

¿Qué tal Alfredo y Cristina? Muy bien, **los** veo cada día.

Wie geht es Alfredo und Cristina? Sehr gut, ich sehe **sie** jeden Tag.

Für **direktes** wie auch **indirektes Objektpronomen** gilt, dass sie **immer vor dem konjugierten Verb** stehen. Hier noch einige Beispiele mit indirektem Objekt:

> ¿Escribes un e-mail a tu hermano? Sí, **le** escribo un e-mail.
> Schreibst du deinem Bruder eine Mail? Ja, ich schreibe **ihm** eine Mail.
>
> **Me** gusta la paella.
> **Mir** schmeckt die Paella.
>
> ¿**Le** escribes todo?
> Schreibst du **ihr/ihm** alles?
>
> ¿**Les** envías un e-mail?
> Schickst du **ihnen** eine Mail?

Ausnahmen: Bei folgenden wichtigen Verben steht allerdings im Spanischen ein anderes Objektpronomen als im Deutschen:

- **preguntar** (fragen), **pedir** (bitten) und **interesar** (interessieren) fordern im Deutschen ein direktes Objektpronomen, also „wen frage ich“, „wen bitte ich?“ oder „wen interessiert etwas?“. Im Spanischen müssen die drei Verben allerdings mit einem indirekten Objektpronomen stehen:

> **Le** pregunto, **le pido**, **le** interesa
> Ich frage **ihn/sie**, ich bitte **ihn/sie**, **ihn/sie** interessiert

- Bei dem Verb **ayudar** ist es genau umgekehrt. Im Deutschen steht es mit einem indirektem Objektpronomen, also „wem helfe ich?“, im Spanischen aber mit dem direkten:

> **La** ayudo, **lo** ayudo
> Ich helfe **ihr**, ich helfe **ihm**

Sollten direktes und indirektes Objektpronomen in einem Satz vorkommen, dann steht das indirekte Objektpronomen immer vor dem direkten Objektpronomen wie in den folgenden Sätzen:

nur indirektes Objekt	indirektes und direktes Objekt
Te regalo la foto. Ich schenke dir das Foto.	**Te** la regalo. Ich schenke es dir.
Os escribo un e-mail. Ich schreibe euch eine Mail.	**Os** lo escribo. Ich schreibe sie euch.

Stehen die indirekten Objektpronomen **„le"** und **„les"** vor einem direkten Objektpronomen, werden sie immer zu **„se"**.

nur indirektes Objekt	indirektes und direktes Objekt
Les escribo un e-mail. Ich schreibe ihnen eine Mail.	**Se** lo escribo. Ich schreibe sie ihnen.
Le escribo un e-mail. Ich schreibe ihm eine Mail.	**Se** lo escribo. Ich schreibe sie ihm.

Es genügt für den Anfang, wenn du diese Konstruktion verstehst und erkennst. Du musst sie nicht gleich anwenden. Es ist völlig ausreichend, wenn du nur ein Objektpronomen im Satz verwendest und das andere Objekt eben ganz einfach beim Namen nennst.

Wiederholung und Übung

Jetzt kannst du die Personalpronomen noch einmal üben. Wenn es nicht gleich auf Anhieb klappt, gehe systematisch vor, indem du zuerst die einzelnen Satzteile identifizierst und dann das entsprechende Pronomen wählst. Vor allem bei längeren Sätzen ist diese Vorgehensweise sinnvoll. In der ersten Übung geht es nur um die Subjektpronomen.

1.) Cristina spricht mit ihrer Freundin Claudia und deren Schwester Marta über Sophie und Paul: Welches Subjektpronomen benutzt sie in den folgenden Beispielen? Fülle die Lücken aus. Hier ein exemplarisches Beispiel.

Cristina ____yo____

a. Claudia y Marta __________
b. Sophie y Paul __________
c. Claudia __________
d. Cristina y Claudia __________
e. Sophie __________
f. Paul __________

2.) Unterstreiche in den folgenden Sätzen, das indirekte Objektpronomen. Zur Erinnerung: danach wird mit „wem?" gefragt. Eine typisch spanische Ausnahme ist allerdings dabei.

a. No me gusta la pizza.
b. ¿Te gusta leer?
c. ¿Le escribes todo?
d. ¿Os gusta la comida?
e. Le pregunto.

3.) Beantworte die Fragen bejahend und ersetze die unterstrichenen Objekte jeweils durch ein indirektes Objektpronomen. Denk daran, dass die Pronomen immer vor dem konjugierten Verb stehen. Gehe dabei so vor wie im folgenden Beispiel:

¿Sophie regala (schenkt) un libro <u>a Paul?</u>

Sí, <u>le regala un libro.</u>

a. ¿Paul escribe (schreibt) un e-mail a sus amigos?

Sí, ______________________________

b. ¿Puedes dar (kannst du geben) la comida a tu padre?

Sí, ____________ puedo dar ____________

c. 4. ¿Puedes regalar (kannst du schenken) esta foto a Sophie?

Sí. ____________ puedo regalar ____________

4.) Unterstreiche die direkten Objekte. Nach ihnen wird mit „wen oder was?" gefragt.

a. ¿Me escuchas? (Hörst du mich?)

b. ¿Tienes los libros de Paul?

c. ¿Llamas (rufst du an) a tus amigos?

d. ¿Invitas (lädst du ein) a Paul?

e. Preparo (ich bereite vor) una ensalada.

4.4 Possessivpronomen und -begleiter

Possessivbegleiter wie „**mein** Buch" oder „**dein** Buch" werden häufig verwendet, deswegen erkläre ich sie dir zuerst. Die Begleiter geben ein Besitzverhältnis an und stehen immer vor einem Nomen. Wie im Deutschen unterscheidet man sie nach Singular und Plural. Glücklicherweise gibt es im Spanischen nur in der ersten und zweiten Person Plural eine weibliche und eine männliche Form. Bei den weiteren Possessivbegleitern musst du nicht wie im Deutschen eine weibliche und männlich Form lernen. Und jetzt zur Übersicht:

Possessivbegleiter

Person	Singular	Plural	Deutsch
1. Singular	**mi** amiga/amigo	**mis** amigas/amigos	*mein(e)*
2. Singular	**tu** amiga/amigo	**tus** amigas/amigos	*dein(e)*
3. Singular	**su** amiga/amigo	**sus** amigas/amigos	*ihr(e), sein(e), Ihr(e)*
1. Plural	**nuestra** amiga **nuestro** amigo	**nuestras** amigas **nuestros** amigos	unser(e)
2. Plural	**vuestra** amiga **vuestro** amigo	**vuestras** amigas **vuestros** amigos	*euer, eure*
3. Plural	**su** amigo/amiga	**sus** amigos/amigas	ihr(e), Ihr(e)

Die folgenden Sätze verdeutlichen den Gebrauch der Possessivbegleiter.

Paul tiene dos casas. – Son **sus** casas.

Paul hat zwei Häuser. – Es sind seine Häuser.

Sophie tiene dos hermanos. – Son **sus** hermanos.

Sophie hat zwei Brüder. – Es sind ihre Brüder.

¿Dónde es la fiesta? – En **mi** casa.

Wo findet das Fest statt? – In meinem Haus.

¿Quién es **vuestro** padre?

Wer ist euer Vater?

¿Cuál es **vuestra** comida preferida?

Was ist euer Lieblingsessen?

Mis perros se llaman Blanca y Max.

Meine Hunde heißen Blanca und Max.

Nuestras amigas son Alisia y Cintia.

Unsere Freundinnen sind Alisia und Cintia.

Da der Begleiter **„su“** mehrere Bedeutungen hat gibt es auch mehrere Möglichkeiten, die folgende Besitzangabe zu verstehen:

- **Su libro:** Das kann heißen „ihr Buch“, „sein Buch“ oder in der Höflichkeitsform „Ihr Buch“.

Aber das ist kein Problem für dich, da die Bedeutung in den meisten Fällen durch den Kontext deutlich wird. Im Kontext wird in der Regel das Nomen erwähnt, auf das sich der Possessivbegleiter bezieht. Wenn **Paul** der Bezugspunkt ist, dann können wir das Beispiel eindeutig mit **„sein Buch“** übersetzen. Wenn **Sophie** das Nomen ist, auf das sich der Begleiter bezieht, dann ist es klar, dass **„ihre Freundin“** gemeint ist. Falls kein Nomen als Bezugspunkt im Kontext genannt wird, kannst du mit der folgenden **Ersatzform de + Personalpronomen** kurz nachfragen:

- ¿El libro **de él**? (sein Buch?)
- ¿El libro **de ellos/ellas**? (ihr Buch?)
- ¿El libro **de ella**? (ihr Buch?)
- ¿El libro **de ustedes**? (Ihr Buch?)
- ¿El libro **de usted**? (Ihr Buch?)

In Ausnahmefällen ist diese Ersatzform wichtig. Für den ersten Schritt genügt es aber auch völlig, wenn du dich an die regelmäßigen Formen des Possessivpronomens hältst und diese konsequent anwendest.

Wiederholung und Übung

Jetzt schaffst du es sicher, dir durch die folgenden Übungen die Verwendung des Possessivbegleiters einzuprägen. Überprüfe deine Ergebnisse anhand der Lösungen. Aufs erste Mal muss wirklich nicht alles sitzen. Wenn du 80% beherrschst ist das okey.

1.) Füge den passenden Possessivbegleiter ein:

a. Mein Buch: __________ libro

b. Deine Freunde: __________ amigos

c. Ihre Schwestern: __________ hermanas

d. Ihre Brüder: __________ hermanos

e. Sein Bruder: __________ hermano

f. Dein Bruder: __________ hermano

g. Unsere Eltern: __________ padres

h. Unser Vater: __________ padre

i. Euer Bruder: __________ hermano

j. Eure Schwestern: __________ hermanas

2.) Fülle die Lücken mit den passenden Possessivbegleitern aus, wie im Beispiel:

Tengo tres libros. – Son mis libros.

Ich habe 3 Bücher. – Es sind meine Bücher.

a. Paul tiene una guitarra.

Es __________ guitarra.

b. Tengo una mochila (einen Rucksack)

Es __________ mochila.

c. Tenéis (ihr habt) un restaurante.

Es __________ restaurante.

d. Tienen (sie haben) un libro.

Es __________ libro.

e. Tenemos (wir haben) dos hermanas (Schwestern).

Son __________ hermanas.

Jetzt zu den **Possessivpronomen:** Das sind Worte wie **meiner**, **deiner**, **seiner**... Mit Possessivpronomen gibst du immer einen Besitz an und vermeidest die Wiederholung des Nomens. Statt der Beschreibung, „Der Rucksack gehört mir“, sagst du einfach: „Das ist meiner.“ Hier wieder die vollständige Übersicht im Spanischen.

Possessivpronomen

Person	Singular		Plural		Deutsch
	männlich	**weiblich**	**männlich**	**weiblich**	**Singular / Plural**
1. Singular	mío	mía	míos	mías	*meine(r), meins / meine*
2. Singular	tuyo	tuya	tuyos	tuyas	*deine(r), deins / deine*
3. Singular	suyo	suya	suyos	suyas	*seine(r), seins, ihre(r), ihrs / seine, ihre*
1. Plural	nuestro	nuestra	nuestros	nuestras	unser(e), unseres / unsere
2. Plural	vuestro	vuestra	vuestros	vuestras	*eure(r), eures* / eure
3. Plural	suyo	suya	suyos	suyas	*ihre(r), ihres / ihre*

Du hast vielleicht schon bemerkt, dass die spanischen Possessivpronomen den deutschen gleichen. Mit dem einen Unterschied, dass es im Spanischen wieder nur weibliche und männliche Formen gibt. Konkret heißt das: Wenn du ein männliches Nomen hast, dann benutze die männliche Form des Possessivpronomens, wenn es sich um ein weibliches Nomen handelt, die weibliche Form: "**El** libro es **el mío**" (das Buch ist meines), "**el** armario es **el mío**" (der Schrank ist meiner) und „**la** mochila es **la mía**" (der Rucksack ist meiner). Das macht die Sache wieder etwas einfacher. Die Possessivpronomen richten sich in Geschlecht und Zahl nach dem Nomen, auf das sie sich beziehen und sie werden zusammen mit den bestimmten Artikeln **„el", „la", „los", „las"** verwendet.

Possessivpronomen und Possessivbegleiter haben dasselbe Ziel: Die Angabe der Besitzverhältnisse. Wie im Deutschen kannst du per Possessivbegleiter sagen, „das sind meine Bücher" oder nur mit dem Possessivpronomen „das sind meine". Hier ein Beispiel zur Unterscheidung der beiden Formen:

- **Possessivbegleiter** stehen vor einem Nomen und zeigen den Besitz an.

> Es mi casa.
>
> Es ist mein Haus.

- **Possessivpronomen** zeigen auch den Besitz an, aber sie stehen anstelle eines Nomens.

> Es la mía.
>
> Es ist meins.

Wiederholung und Übung

Ersetze die Possessivbegleiter mit Nomen jeweils durch ein passendes Possessivpronomen wie im Beispiel.

	Son mis padres.	Son los míos.
a.	Es mi libro.	Es ____________
b.	Es mi mochila.	Es ____________
c.	Son nuestras guitarras.	Son ____________
d.	Son tus hermanos (Brüder).	Son ____________
e.	Son vuestros móviles (Handys).	Son ____________
f.	Es su restaurante.	Es ____________
g.	Son sus amigas.	Son ____________

4.5 Demonstrativpronomen und -begleiter

Demonstrativpronomen und Demonstrativbegleiter benötigst du, um eine zeitliche oder räumliche Nähe oder Distanz hervorzuheben. Im Deutschen sagst du „dieser Tisch hier“ oder „jener Tisch dort“, um deutlich zu machen, wo sich der gemeinte Tisch befindet. Im Spanischen stehen dafür „esta mesa“, „esa mesa“ und „aquella mesa“. Ganz richtig, im Spanischen gibt es noch eine dritte Angabe, für das, was sich am entferntesten vom Sprecher befindet. Eine Eselsbrücke zur Verwendung sind die spanischen Ortsangaben aquí (hier, direkt beim Sprecher), ahí (da, leicht entfernt) und allí (dort, weit entfernt vom Sprecher), die übrigens auch oft mit den Demonstrativpronomen und -begleitern zusammen verwendet werden. Dazu ein kurzer Überblick. Ich beginne wieder mit den Begleitern, da sie sehr wichtig sind.

Demonstrativbegleiter

Position des Sprechers	Singular	Deutsch	Plural	Deutsch
nahe **aquí** (*hier*)	**este** libro **esta** mesa	*dieses, dieser, diese* ***hier***	**estos** libros **estas** mesas	*diese* ***hier***
leicht entfernt **ahí** (*da*)	**ese** libro **esa** mesa	*diese, dieser, dieses* ***da***	**esos** libros **esas** mesas	*diese* ***da***
weit entfernt **allí** (*dort*)	**aquel** libro **aquella** mesa	*jenes, jener, jene* ***dort***	**aquellos** libros **aquellas** mesas	*jene* ***dort***

Du fragst dich jetzt sicher: „Wie soll ich entscheiden, ob etwas leicht oder weit entfernt ist, ist das nicht Ansichtssache?“ Und da hast du völlig Recht. Es dreht sich ja um eine gefühlte, persönliche Entfernung. Generell kann man sich daran halten, dass Dinge und Personen, die in Reichweite des Sprechers sind, mit „este“ oder „esta“ bezeichnet wird. „Ese libro“ wird verwendet, wenn sich das Buch ein paar Schritte vom Sprecher aber nah beim Angesprochenen befindet. Wenn sich das Buch weit entfernt vom Sprecher und Angesprochenen befindet wird „aquel libro“ gesagt. Diese drei unterschiedlichen Angaben der Entfernung sind speziell spanisch, im Deutschen, Englischen oder Französischen gibt es sie nicht. Aber sie sind oft sehr sinnvoll, denn sie dienen der Konkretisierung. Wenn es drei Tische gibt und der Verkäufer dich fragt, „möchtest du diesen oder jenen?“ (¿Quieres esta mesa de aquí o esa de ahí?), du aber einen Tisch bevorzugst, der noch weiter entfernt steht, dann musst du das im Deutschen umständlich umschreiben, im Spanischen genügt die Angabe „Quiero aquella mesa de allí“, dann ist klar, dass du den, der am weitesten von dir entfernt steht, bevorzugst.

Für die zeitliche Nähe und Distanz gilt dasselbe: „Esta“ und „este“ unterstreichen die Aktualität, mit „esa“ und „ese“ beziehen wir uns auf die letzten Tage, Wochen und Monate und mit „aquel“ bzw. „aquella“ auf weit zurückliegende Handlungen. Auch hierbei hängt es von dir ab, was weit zurück liegt oder nur wenig zurück liegt, je nach dem verwendest du esa/ese oder aquel/aquella. Zur Verdeutlichung diese Beispiele:

Esta semana trabajo.

Diese Woche arbeite ich.

Esa semana trabajé mucho.

In jener Woche arbeitete ich viel.

Aquella semana en 2020 no trabajé.

In jener Woche damals, im Jahr 2020, arbeitete ich nicht.

Jetzt zu den **Demonstrativpronomen**. Sie ersetzen das Nomen und sie sind in ihrer Form identisch mit den Demonstrativbegleitern. Hier zwei Beispiele.

Demonstrativpronomen

Quiero estos libros. – Quiero estos.

Ich möchte diese Bücher. – Ich möchte diese.

¿Qué mochila prefieres? - ¿Esta, esa o aquella?

Welchen Rucksack ziehst du vor? – Diesen hier, jenen da oder jenen dort drüben?

Bei den Demonstrativpronomen gibt es zudem eine inhaltlich unbestimmte Form. Sie wird immer dann benutzt, wenn Dinge nicht konkret benannt werden und gleicht dem deutschen „das hier“ (esto), „das da“ (eso) und „das dort“ (aquello). „Esto“, „eso“ und „aquello“ stehen immer ohne ein Nomen. Diese Form wird übrigens wie im deutschen sehr häufig verwendet. Hier ein paar Beispiele zur Verdeutlichung:

¿Qué es esto?

Was ist das hier?

¿Qué es eso?

Was ist das da?

¿Qué es aquello?

Was ist das dort?

¡Quiero esto, eso y aquello!

Ich möchte das hier, das da und das dort.

Dame esto, eso o aquello.

Gib mir das hier, jenes da oder das dort.

Wiederholung und Übung

Verwende die passenden Demonstrativbegleiter und setze sie nach quiero (ich möchte) ein.

a. aquí: Quiero _________ libros, _________ comida y _________ mochilas.

b. ahí: Quiero _________ móvil y _________ guitarra.

c. allí: Quiero _________ mesa, _________ móvil y _________ libros.

Wortliste zu Kapitel 4

Spanisch	***[Aussprache]***	**Deutsch**
la playa	*[plaja]*	der Strand
el sol	*[sol]*	die Sonne
la música	*[musika]*	die Musik
la canción	*[kanthion]*	das Lied
el deporte	*[deporte]*	der Sport
el padre, los padres	*[padre]*	der Vater, die Eltern
la madre	*[madre]*	die Mutter
la hermana	*[ermana]*	die Schwester
el hermano	*[ermano]*	der Bruder
el abuelo, los abuelos	*[abuelo, abuelos]*	der Großvater, die Großeltern
la abuela	*[abuela]*	die Großmutter
el amigo	*[amigo]*	der Freund

la amiga	*[amiga]*	die Freundin
buenos días	*[buenos dias]*	guten Morgen
buenas tardes	*[buenas tardes]*	guten Tag ab 15:00
buenas noches	*[buenas noches]*	guten Abend ab 21:00
a la izqierda	*[a la ithkierda]*	links
a la derecha	*[a la deretscha]*	rechts
aquí	*[aki]*	hier
ahí	*[ai]*	*da drüben*
allí	*[aji]*	dort
favorito, -a	*[faborito]*	Lieblings-, bevorzugt
levantarse	*[lebantarse]*	aufstehen
acostarse	*[akostarse]*	ins Bett gehen
gustar	*[gustar]*	gefallen, mögen
encantar	*[enkantar]*	begeistern
hacer mucha ilusión	*[ather mucha ilusión]*	sich sehr auf etwas freuen
es un placer	*[es un plather]*	es ist eine Freude
alegrarse (de)	*[alegrarse]*	sich freuen (über)
molestar(se)	*[molestar]*	(sich) ärgern
escuchar	*[eskutschar]*	zuhören
cocinar	*[kothinar]*	kochen
viajar	*[biachar]*	reisen
bailar	*[bailar]*	tanzen
ir	*[ir]*	gehen
ir de compras	*[ir de kompras]*	einkaufen gehen
comprar	*[komprar]*	einkaufen
vender	*[bender]*	verkaufen
el tiempo libre	*[el tiempo libre]*	die Freizeit
o (wird zu **u**, wenn das nächste Wort mit **o** oder **ho** beginnt)	*[o] [u]*	oder

Audiobeispiel 4.1 Die neuen Worte findest du wie immer in den Audiodateien.

Frases útiles para lo que quieres y que te gusta
- Nützliche Sätze für das, was du willst und dir gefällt

Hier einige Möglichkeiten, um Vorlieben und Wünsche zu äußern. Ideal sind dafür die Verben **„gustar"** (gefallen) und **„encantar"** (begeistern). Sie werden wie im Deutschen verwendet und richten sich nach dem Nomen im Singular bzw. Plural: „Mir gefällt die Musik" heißt im Spanischen „me **gusta** la música" und in der Mehrzahl heißt es „me **gustan** las canciones" (mir gefallen die Lieder). Ebenso eignen sich **„es un placer"** (es ist herrlich) und **„alegrarse"** (sich freuen).

Buenos días. Me alegro de verte. ¿Qué te gusta hacer?

Guten Morgen. Ich freue mich dich zu sehen. Was magst du machen?

Me encanta ir al cine o a la playa. ¿Qué te parece?

Ich gehe sehr gern ins Kino oder an den Strand. Was hältst du davon?

¿Qué música te gusta?

Welche Musik gefällt dir?

Es un placer escuchar las canciones de Estopa y de Melendi.[2]

Es ist herrlich die Lieder von Estopa y Melendi anzuhören.

¿Cuál es tu comida favorita?

Was ist dein Lieblingsgericht?

Me encanta la paella y me gustan también las tapas.

Ich bin begeistert von der Paella und mir schmecken auch die Tapas.

A mí también, me gustan mucho la paella y las tapas.

---

[2] Estopa ist eine sehr erfolgreiche spanische Musikgruppe, die im Stil des spanischen Rumba-Rocks die Sorgen der armen Bevölkerung thematisiert. Die Musik des mit etlichen Preisen ausgezeichneten spanischen Sängers Melendi glänzt mit einer Mischung aus Rock, Pop, Flamenco und Rumba.

Mir auch, mir schmecken Paella und die Tapas sehr.

¿Qué te gusta hacer en tu tiempo libre?

Was machst du gern in deiner Freizeit?

Me gusta hacer deporte, escuchar música, viajar o cocinar.

Ich treib gern Sport, höre Musik oder koche.

¿Te gusta ir de compras?

Gefällt es dir, einkaufen zu gehen?

No, no me gusta.

Nein, es gefällt mir nicht.

A mi tampoco.

Mir auch nicht.

¿Quieres estos tomates de aquí o esos de ahí?

Möchtest du diese oder jene Tomaten.

Prefiero estos.

Ich möchte lieber diese.

¿Qué te molesta?

Was ärgert dich?

Me molesta el ruido.

Mich ärgert der Lärm.

Qué es aquello?

Was ist das dort?

Audiobeispiel 4.2 Höre die wichtigen Sätze immer mal wieder an und spreche sie laut nach. Du findest sie in den Audiodateien zu diesem Buch.

Globales Lesen, Hören und Verstehen: Das Angebot passt!

Hola Paul,

¿Qué tal? ¡Claro que quiero ir a España! Quiero ir allí en abril.

¿Te parece bien?

¿Qué haces tú cada día y sobre todo en tu tiempo libre?

Yo me levanto cada día a las siete, es difícil... Me ducho y tomo un café. Después estudio en la universidad hasta las cuatro. Por la tarde muchas veces escucho canciones españolas o veo programas de televisión en español. Me gusta y de esta manera puedo aprender el español.

Los sábados por las noches muchas veces voy a una discoteca, me encanta bailar. También voy al cine y a conciertos o preparo una comida española para mí y mis amigos. Me gusta cocinar recetas españolas. Los domingos por la mañana me gusta hacer deporte, mi deporte favorito es nadar en la piscina. Pero también me gusta leer un libro, me encanta la literatura fantástica.

Te envío una foto de mi familia. A la derecha: mis padres, mi madre Lisa y mi padre Robi. A la izquierda: mi hermano Lukas y mi hermana Emily.

Saludos y hasta pronto

Sophie

Paul schreibt wie immer gleich zurück.

Amiga Sophie,

estoy bien, ¿Y tú?

¡Qué bien verte en abril, en tres meses! Gracias por tu información y la foto. Eres una persona muy interesante, tus padres y tus hermanos son simpáticos, ¿no? Puedo ir contigo a una discoteca, también me gusta mucho. La literatura y nadar no me gustan, lo siento.

¡Y te gusta cocinar, estupendo! Y seguro que la paella te gusta. Aquí tienes una receta fantástica. Es del youtuber “a mi manera recetas“, el título del video es “Paella de marisco, mi receta económica“ (*https://youtu.be/yBbnqp9r6Rg*).

Espero que te guste...

Ahora trabajo mucho. No tengo mucho tiempo libre.

íMe encanta poder verte en abril!

Hasta pronto

Paul

Audiobeispiel 4.3 Höre die Briefe mehrmals an und lese sie dann laut. Hast du das Wesentliche verstanden? Wie gesagt, das Wesentliche genügt, dann kannst du die Übersetzung anschauen. Und vergiss dich nicht zu belohnen!

Zusammenfassung Kapitel 4

Nomen bezeichnen Lebewesen, Dinge und Gefühle. Im Spanischen wird nur nach **weiblichem** und **männlichem** Nomen unterschieden. Die meisten **weiblichen** Nomen enden auf **„-a“** und die **männlichen** auf **„-o“**. Dementsprechend gibt es nur zwei **bestimmte Artikel**, **„el“** und **„la“** (der, die, das) und zwei **unbestimmte Artikel**, **„un“** und **„una“** (ein, eine).

Pluralbildung

- Die regelmäßige Pluralbildung: Nomen, die auf **Vokal** (a,e,i,o,u,) enden, erhalten im Plural ein **„-s“**.
- Enden Nomen auf einen **Konsonanten**, dann wird im Plural **„-es“** angehängt.
- Endet ein Nomen im Singular auf **„-z“**, dann wird dies im Plural zu **„c + Endung -es“**.
- Alle Nomen, die im Singular auf **„-s“** enden, bleiben im Plural gleich.

Pronomen und Begleiter

- Pronomen ersetzen das Nomen, Begleiter stehen vor dem Nomen.
- Demonstrativpronomen und -begleiter geben die Entfernung zum Sprecher an und haben dieselbe Form: **„este“**, **„esta“** (dieser, diese hier), **„ese“**, **„esa“** (jener, jene da) und **„aquel“**, **„aquella“** (jener, jene dort).
- Possessivpronomen und -begleiter geben ein Besitzverhältnis an. Fürs Pronomen gilt: **„el/la + mío/mía, tuyo/tuya, suyo/suya, nuestro/nuestra, vuestro/vuestra, suyo/suya“**. Die Begleiter haben nur in der 1. und 2. Person Plural eine weibliche und männliche Form: **„nuestro/nuestra“**, **„vuestro/vuestra“.** Ansonsten werden sie wie folgt gebildet: **„mi“** (mein, meine), **„tu“** (dein, deine), **„su“** (sein, seine, ihr, ihre), **„su“** (ihr, ihre). Beziehen sich die Begleiter und Possessivpronomen auf ein Nomen in der Mehrzahl, dann erhalten sie jeweils ein „-s“. Bei den Possessivpronomen steht dann der Artikel auch im Plural, also „los míos“ und „las mías“...
- Objektpronomen haben dieselbe Formen bis auf die 3. Person Singular: das direkte Objektpronomen (wen oder was?) lautet **„lo“, „la“** und das indirekte (wem?) **„le“**. Und entsprechend im Plural: **„los“**, **„las“** (direktes Objektpronomen) und **„les“** (indirektes Objektpronomen).

5. Tätigkeiten in der Gegenwart

Nomen, die als Subjekt oder Objekt in einem Satz stehen, hast du bereits kennengelernt. Jetzt fehlen nur noch die Verben zur vollständigen Satzbildung. Deswegen lernst du in diesem Kapitel alles zur Beschreibung von Tätigkeiten in der Gegenwart. Nach diesem Kapitel kannst du das, was du willst oder machst, andern gegenüber ohne Probleme mitteilen.

5.1 Die Grundformen der Verben

Alle Verben haben eine Grundform, die man Infinitiv nennt. In dieser Grundform stehen die Verben auch im Lexikon und in den Wortlisten dieses Buchs. Grundform heißt, dass sie nicht an eine Person angepasst ist, sie ist nicht konjugiert. Konkret: das Verb „arbeiten“ im Infinitiv ist noch nicht konjugiert, erst der Satz „ich arbeite“ stellt das Verb in die konjugierte Form der 1. Person Singular. Die Grundformen der Verben sind im Spanischen sehr wichtig, da du je nach Endung der Verben konkrete Regeln für viele anderen Zeiten parat hast und so einfach, schnell und systematisch lernen kannst. Deswegen ist es wichtig den Infinitiv zu lernen.

In fast jedem Satz steht an zweiter Stelle ein Verb, das im Satz die Funktion des Prädikats übernimmt – erinnerst du dich noch an das Kapitel zum Satzbau und speziell an die S-V-O Regel? Wenn nicht, einfach nochmal nachlesen. Eine Besonderheit des Spanischen ist (wie auch im Lateinischen), dass das Verb bereits durch seine Endung die Person angibt, sodass das Subjekt meist nicht extra aufgeführt werden muss. „Er lernt Spanisch“ heißt einfach „estudia español“. Ich weiß, es mag zu Beginn noch etwas ungewohnt sein, die Pronomen „ich, du, er, sie, es, wir, ihr, sie“ wegzulassen, aber daran gewöhnst du dich schnell.

Wie im Deutschen gibt es im Spanischen die Unterscheidung zwischen Vollverben, Modalverben und Hilfsverben. Dazu ein kurzer Überblick.

Vollverben

Jeder Satz benötigt ein Vollverb. Vollverben können allein im Satz ohne weiteres Verb stehen. Bsp.: „Ich arbeite“ heißt auf Spanisch „trabajo“.

Hilfsverben

Im Deutschen kennen wir die Hilfsverben „haben“, „sein“ und „werden“. Diese Hilfsverben werden benötigt, um Zeitformen auszudrücken, wie etwa die Vergangenheit durch: „ich bin gegangen“, „ich habe gemacht“ oder die Zukunft durch „ich werde morgen die Arbeit machen“ und „ich werde morgen zurückgehen“. Das ist im Spanischen lange nicht so verzwickt, denn es gibt nur das Verb **„haber“** (haben), mit dem verschiedene Vergangenheitsformen wie etwa das „pretérito perfecto“ gebildet werden (Dazu mehr im nächsten Kapitel). Das Hilfsverb „haber“ kann nie alleinstehen, es benötigt immer ein Vollverb. Das folgende Beispiel verdeutlicht diese **Kombination von Hilfsverb + Vollverb**:

He trabajado.

Ich habe gearbeitet.

He ido a Murcia.

Ich bin nach Murcia gegangen.

Modalverben

Modalverben übernehmen häufig die Funktion von Hilfsverben und benötigen dann immer ein Vollverb im Infinitiv. Dabei stehen sie in konjugierter Form vor dem Vollverb und geben an, ob die Handlung gewünscht, notwendig, gewollt oder möglich ist. Sie drücken Wünsche, Fähigkeiten und Zwänge aus. In der Alltagssprache werden sie sehr häufig verwendet. In der folgenden Tabelle sind die fünf wichtigsten spanischen Modalverben aufgeführt mit jeweils einem Beispiel zur Verdeutlichung.

- **querer** (wollen)
- **poder** („können“ in der Bedeutung von „die Möglichkeit haben“)
- **deber** oder **tener que** (müssen)
- **saber („**können“ in der Bedeutung von „wissen, wie etwas geht“)

Quiero ir al cine.

Ich möchte ins Kino gehen.

Mañana puedo ir al cine.

Ich kann morgen ins Kino gehen.

Mañana debo estudiar. / Mañana tengo que estudiar.

Morgen muss ich lernen.

Paul sabe tocar la guitarra y sabe hablar español.

Paul kann Gitarre spielen und Spanisch reden.

Bei Hilfsverben und Modalverben spricht man auch von Verbalkonstruktionen oder Verbalperiphrasen, da immer zwei Verben miteinander verbunden werden. Durch die Verwendung von Modalverben kannst du dein Ausdrucksvermögen deutlich verbessern. Es lohnt sich, sie schon frühzeitig zu üben.

5.2 Die Gegenwart (presente)

Die Gegenwart, auch Präsens genannt, ist die Zeit, die in allen Sprachen am meisten verwendet wird. Im Spanischen wird das Präsens wie im Deutschen benutzt für

- **Handlungen in der Gegenwart** und **Feststellungen**. Zum Beispiel: “Paul trabaja en España“ (Paul arbeitet in Spanien), “La playa es estupenda“ (der Strand ist herrlich), “España es un país de Europa“ (Spanien ist ein Land Europas).
- **Regelmäßige Handlungen** und **Gewohnheiten**, die in der Gegenwart stattfinden. Zum Beispiel: “Trabajo cada semana“ (ich arbeite jede Woche), “No como carne“ (ich esse kein Fleisch).

Zur **Bildung des Präsens**: Die spanischen Verben enden auf „-ar", „-er" und „-ir". Bei den regelmäßigen Verben lässt du einfach diese Endung weg und ersetzt sie durch die folgenden Endungen:

Person	**-ar** (trabajar)	**-er** (comer)	**-ir** (vivir)
yo	trabaj - **o**	com - **o**	viv - **o**
tú	trabaj - **as**	com - **es**	viv - **es**
él, ella, usted	trabaj - **a**	com - **e**	viv - **e**
nosotros	trabaj - **amos**	com - **emos**	viv - **imos**
vosotros	trabaj - **áis**	com - **éis**	viv - **ís**
ellos, ellas, ustedes	trabaj - **an**	com - **en**	viv - **en**

Die Verben auf „-er" und „-ir" werden bis auf die 1. und 2. Person Plural gleich gebildet

TIPP Merk dir, dass die erste Person immer auf „-o" endet, die zweite immer auf „-s". Die 3. Person endet bei „-ar" Verben auf „-a", bei „-er" und „-ir" Verben auf „-e". In der 1. Person im Plural lautet die Endung bei allen Verbformen „-mos", ebenso ist die Endung der 2. Person Plural bei allen Verben „-is". Die 3. Person Plural endet immer auf „-n".

Reflexive Verben: Eine große Anzahl der Verben ist reflexiv wie zum Beispiel „sich duschen", das heißt im Spanischen in der Grundform „**ducharse**", das Reflexivpronomen wird dabei an den Infinitiv angehängt. Reflexive Verben drücken aus, dass eine Person sich selbst gegenüber eine Handlung ausführt. Das Pronomen stimmt immer mit der Person, auf die es sich bezieht, überein. Wie alle Pronomen stehen die Reflexivpronomen **„me" (mich)**, **„te" (dich)**, **„se" (sich)**, **„nos" (uns)**, **„os" (euch)**, **„se" (sich)** immer vor dem konjugierten Verb. Also:

Me ducho, te duchas, se ducha, nos duchamos, os ducháis, se duchan

Ich dusche mich, du duschst dich, er duscht sich, wir duschen uns...

Die meisten Verben sind regelmäßig. Es gibt wenige Ausnahmen, die jedoch häufig nicht vollständig unregelmäßig sind. Meist ändert sich nur ein Vokal oder die 1. Person Singular ist in einigen Fällen unregelmäßig. Hier ein paar Eselsbrücken damit dir das Lernen leichter fällt. Die kaum noch verwendete Höflichkeitsform lasse ich weg, da sie der 3. Person im Singular und Plural entspricht:

Es gibt nur wenige Fälle, die etwas aus der Reihe tanzen, weil sich der **Vokal** im Verbstamm verändert. Die 1. und 2. Person Plural sind davon nie betroffen. Hier einige Beispiele, die sich leicht einprägen:

- **e** wird zu **ie**: querer (wollen)

Person	querer	**Deutsch**
1. Singular	qu**ie**r - o	*ich möchte*
2. Singular	qu**ie**r - es	*du möchtest*
3. Singular	qu**ie**r - e	*er, sie, es möchte*
1. Plural	quer - emos	*wir möchten*
2. Plural	quer - éis	*ihr möchtet*
3. Plural	qu**ie**r - en	*sie möchten*

Ebenso: empezar (beginnen), pensar (denken), entender (verstehen), preferir (vorziehen), perder (verlieren)

- **e** wird zu **i**: pedir (bitten)

Person	pedir	**Deutsch**
1. Singular	p**i**d - o	*ich bitte*
2. Singular	p**i**d - es	*du bittest*
3. Singular	p**i**d - e	*er, sie, es bittet*
1. Plural	ped - imos	*wir bitten*
2. Plural	ped - ís	*ihr bittet*
3. Plural	p**i**d - en	*sie bitten*

Ebenso: elegir (auswählen), repetir (wiederholen), reír (lachen)

- **o/u** wird zu **ue**: jugar (spielen), dormir (schlafen)

Person	jugar	**Deutsch**
1. Singular	j**ue**g - o	*ich spiele*
2. Singular	j**ue**g - as	*du spielst*
3. Singular	j**ue**g - a	*er, sie, es spielt*
1. Plural	jug - amos	*wir spielen*
2. Plural	jug - áis	*ihr spielt*
3. Plural	j**ue**g - an	*sie spielen*

Person	dormir	**Deutsch**
1. Singular	d**ue**rm - o	*ich schlafe*
2. Singular	d**ue**rm - es	*du schläfst*
3. Singular	d**ue**rm - e	*er, sie, es schläft*
1. Plural	dorm - imos	*wir schlafen*
2. Plural	dorm - ís	*ihr schlaft*
3. Plural	d**ue**rm - en	*sie schlafen*

Ebenso: contar (erzählen), costar (kosten), poder (können), encontrar (finden), volver (zurückkehren, zurückgeben)

- Bei den folgenden Verben ist nur die **1. Person Singular unregelmäßig**, alle weiteren Personen werden regelmäßig konjugiert.

dar (geben)	**traer** (bringen)	**hacer** (machen)	**saber** (wissen)	**poner** (legen, stellen)	**conocer** (kennen)	**salir** (hinausgehen)
doy	**traigo**	**hago**	**sé**	**pongo**	**conozco**	**salgo**
das	traes	haces	sabes	pones	conoces	sales
da	trae	hace	sabe	pone	conoce	sale
damos	traemos	hacemos	sabemos	ponemos	conocemos	salimos
dais	traéis	hacéis	sabéis	ponéis	conocéis	salís
dan	traen	hacen	saben	ponen	conocen	salen

- Hier noch drei wirklich unregelmäßige Verben: **ir, tener** und **ser**

Person	**ir** (gehen)	Deutsch
1. Singular	**voy**	*ich gehe*
2. Singular	**vas**	*du gehst*
3. Singular	**va**	*er, sie, es geht*
1. Plural	**vamos**	*wir gehen*
2. Plural	**vais**	*ihr geht*
3. Plural	**van**	*sie gehen*

Person	**tener** (haben)	Deutsch
1. Singular	**tengo**	*ich habe*
2. Singular	**tienes**	*du hast*
3. Singular	**tiene**	*er, sie, es hat*
1. Plural	**tenemos**	*wir haben*
2. Plural	**tenéis**	*ihr habt*
3. Plural	**tienen**	*sie haben*

Person	**ser** (sein)	Deutsch
1. Singular	**soy**	*ich bin*
2. Singular	**eres**	*du bist*
3. Singular	**es**	*er, sie, es ist*
1. Plural	**somos**	*wir sind*
2. Plural	**sois**	*ihr seid*
3. Plural	**son**	*sie sind*

Das Verb „haber“ hast du schon als Hilfsverb kennengelernt, es wird ausschließlich zur Bildung der Zeiten benutzt. Das Verb „tener“ wird dagegen in der Bedeutung von „haben“ als Vollverb verwendet. Folgende Möglichkeiten des Gebrauchs sind üblich:

- **Besitz- oder Familienangaben**: “Tengo un ordenador“ (Ich habe einen Computer), “tengo dos hermanas“ (ich habe zwei Schwestern)

- **Altersangabe:** "Tengo veinte años" (Ich bin 20 Jahre alt)
- **Physischer oder psychischer Zustand**: "Tengo hambre, sed" (Ich habe Hunger, Durst), "tengo frío, calor" (mir ist kalt, warm), "tengo miedo, fiebre, gripe" (Ich habe Angst, Fieber, Grippe)

TIPP Jene hier aufgeführten Verben, die sich von der regelmäßigen Bildung unterscheiden, findest du in alphabetischer Reihenfolge am Schluss dieses Buches in allen Zeiten, die wir durchnehmen. Die Liste kannst du zum Nachschlagen oder konzentrierten Lernen immer wieder verwenden.

Wiederholung und Übung

1.) Die Liste besteht aus konjugierten Verben. Ordne jedes Verb einer Person zu.

come, estudio, tiene, trabajáis, vivimos, duermes, tenemos, comes, trabajo, coméis, vives, comen, hablan, trabaja, habla, vivo, habláis, hablas, duerme, trabajamos, vivís, tienen

a. yo: ______________________

b. tú: ______________________

c. él, ella: ______________________

d. nosotros/as: ______________________

e. vosotros/as: ______________________

f. ellos/ellas: ______________________

2.) Trage die jeweils richtige Verbform in die Lücken ein. Das Personalpronomen gibt dir den Hinweis auf die Person, wird aber nicht erwähnt, da die Endung des Verbs deutlich macht, um wen es geht.

a. ______________ (yo/hablar) español.

b. Su madre ______________ (vivir) en Alemania.

c. Sophie ______________ (estudiar) español.

d. ______________ (nosotros/pasar) las vacaciones en Murcia.

e. Mis padres ______________ (querer) ir a España.

f. ______________ (yo/tener) que hacer los deberes.

g. Paul y Sophie ________________ (hacer) una paella.

h. ¿ ________________ (vosotros/vivir) aquí?

i. No, ________________ (nosotros/vivir) en Alemania.

j. ¿Qué ________________ (tú/querer) hacer?

5.3 Die Verlaufsform der Gegenwart (gerundio)

Im Spanischen gibt es wie übrigens auch im Englischen eine Verlaufsform der Gegenwart, auch Gerundium genannt. Sie wird verwendet, um auszudrücken, was im Moment gerade passiert, dabei wird der Ablauf einer Handlung betont. Wenn du im Deutschen sagst, „ich spreche Spanisch“ kann das heißen, dass du generell die Fähigkeit hast, Spanisch zu sprechen. Oder aber dieser Satz bedeutet, dass du im Moment Spanisch sprichst. Im Spanischen gibt es zur genauen Unterscheidung neben dem Präsens “hablo español“ (ich spreche Spanisch, habe also die Fähigkeit dazu), die Verlaufsform “estoy hablando español“ um den momentanen Ablauf zu verdeutlichen. Das wird im Deutschen mit „ich spreche gerade Spanisch“ übersetzt. Generell wird die Verlaufsform im Deutschen mit **„dabei sein, etwas zu tun“** oder **„gerade etwas tun“** wiedergegeben. Diese Verlaufsform wird im Spanischen vor allem in der gesprochenen Sprache verwendet.

Für die regelmäßige Bildung musst du nur die Endungen **„-ando“** und **„-iendo“** und das Verb „estar“ (sein) kennen. Die Verlaufsform wird aus dem Verbstamm gebildet, du lässt also die Endungen „-ar“, „-er“, „-ir“ einfach weg und fügst bei **„-ar“ Verben „-ando“** und bei **„-er“** und **„-ir“ Verben „-iendo“** hinzu.

Merke dir:

trabajar:	trabaj + ando	→	trabajando
comer:	com + iendo	→	comiendo
vivir:	viv + iendo	→	viviendo

Vor dieses Gerundium wird das Verb **„estar"** in der entsprechenden Person gesetzt, um anzugeben, wer gerade etwas macht oder was gerade passiert. Hier alles auf einen Blick:

Person	konjugierte Form estar +	Gerundium -ando / -iendo
1. Singular	**estoy**	**trabajando**
2. Singular	**estás**	**comiendo**
3. Singular	**está**	**viviendo**
1. Plural	**estamos**	**trabajando**
2. Plural	**estáis**	**comiendo**
3. Plural	**están**	**viviendo**

Es gibt noch drei Besonderheiten der „-er" und „-ir" Verben, die den Stammvokal im Präsens ändern oder bei denen der Wortstamm (ohne „-ar", „-er", „-ir") auf Vokal endet. Es ist sinnvoll, wenn du diese Verben in Kapitel 5.2 nochmal anschaust, damit du das nötige Hintergrundwissen hast. Hier wieder das Wesentliche in Kürze:

1. Bei jenen Verben, die den Stammvokal im Präsens Singular und in der 3. Person Plural von **„e" zu „i/ie"** wechseln, wird daraus im **Gerundium** ein **i**:

pref**e**rir:	tú pref**ie**res	→	pref**i**riendo
v**e**nir:	tú v**ie**nes	→	v**i**niendo
d**e**cir:	tú d**i**ces	→	d**i**ciendo

2. Verben, die den Stammvokal im Präsens Singular und in der 3. Person Plural von **„o" zu „ue"** ändern, bilden das **Gerundium** mit **„u".** Insgesamt betrifft dies nur wenige Verben:

poder:	tú puedes	→	pudiendo
dormir:	tú duermes	→	durmiendo

3. Beim Verb **„ir“** und äußerst wenigen **„-er“** und **„-ir“** Verben, bei denen der Wortstamm auf Vokal endet, wird das Gerundium **statt** mit **„i“ mit „y“** gebildet, es wird also **„-yendo“** angehängt und nicht „-iendo“:

leer (lesen):	le + yendo	→	leyendo
oir (hören):	o + yendo	→	oyendo
ir (gehen):	/	→	yendo

Bei reflexiven Verben kann das Pronomen (me, te, se, nos, os, se) entweder dem Verb „estar“ vorausgehen oder an das Gerundium angehängt werden. Ist das Pronomen angehängt, so muss zum Erhalt der Betonung das Gerundium mit Akzent geschrieben werden, also „-ándo“ und „-iéndo“. Zur Verdeutlichung zwei Beispiele:

me estoy duchando oder estoy duchándo**me** (ich dusche mich gerade)
se está lavando oder está lavándo**se** (er/sie wäscht sich gerade)

TIPP Insgesamt erscheinen dir diese Konstruktionen am Anfang sicher etwas ungewohnt. Nutze deswegen die folgenden Übungen und präge dir diese Formen nach und nach ein. Um die Verbformen spielerisch zu lernen, empfehle ich dir alle Verben auf kleine grüne Kärtchen zu schreiben und auf rote Kärtchen die Personalpronomen. Von diesen zwei Stapeln kannst du immer wieder Karten abheben und das entsprechende Verb in der angegebenen Person konjugieren. Das macht auch zu zweit Spaß!

Wiederholung und Übung

1.) Bilde nur die Verlaufsform folgender Verben.

trabajar — trabajando________________

a. ir (gehen) ________________________

b. terminar (beenden) ________________________

c. querer mögen) ________________________

d. poder (können) ____________________

e. escribir (schreiben) ____________________

2.) Bilde die folgenden Sätze in der Verlaufsform

a. Trabajo. ____________________

b. Escribes un e-mail. ____________________

c. Comemos una paella. ____________________

d. Tomáis una coca-cola. ____________________

e. Sophie y Paul duermen. ____________________

f. Me ducho. ____________________

5.4 Das Verb sein – estar, ser, hay

Das Verb **„sein“** werde ich in diesem Kapitel genauer beschreiben, weil es ein sehr wichtiges Verb ist, das du täglich benötigst, um dich mitzuteilen. Im Spanischen gibt es dafür drei unterschiedliche Worte mit unterschiedlicher Bedeutung: **„estar“**, **„ser“** und **„hay“**. Wenn du dich an die gleich aufgeführten einfachen Regeln hältst, ist das sicher kein Problem für dich.

In einem ersten Schritt geht es um Gemeinsamkeiten und Unterschiede zwischen **„ser“** und **„estar“.** Beide Verben werden bei **bestimmten Sachen und Personen** verwendet. Während mit **„ser“** jedoch **dauerhafte und sichere Angaben** gemacht werden, kommt **„estar“** bei der Beschreibung des **momentanen Eindrucks und Befindens** oder bei **Ortsangaben** zum Einsatz. Im Folgenden einige Beispiele zur Verdeutlichung des unterschiedlichen Gebrauchs:

ser

Beispiel	Gebrauch
Soy Sophie	**Dauerhafte und sichere Angaben**
Soy de Alemania	• zur Identität
Sophie es inteligente	• zur Herkunft
La casa es grande	• zu Eigenschaft, Charakter
Mi madre es profesora	• zum Beruf

estar

Beispiel	Gebrauch
Estoy cansado (müde) Estoy triste (traurig) La paella está rica (lecker)	**Kurzfristige Angaben** • zum momentanen Befinden • zu momentanen Gefühlen • zu momentanen Eindrücken
Estoy aquí en Cartagena Cartagena está en la región de Murcia El chico está aquí	**Ortsangaben**

Was die **Ortsangaben** anbelangt wird **„estar“** für bestimmte Sachen und Personen verwendet. Wenn **keine bestimmten Sachen oder Personen** gemeint sind, verwendet man **„hay“**. Dieses Verb ist unveränderlich, es wird nicht konjugiert. Du kannst es einfach mit „**es gibt**“ übersetzen und in diesem Sinne anwenden. Hier die **Unterschiede zwischen „estar“ und „hay“** im Überblick:

estar	hay
bestimmte Sachen / Personen	**unbestimmte Sachen / Personen**
Aquí está el cine „Filmoteca“.	Aquí hay muchos cines.
Mi móvil está aquí.	Hay muchos móviles aquí.
Sophie está aquí.	Aquí hay poca gente.

Wiederholung und Übung

1.) Vervollständige die Sätze mit hay, estar oder ser.

a. En Cartagena _______________ muchos supermercados.

b. También _______________ un teatro romano y muchos museos.

c. Cartagena _______________ en la Región de Murcia.

d. Cartagena _______________ una ciudad genial.

e. Paul _______________ el amigo de Sophie.

f. Sophie _______________ estudiante y _______________ de Alemania.

g. “Hola Paul, ¿cómo _______________ ?“

h. “_______________ muy bien, gracias.“

Wortliste zu Kapitel 5

Spanisch	***[Aussprache]***	**Deutsch**
tener que	*[tener ke]*	müssen
conocer	*[konother]*	kennen (lernen)
saber	*[saber]*	wissen
poder	*[poder]*	können
ser	*[ser]*	sein
estar	*[estar]*	sein
hay	*[ai]*	es gibt
comer	*[komer]*	zu Mittag essen
cenar	*[thenar]*	zu Abend essen
desayunar	*[desajunar]*	frühstücken
ducharse	*[dutscharse]*	sich duschen
pedir	*[pedir]*	bitten, bestellen
dormir	*[dormir]*	schlafen
jugar	*[chugar]*	spielen
hacer	*[ather]*	machen
tener hambre/sed	*[tener ambre/sed]*	Hunger/Durst haben
tener miedo	*[tener miedo]*	Angst haben
el país	*[pais]*	das Land
la gente	*[chente]*	die Leute
el cine	*[thine]*	das Kino
el museo	*[museo]*	das Museum
la película	*[pelikula]*	der Film
la carne	*[karne]*	das Fleisch
el pescado	*[peskado]*	der Fisch
la ciudad	*[thiudad]*	die Stadt
el pueblo	*[pueblo]*	das Dorf
grande	*[grande]*	groß
pequeño, -a	*[pekenjo]*	klein
triste	*[triste]*	traurig

alegre	*[alegre]*	fröhlich
feliz	*[felith]*	glücklich
contento, -a	*[kontento]*	zufrieden
inteligente	*[intelichente]*	intelligent
cansado, -a	*[kansado]*	müde
demasiado	*[demasiado]*	zu viel
mucho, -a	*[mutscho]*	viel
poco, -a	*[poko]*	wenig

Audiobeispiel 5.1 Die neuen Worte aus diesem Kapitel findest du in den Audiodateien zu diesem Buch.

Frases útiles para hablar del tiempo
- Nützliche Sätze, um über das Wetter zu reden

¿Qué tiempo hace hoy en Cartagena?
Wie ist das Wetter heute in Cartagena?

Hace muy buen tiempo.
Es ist sehr schönes Wetter.

Hace sol, no hace frío.
Es ist sonnig, es ist nicht kalt.

En Alemania hace mucho frío, pero aquí en Murcia siempre hace calor.
In Deutschland ist es sehr kalt aber hier in Murcia ist es immer warm.

¿Cuántos grados hay ahora?
Wieviel Grad sind es gerade?

Hay 20 grados en diciembre, pero hace viento.
Es sind 20 Grad im Dezember, aber es windet.

Por la tarde el cielo está nublado pero no llueve.
Am Nachmittag ist der Himmel bedeckt, aber es regnet nicht.

En Alemania en diciembre hace mucho frío y nieva.

In Deutschland ist es im Dezember sehr kalt und es schneit.

Audiobeispiel 5.2 Wie immer findest du die frases útiles in den Audiodateien.

Globales Lesen, Hören und Verstehen: Vorfreude und Planung des Treffens

Amigo Paul,

tu receta de la paella es genial. He cocinado y comido esta paella estupenda con mis amigos Laura y Dominik.

Ahora tengo que estudiar mucho porque tengo exámenes en mayo. Y también tengo que trabajar como camarera en un restaurante, para tener dinero suficiente. Soy una persona activa, pero ahora no puedo hacer deporte, hay mucho trabajo y todo eso me molesta un poco. Ahora no puedo ir a discotecas o cines, duermo poco, pero los fines de semana tengo tiempo para hablar y cocinar con mis amigos.

Me hace mucha ilusión poder ir a Cartagena en abril. Estoy preparada. Quiero conocer también a tu familia.

Saludos

Sophie

Paul schreibt gleich wieder zurück.

Amiga Sophie,

Me alegra verte aquí en abril, ¡en cuatro semanas! Ahora tengo que hacer también muchas cosas. Hay mucho trabajo y en mi tiempo libre tengo que ir de compras, arreglar la casa, cocinar ... Me levanto ahora a las siete, después me ducho, desayuno y voy al trabajo. Durante la semana no tengo mucho tiempo para hacer deporte o ir al cine, pero estoy contento. Los fines de semana claro que voy a la playa, a restaurantes y hago deporte.

En abril tengo vacaciones. Quiero verte y hablar sobre mi país, la gente, la cultura, las tapas, ir al cine, a discotecas, a la playa y hacer otras cosas que te gustan....

¿Cuándo vienes exactamente? Quiero ir al aeropuerto a recogerte y después vamos a mi casa. Vivo en La Azohía, un pueblo pequeño pero precioso. Mi casa está a 100 metros de la playa. ¿Quieres vivir en mi casa?

Mis padres viven en Alemania. Vivo desde hace diez años aquí, soy alemán como tú y me gusta mucho vivir en España. La cultura española, la comida y las fiestas, todo es fenomenal. Y casi todos los días hace sol.

¡Saludos y hasta pronto!

Paul

TIPP Versuche das Wesentliche der Kommunikation zwischen Sophie und Paul zu verstehen. Schau bitte nur im Notfall die Übersetzung im Lösungsteil an.

Audiobeispiel 5.3 Hör dir unbedingt die zwei Mails auf der Audiodatei mehrmals an, dann prägst du dir die vollständigen Sätze leicht ein und kannst manche davon in Gesprächen mit deinem Tandempartner oder im Selbstgespräch verwenden.

Zusammenfassung Kapitel 5

Verben beschreiben Handlungen. Aus ihrer Grundform (Infinitiv) werden weitere Zeiten und andere Strukturen wie etwa die Verlaufsform abgeleitet. In jedem Satz muss ein Vollverb stehen.

Das **Hilfsverb „haber"** steht nie allein, es benötigt immer ein Vollverb. Es dient dazu, verschiedene Vergangenheitsformen auszudrücken. Im Gegensatz zum Deutschen gibt es im Spanischen dafür nur dieses eine Hilfsverb.

Modalverben sind spezielle Hilfsverben, die Wünsche, Möglichkeiten und Zwänge ausdrücken. Sie benötigen immer ein Vollverb.

Die **Gegenwart** (Präsens) beschreibt Fakten in der Gegenwart oder regelmäßige Handlungen und Gewohnheiten.

Die **Verlaufsform** der Gegenwart wird mit dem konjugierten Hilfsverb „estar" gebildet und dem Gerundium der Verben: „-ar" Verben (-ando) und „-er"/"-ir" Verben (-iendo). Die Verlaufsform beschreibt gerade ablaufende Handlungen.

Die Verben **„estar", „ser", „hay"** sind speziell spanische Äquivalente zu unserem deutschen Verb „sein". Mit **„ser"** werden dauerhafte Angaben zum Charakter und zu Eigenschaften gemacht, mit **„estar"** dagegen kurzfristige zum momentanen Befinden und Ortsangaben. Beide Verben beziehen sich auf bestimmte Sachen oder Personen. **„Hay"** bezieht sich dagegen auf unbestimmte Sachen und Personen und kann immer mit „es gibt" übersetzt werden.

6. Verneinung und Fragen in der Gegenwart

Du hast bereits gelernt, Aussagen in der Gegenwart zu bilden und dabei zwischen der Betonung der gerade ablaufenden Handlung oder der Nennung von Fakten sowie regelmäßiger Handlungen zu unterscheiden. Doch wie bildest du Fragen oder verneinst etwas? Darum geht es in diesem Kapitel, es konzentriert sich auf Fragen und die Verneinung in der Gegenwart. Dabei ist es wichtig, dass du mit den Regeln zum Satzbau, den Modalverben, den Objektpronomen und Reflexivverben aus den vorherigen Kapiteln vertraut bist. Wenn du dir nicht ganz sicher bist, wiederhole diese Themen einfach kurz.

6.1 Die einfache Verneinung (negación)

Im Spanischen bleibt der Satzbau auch in der Verneinung gleich. Halte dich generell an die S-V-O Regel und setze nur „**no**" vor das Prädikat, also das konjugierte Verb. Verzwickte neue Wortstellungen wie im Deutschen gibt es nicht. Wie die Überschrift schon nahelegt, ist die Verneinung einfach, sie wird immer nach folgendem Muster gebildet:

(Subjekt +) no + Verb + Objekt

Das Subjekt setze ich deswegen in Klammern, weil es nur in unbedingt nötigen Fällen genannt wird. Die Endung des Verbs zeigt ja bereits die Person an.

Paul trabaja.

Paul arbeitet.

Toma un helado con Sophie.

Er isst mit Sophie ein Eis.

Paul no trabaja.

Paul arbeitet nicht.

No toma un helado con Sophie.

Er isst kein Eis mit Sophie.

Die Verneinung wird immer mit **„kein“** oder **„nicht“** übersetzt. Du meinst jetzt sicher, dass „no“ doch auch **„nein“** heißt, und da hast du völlig Recht. Das wird bei den verneinten Antworten auf Fragen deutlich. Das folgende Beispiel zeigt das.

¿Eres profesor?

Bist du Lehrer?

No, no soy profesor.

Nein, ich bin kein Lehrer.

Für alle Verneinungen gilt die oben aufgezeigt Regel. Es werden also auch die verneinten Sätze mit Objektpronomen oder Reflexivpronomen genauso gebildet wie die Aussagesätze. Dazu kommt lediglich das „no“, das dann vor dem jeweiligen Pronomen steht. Die Pronomen bleiben wie immer vor dem konjugierten Verb. Also:

Le doy mi libro.

Ich gebe ihm/ihr mein Buch.

No le doy mi libro.

Ich gebe ihm/ihr nicht mein Buch.

Me ducho.

Ich dusche mich.

No me ducho.

Ich dusche mich nicht.

Was die **Modalverben** und das **Hilfsverb „haber“** anbelangt, gilt ebenfalls dieselbe Regel des Satzbaus wie im Aussagesatz. Das „no“ wird vor das konjugierte Verb, also das Hilfsverb „haber“ bzw. die Modalverben gestellt, danach folgt das Vollverb. Hilfsverb und Vollverb werden auch bei der Verneinung nicht getrennt. Zur Erinnerung: Bei Modalverben ist das Vollverb immer ein Infinitiv, bei dem Hilfsverb „haber“ steht das Vollverb immer im Partizip Perfekt. Folgende Beispiele zur Verdeutlichung:

No he tomado un helado.

Ich habe kein Eis gegessen.

No quiero tomar un helado.

Ich möchte kein Eis essen.

Paul no puede ir al cine.

Paul kann nicht ins Kino gehen.

Du kannst dich in Punkto Pronomen, Hilfsverb und Modalverb an das halten, was du bereits gelernt hast. Das „no“ wird lediglich der Konstruktion vorangestellt.

Ein wichtiger Bedeutungsunterschied durch die Verneinung entsteht allerdings beim Verb „deber“ (müssen). Während das Verb **„deber“** im normalen Aussagesatz die Bedeutung von **„müssen“** hat, ändert sich die Bedeutung bei der Verneinung zu **„nicht dürfen“** und entspricht dem Verb „poder“/ „no poder“. Wenn du ausdrücken willst, dass du etwas „nicht musst“, dann wähle dafür die Ersatzform **„no tengo que“**.

Debo hacer los trabajos.

Ich **muss** die Arbeiten machen.

No debo/puedo hacer los trabajos.

Ich **darf** die Arbeiten **nicht machen**.

No tengo que hacer los trabajos.

Ich **muss** die Arbeiten **nicht machen**.

Wiederholung und Übung

1.) Verneine die folgenden Aussagen.

a. Quiero tomar un helado.

____

b. Somos de España.

____

c. Debes trabajar mañana.

____

d. La chica es simpática.

____

e. Pueden ir a España.

____

6.2 Die doppelte Verneinung (negación doble)

Die doppelte Verneinung wird im Spanischen häufig bei den Angaben „nie", „niemand", „nichts" und „auch nicht" verwendet. Wie im Deutschen gibt es all diese Bezeichnungen mit entgegengesetzter Bedeutung. Hier eine Liste dieser Ausdrücke, die für die Verneinung bedeutend sind.

alguien jemand	**nadie** niemand
todo, algo alles, etwas	**nada** nichts
siempre immer	**nunca** nie
también auch	**tampoco** auch nicht

Bei der doppelten Verneinung steht **„no" vor dem konjugierten Verb** und im Anschluss folgen „nadie", „nunca", „tampoco", „nada". Gegebenenfalls kann noch ein Objekt folgen:

no + Verb + nada/nunca/tampoco/nadie

Hier einige Beispiele:

No leo **nunca** libros.

Ich lese nie Bücher.

No me gusta **nada**.

Mir gefällt nichts.

No viene **nadie**.

Niemand kommt.

Paul n**o** tiene **tampoco** una tableta.

Paul hat auch kein Tablet.

Diese Negationswörter können auch vor dem Verb stehen, dann entfällt das „no". Das Muster für die einfache Verneinung heißt dann:

nada/nunca/tampoco/nadie + Verb

Hier dieselben Beispiele mit einfacher Verneinung:

Nunca leo libros.

Ich lese nie Bücher.

Nada me gusta.

Mir gefällt nichts.

Nadie viene.

Niemand kommt.

Paul **tampoco** tiene una tableta.

Paul hat auch kein Tablet.

Wenn **„nadie" als Objekt** verwendet wird, ist nur die doppelte Verneinung möglich und **vor „nadie"** muss unbedingt ein **„a"** stehen, wie immer bei Personen als direktes oder indirektes Objekt. Das hast du bereits in Kapitel 4 gelernt. Bei Bedarf einfach nochmal nachschlagen. „Ich sehe niemanden" heißt im Spanischen also "No veo a nadie".

Wiederholung und Übung

1.) Vervollständige die fogenden Sätze mit

„**no**" (2x), „**nadie**" (1x), „**nada**" (1x), „**nunca**"(1x), „**tampoco**" (2x).

a. En Murcia ________________ llueve nunca.
b. Hoy no voy ________________ al cine.
c. No hay ________________ aquí.
d. No me gusta ________________.
e. No veo ________________ películas.
f. Pepe no ve ________________ películas.
g. Paul ________________ tiene nunca tiempo para hablar.

6.3 Entscheidungsfragen (oraciones interrogativas totales)

Die einfachste Frageform ist die Entscheidungsfrage, du kannst sie immer mit „ja“ oder „nein“ beantworten, deswegen redet man auch von der „Ja/Nein-Frage“. Der Satzbau ist derselbe wie im Aussagesatz. Es gilt wieder die Regel **[S]-V-O**. Nur die Satzmelodie und die Fragezeichen signalisieren, dass es sich um Fragen handelt. Viel einfacher also als im Deutschen und anderen Sprachen. Hier Beispiele, die verdeutlichen, dass die Fragen genauso wie die Aussagesätze gebildet werden:

Sophie vive en Alemania.	Sophie lebt in Deutschland.
¿Sophie vive en Alemania?	Lebt Sophie in Deutschland?
Es de Alemania.	Sie ist aus Deutschland.
¿Es de Alemania?	Ist sie aus Deutschland?
Conoce a Paul.	Sie kennt Paul.
¿Conoce a Paul?	Kennt sie Paul?
Bailamos.	Wir tanzen.
¿Bailamos?	Tanzen wir?

Beim Hören hilft dir die Satzmelodie, um Fragen zu erkennen. Wie im Deutschen wird die Stimme am Satzende angehoben.

Beim Lesen und Schreiben sind die Fragezeichen zu Beginn und am Schluss wichtig.

Wie beim Aussagesatz stehen auch bei Entscheidungsfragen die Hilfsverben und Modalverben immer vor dem Vollverb. Ebenso stehen die Objektpronomen wie gewohnt vor dem konjugierten Verb. Bei Modalverben können sie auch an den Infinitiv angehängt werden. Also alles wie gewohnt, schau die entsprechenden Kapitel zum Vergleich nochmal an. Hier Beispiele:

¿Quieres aprender español?	Möchtest du Spanisch lernen?
¿Te gusta ir al cine?	Möchtest du ins Kino gehen?

¿Puedo ir contigo?

Kann ich mit dir fahren/gehen?

¿Les escribes un mail?

Schreibst du ihnen eine Mail?

¿Puedes escribirles ahora? *Oder:* ¿Les puedes escribir ahora?

Kannst du ihnen jetzt schreiben?

Eine besondere Form der Ja/Nein-Fragen sind die **Bestätigungsfragen** wie etwa: „Du hast Freunde in Deutschland, nicht wahr?“ Hierbei bittet der Sprecher um eine Bestätigung. Im Spanischen wird einfach an den Aussagesatz **“¿verdad?“**, **“¿vale?“** oder **“¿no?“** angehängt. Drei Beispiele dazu:

Cervantes es un escritor español, ¿no?

Cervantes ist ein spanischer Schriftsteller, oder?

Tienes amigos en España, ¿verdad?

Du hast Freunde in Spanien, nicht wahr?

Vamos a la playa, ¿vale?

Gehen wir an den Strand, ok?

Wiederholung und Übung

1.) Lies dir die Mail von Cristina, einer Freundin Pauls, durch und mache sämtliche Fragen durch Fragezeichen kenntlich.

Hola Paul,

Sophie es tu amiga alemana, no. Vive en Tübingen o en Stuttgart. Me hace mucha ilusión visitar Stuttgart. Sophie quiere aprender español, verdad. Quiero conocer a tu amiga. Puedes escribirle un mail y decirle que quiero quedar y hablar con ella.

Saludos
Cristina

6.4 Fragen mit Fragewörtern (oraciones interrogativas parciales)

Die Frage „Was machst du heute Nachmittag?“ kann nicht einfach mit „ja“ oder „nein“ beantwortet werden, es muss noch eine zusätzliche Information erfolgen, deswegen nennt man diese Art von Fragen auch Ergänzungsfragen. Hier alle wichtigen Fragen zu Dingen, zu Zeit, Ort, Art und Weise und zum Grund. Alle Fragewörter stehen zu Beginn des Satzes. Das Besondere an diesen zuerst aufgeführten: sie verändern sich nicht!

Fragewort	Deutsch	Beispielsatz
¿dónde?	*Wo?*	¿Dónde vive Paul? Wo wohnt Paul?
¿adónde?	*Wohin?*	¿Adónde va Paul? Wohin geht Paul?
¿de dónde?	*Woher?*	¿De dónde eres? Woher kommst du?
¿cómo?	*Wie?*	¿Cómo te llamas? Wie heißt du?
¿qué?	*Was?*	¿Qué quieres? Was möchtest du?
¿por qué?	*Warum?*	¿Por qué no vienes? Warum kommst du nicht?
¿cuándo?	*Wann?*	¿Cuándo quedamos? Wann treffen wir uns?

Wenn wie in den ersten zwei Beispielen, das Subjekt genannt wird, in diesem Fall „Paul“, steht das Subjekt ausnahmsweise hinter dem konjugierten Verb. Das Satzbaumuster lautet für Ergänzungsfragen also wie folgt:

Fragewort + Verb [+ Subjekt]

Wie im Deutschen können sämtliche Fragewörter mit Präpositionen kombiniert werden. Wie im Beispiel „¿de dónde?“, wörtlich übersetzt mit „von wo?“, gibt es weitere Verknüpfungen von Fragewörtern und Präpositionen. Hier ein paar Beispiele: „¿de qué?“ (von was?), „¿con qué?“ (mit was), oder „¿en qué?“ (in was?), „¿para cuándo?“ (für wann?), „¿desde cuándo?“ (seit wann?), „¿hasta cuándo? (bis wann?). Speziell zu Präpositionen und zu ihrem Gebrauch erfährst du alles Wesentliche ausführlich in Kapitel 8.

Die Fragewörter können natürlich auch wie im Deutschen alleine stehen, wenn klar ist, was erfragt werden soll. Wenn also klar ist, “Paul vive en Cartagena“ und du genau wissen willst wo, dann frag einfach mit “¿dónde?“ nach.

TIPP Fragewörter tragen immer einen Akzent. Denke beim Schreiben daran, wie auch an das umgekehrte Fragezeichen am Satzanfang.

Die bisher aufgeführten Fragewörter sind unveränderlich. Im Gegensatz dazu gibt es wenige Frageworte, die **veränderlich** sind. Die folgenden zwei passen sich an die **Anzahl** an.

- **¿cuál/cuáles? (welcher/welche?)**

¿Cuál te gusta: esta mesa o esa?
Welcher Tisch gefällt dir: dieser hier oder jener da?

¿Cuáles son tus colores favoritos?
Welches sind deine Lieblingsfarben?

- **¿quién/quiénes? (wer?)**

¿Quién es tu padre?
Wer ist dein Vater?

¿Quiénes son tus padres?
Wer sind deine Eltern?

Im Unterschied zu **„qué“** (was) verwendet man **„cuál/cuáles“** (welcher, welches, welche), wenn eine Auswahl unter bereits bekannten Dingen oder Personen getroffen wird. „Qué“ wird wie im Deutschen benutzt, um allgemeiner nach etwas zu fragen. Wie zum Beispiel, „¿Qué mesas hay?“ (Was für Tische gibt es?), aber: “¿cuál es barato?“ (Welcher ist billig?). Und ganz wichtig: nach „cuál/cuáles“ folgt immer ein Verb, dagegen nach „qué“ direkt das Nomen, auf das sich „qué“ bezieht.

Zuletzt noch das Fragewort **„cuánto“** (wie viel, wie viele), es passt sich in Anzahl und Geschlecht dem Nachgefragten an. Es gibt also die Formen „cuánto“, „cuánta“, „cuántos“, „cuántas´“. Jetzt zur Übersicht:

Geschlecht	Singular	Plural
männlich	¿**Cuánto** trabajo? Wie viel Arbeit?	¿**Cuántos** libros? Wie viele Bücher?
weiblich	¿**Cuánta** comida? Wie viel Essen?	¿**Cuántas** chicas? Wie viele Mädchen?

Wiederholung und Übung

1.) Setze die Fragewörter „qué“ oder „cuál/cuáles“ ein.

a. ¿______________ música te gusta?

b. Aquí hay tres comidas. ¿______________ prefieres?

c. ¿______________ de estos tomates quieres?

d. ¿______________ comida quieres hoy?

2.) Setze „cuánto/cuánta/cuántos/cuántas“ ein.

a. ¿______________ fotos tienes?

b. ¿______________ dinero tienes?

c. ¿______________ carne quieres?

d. ¿______________ hermanos sois?

3.) Ordne den Fragewörtern die passenden folgenden Satzhälften zu.

- eres? - hermanos tienes? - quieres ir a España? -

- es tu amiga? - te llamas? -

a. ¿Por qué

b. ¿Quién

c. ¿Cuántos

d. Paul, ¿de dónde

e. ¿Cómo

Wortliste zu Kapitel 6

Spanisch	***[Aussprache]***	**Deutsch**
el helado	*[elado]*	das Eis
el profesor	*[profesor]*	der/die Lehrer*in
el libro	*[libro]*	das Buch
la foto	*[foto]*	das Foto
la tableta	*[tableta]*	das Tablet
el lápiz	*[lapith]*	der Stick
el móvil	*[mobil]*	das Handy
el ofrecimiento	*[ofrethimiento]*	das Angebot
alguien	*[algien]*	jemand
nadie	*[nadie]*	niemand
alguno,-a	*[alguno]*	irgendein,-e
ninguno,-a	*[ninguno]*	keine,-r,-s
todo,-a	*[todo]*	alles, das ganze
nada	*[nada]*	nichts
tampoco	*[tampoko]*	auch nicht
vale	*[bale]*	ok
¿dónde?	*[donde]*	wo?
¿adónde?	*[adonde]*	wohin?
¿de dónde?	*[de donde]*	woher?
¿cómo?	*[komo]*	wie?
¿qué?	*[ke]*	was?
¿por qué?	*[por ke]*	warum?
¿cuándo?	*[kuando]*	wann?
¿cuánto,-a?	*[kuanto]*	wie viel?
¿cuál?	*[kual]*	welcher?
¿quién?	*[kien]*	wer?
leer	*[leer]*	lesen
venir	*[benir]*	kommen
quedar	*[kedar]*	sich treffen

ver	*[ber]*	sehen
mirar	*[mirar]*	anschauen
recoger	*[rrekocher]*	abholen

Audiobeispiel 6.1 Hör dir die Worte zu diesem Kapitel genau an und spreche sie nach, dann prägen sie sich dir leichter ein.

Frases interrogativas útiles
- Nützliche Fragesätze

¿Dónde está la estación de trenes/autobuses?
Wo ist der Bahnhof/die Busstation?

¿Hay un supermercado cerca de aquí? ¿En qué calle está?
Gibt es in der Nähe einen Supermarkt? In welcher Straße?

¿Dónde puedo comer bueno y barato?
Wo kann ich gut und billig essen?

¿Cuál es la mejor zona para ir de compras?
Wo ist die beste Zone, um einzukaufen?

¿Hay un centro comercial?
Gibt es ein Einkaufszentrum?

No entiendo, ¿puedes repertir, por favor?
Das verstehe ich nicht. Kannst du das bitte wiederholen?

¿Cómo se escribe?
Wie schreibt man das?

¿Hay días festivos este mes? ¿Cuándo?
Gibt es diesen Monat Feiertage? Wann?

Audiobeispiel 6.2 Wie immer kannst du diese häufig verwendeten Sätze anhören.

Globales Lesen, Hören und Verstehen: Sophie und Paul sind sich einig

Sophie war sehr überrascht, als sie erfahren hat, dass Paul auch ein Deutscher ist, ein deutscher Auswanderer. Eigentlich hätte sie ja schon früher realisieren können, dass er Paul und nicht Pablo heißt. Was sie doch erstaunt ist, wie gut er Spanisch spricht. Aber sie hat jetzt etwas Angst, mit ihm mehr Deutsch als Spanisch zu reden, dabei sollte sie sich doch unbedingt auf ihre Spanischprüfung vorbereiten...

Hola Paul,

llego a Alicante el 25 de abril a las cuatro de la tarde. Gracias por tu ofrecimiento de venir a recogerme del aeropuerto. Este es mi número de móvil: 0049 1754 1645. Llámame si no puedes recogerme del aeropuerto. ¿Puedes darme tu número de movil también?

Muchas gracias por el ofrecimiento de vivir en tu casa. Pero prefiero alquilar un apartamento pequeño en Isla Plana. ¿Puedes ayudarme a encontrar un apartamento allí?

¡Ah, qué curioso! Nunca he pensado que fueras alemán. Pero hay una cosa importante: una razón para ir a España es aprender el idioma porque tengo los exámenes en mayo. Claro que quiero verte y disfrutar la vida contigo también. Pero aprender español es mi objetivo principal, no quiero hablar alemán en España. ¿Qué piensas tú?

¿Puedo saber más de ti? ¿Por qué vives en España? ¿Qué te gusta en España? ¿Quieres vivir para siempre allí?

Saludos

Sophie

Hola Sophie,

Tengo mucha ilusión de verte en abril. Y claro que te recojo del aeropuerto el 25 de abril. Y este es mi número de móvil: 0034 6856 34521.

Voy a ayudarte a encontrar un apartamento en Isla Plana. Mi amiga Cristina conoce a mucha gente allí y seguro que encontramos un apartamento para ti. Además Cristina y mis otros amigos españoles quieren conocerte y hablar contigo. Ves que hay muchas oportunidades para aprender español. Yo también quiero hablar español. Aprendo español desde hace diez años en una escuela de idiomas en Cartagena. Ya tengo el nivel C1, es el nivel que tienen los profesores en Alemania. Lo más importante para hacer progreso es hablar español siempre, también con los alemanes, los ingleses y con toda la gente. Soy inmigrante y hablo con todos español. Para mí no es ningún problema hablar contigo también español. El idioma me gusta mucho.

Y tú quieres ser profesora de español. ¡Genial!

Un abrazo y hasta pronto en España

Paul

Audiobeispiel 6.3 Hör dir die Briefe mehrmals an. Ich wette, du kannst das Wesentliche des Inhaltes bereits erschließen, ohne alle Vokabeln zu kennen.

Zusammenfassung Kapitel 6

Für alle Verneinungen gilt das Muster:

[S +] no + V + O

Das Subjekt steht in Klammern, da es nur erwähnt wird, wenn nicht klar ist, wer gemeint wird.

Wenn „**nunca**" (niemals), „**nadie**" (niemand), „**nada**" (nichts) und „**tampoco**" (auch nicht) nach dem Verb stehen, muss vor dem Verb zusätzlich „**no**" ergänzt werden. Dann gilt die **doppelte Verneinung** mit folgender Regel:

[S +] **no** + V + **nunca/nadie/nada/tampoco** + O

[Paul] no tiene tampoco una tableta

Stehen diese Begriffe vor dem Verb, wird kein zusätzliches „no" verwendet.

[S +] **nunca/nadie/nada/tampoco** + V + O

[Paul] tampoco tiene una tableta

Alle Fragen werden mit einem umgekehrten Fragezeichen eingeleitet. **Entscheidungsfragen** werden wie die normalen Aussagesätze nach folgendem Muster gebildet:

¿[S +] V + O?

¿[Sophie] conoce a Paul?

Und vergiss nicht, bei allen Fragewörtern einen Akzent zu setzen.

Die meisten Fragewörter sind unveränderlich, nur die folgenden drei Fragewörter sind veränderlich:

- **in der Anzahl**: cuál/cuáles, quién/quiénes
- **in Anzahl und Geschlecht**: cuánto/cuánta/cuántos/cuántas

Bestätigungsfragen werden aus einer Aussage gebildet, indem am Ende des Satzes „**¿no?**", „**¿vale?**" oder „**¿verdad?**" angehängt werden.

7. Eigenschaften und Vergleiche

Du bist jetzt schon in der Lage schwierige Sätze zu bilden, um klarzustellen, was du willst und was nicht. Du kannst Fragen stellen und beschreiben, was dich im Moment beschäftigt oder was du gerade machst. Was noch fehlt: dass du darstellst, wie Dinge oder Personen auf dich wirken, was schön oder hässlich ist, was besser oder schlechter ist, oder wie du etwas machst. Der Schlüssel dafür sind Adjektive und Adverbien sowie deren Steigerung. Genau das sind die Themen dieses Kapitels. Super wäre es, wenn du noch einmal die Bildung der Nomen im Singular und Plural (Kapitel 4) anschauen könntest. So ersparst du dir das Auswendiglernen, denn die meisten Adjektive werden im Singular und Plural genauso gebildet wie die Nomen. Nach diesem Kapitel wirst du in der Lage sein sehr komplizierte Sätze zu bilden. Außerdem wirst du dich sicherer im Umgang mit dem Spanischen fühlen. Bist du bereit? Dann los!

7.1 Adjektive (adjetivos)

Adjektive sind Wörter, die Eigenschaften genauer beschreiben, sie geben an, **wie** etwas oder jemand ist, deswegen werden sie auch Eigenschaftswörter genannt. Wenn du also ausdrücken willst, dass ein Haus groß oder klein, eine Person sympathisch oder unsympathisch ist, benötigst du Adjektive. Im Unterschied zum Deutschen stehen im Spanischen die **Adjektive in der Regel nach dem Nomen**.

Nomen + Adjektiv

Wie im Deutschen richten sich die Adjektive in Zahl und Geschlecht nach dem Nomen, das sie beschreiben. Die meisten Adjektive enden im **Singular** auf **„-o“,** wenn das Nomen **männlich** ist und auf **„-a“**, wenn das Nomen **weiblich** ist. Hier Beispiele:

La casa bonit**a**.

Das schöne Haus.

El libro pequeñ**o**.

Das kleine Buch.

La casa es bonit**a**.

Das Haus ist schön.

Los libros son pequeñ**os**.

Die Bücher sind klein.

Paul está content**o** hoy.

Paul ist heute zufrieden.

Wie du siehst, können Adjektive wie im Deutschen auch mit den Verben „estar“ und „ser“ (sein) verwendet werden. In diesem Fall steht das Adjektiv nach den konjugierten Formen von „estar“ und „ser“. Und wie immer kann das Nomen wegfallen, wenn klar ist, wer oder was gemeint ist.

(Nomen +) estar/ser + Adjektiv

Fast alle Adjektive, die auf **„-e“** oder einen **Konsonanten** enden, haben im Singular nur eine Form, egal ob das Nomen männlich oder weiblich ist. Zum Beispiel:

Una casa grande.

Ein großes Haus.

Un apartamento grande.

Ein großes Appartement.

Una chica genial y feliz.

Ein großartiges und glückliches Mädchen.

Un chico genial y feliz.

Ein toller und glücklicher Junge.

Natürlich gibt es einige Ausnahmen. Es ist jedoch völlig ausreichend, wenn du die hier aufgeführte Regel lernst.

Wenige wichtige Adjektive, die **Nationalitäten** angeben, entsprechen nicht der Regel: Sie enden zwar auf einen Konsonanten, aber erhalten trotzdem in der weiblichen Form Singular ein **„-a“.** Also:

Paul es alemán y Sophie también es alemana.

Paul ist deutsch und Sophie ist auch deutsch.

Hier noch einige dieser Adjektive, die Nationalitäten angeben:

Nationalitäten

männlich	**weiblich**	**Deutsch**
inglés	inglesa	*englisch*
español	española	*spanisch*
francés	francesa	*französisch*
andaluz	andaluza	*andalusisch*

Was die Bildung des **Plurals** anbelangt, gelten für alle Adjektive dieselben Regeln wie für die Nomen. Enden die Adjektive im Singular auf einen Vokal (a,e,i,o,u) wird lediglich ein „-s“ angehängt, enden sie auf einen Konsonanten (alle übrigen Buchstaben außer den Vokalen), dann wird „-es“ angehängt. Der Plural wird nach folgendem Muster gebildet:

a. Singularendung auf Vokal: + s

b. Singularendung auf Konsonant: + es

Hier ein paar Beispiele:

Las casas bonita**s**.

Die schönen Häuser.

Los libros pequeño**s**.

Die kleinen Bücher.

Las chicas felic**es**.

Die glücklichen Mädchen.

Las nubes gris**es**.

Die grauen Wolken.

Las fiestas familiar**es**.

Die Familienfeste.

Wie bei den Nomen gilt die folgende Regel: **Bezieht sich ein Adjektiv auf mehrere Wörter, von denen mindestens eins männlich ist, erhält das Adjektiv die männliche Endung**, wie im folgenden Beispiel:

» Paul y Sophie son simpátic<u>os</u>.

Willst du wie im Deutschen ein Adjektiv in ein Nomen verwandeln, um etwa „das Gute", „das Schlechte" oder „das Schöne" zu sagen, dann benötigst du den **neutralen Artikel „lo"**.

Lo malo es la comida.

Das Schlechte ist das Essen.

Lo bueno es que hace calor.

Das Gute ist, dass es warm ist.

Ahora viene **lo bonito**.

Jetzt kommt das Schöne.

Im Folgenden **Besonderheiten**, die wichtig sind. Es geht dabei um die **Adjektive, die vor den Nomen stehen**. Die Voranstellung bewirkt bei einigen, die sich auf ein männliches Nomen beziehen, dass sie verkürzt werden, oder dass sie generell eine andere Bedeutung haben. Hier eins nach dem anderen.

Adjektive vor Nomen

Einige regelmäßigen **Adjektive** werden dem Nomen **vorangestellt**. Das ist der Fall bei den **Mengenangaben** „mucho“ (viel), „poco“ (wenig), „tanto“ (so viel), „demasiado“ (zu viel) und „otro“ (noch ein/eine). Zur Verdeutlichung:

Son **muchos** libros.	Es sind viele Bücher.
Queda **poco** dinero.	Es bleibt wenig Geld übrig.
Es **tanto** trabajo.	Es ist so viel Arbeit.
Hay **demasiada** comida.	Es gibt zu viel Essen.
Quiero **otro** zumo.	Ich möchte noch einen Saft.

Verkürzung von Adjektiven vor Nomen

Zudem werden folgende Adjektive **verkürzt**, wenn sie im Singular vor einem männlichen Nomen stehen: „primero“ (erste), „tercero“ (dritte), „malo“ (schlecht), „bueno“ (gut), „alguno“ (irgendein), „ninguno“ (kein). Die Mengenangaben „alguno“ und „ninguno“ stehen immer vor den Nomen, ebenso die Ordnungszahlen (dazu mehr in Kapitel 10). „Bueno“ und „malo“ stehen nur vor Nomen, wenn sie besonders betont werden.

- primero wird zu **primer:** el primer día (der erste Tag)
- tercero wird zu **tercer**: el tercer día (der dritte Tag)
- malo wird zu **mal**: un mal ejemplo (ein schlechtes Beispiel)
- bueno wird zu **buen**: un buen ejemplo (ein gutes Beispiel)
- alguno wird zu **algún**: en algún sitio (an irgendeinem Platz)
- ninguno wird zu **ningún**: ningún amigo viene (kein Freund kommt)

Die weibliche Form dieser Adjektive wird nicht verkürzt, sondern wie gewohnt im Singular mit „-a“ gebildet. Es heißt also “una buena amiga“ oder “ninguna amiga“. Nicht verkürzt werden ebenfalls die Pluralformen der Adjektive, es lautet also “ningunos amigos“ und “ningunas amigas“.

Bedeutungsunterschiede wichtiger Adjektive vor und nach Nomen

Einige Adjektive haben deutliche Bedeutungsunterschiede je nachdem, ob sie vor oder nach dem Nomen stehen. Ich liste die unterschiedlichen Bedeutungen in der folgenden Tabelle auf, dabei konzentriere ich mich auf die wichtigen Adjektive.

vor dem Nomen	Deutsch	hinter dem Nomen	Deutsch
un **gran** chico	*großartig*	un chico **grande**	*groß gewachsen*
un **pobre** hombre	*bedauernswert*	un hombre **pobre**	*arm*
mi **antigua** casa	*ehemalig*	una casa **antigua**	*alt (historisch)*
es el **mismo** amigo	*gleich*	yo **mismo**	*selbst*
mi **viejo** amigo	*langjährig*	mi amigo **viejo**	*alt*

Das Adjektiv **„grande“** wird übrigens auch vor weiblichen Nomen zu **„gran“.** Du brauchst dir diese Ausnahmen nicht alle auf einmal einzuprägen. Gib dir Zeit und nehme sie nach und nach in deinen Wortschatz auf.

Wiederholung und Übung

1.) Setze die Adjektive in der richtigen Form ein.

a. El (primero) ________________ fin de semana de abril voy a España.
b. El trabajo que tengo es (estupendo) ________________.
c. Nuestros amigos son muy (simpático) ________________.
d. Las ciudades Sevilla y Granada son (interesante) ________________.
e. Paul y Fran están muy (contento) ________________.
f. Muchas casas en Cartagena son (antigua) ________________.
g. Agustín es un (grande) ________________chico.
h. Hay (demasiada) ________________ comida.

7.2 Steigerung der Adjektive (comparación de los adjetivos)

Die Steigerung von Adjektiven ist wichtig, um Eigenschaften von Sachen oder Personen zu vergleichen. Dabei gibt es zwei Möglichkeiten, die unterschiedlichen Eigenschaften hervorzuheben. Zum einen den **Komparativ**, der Ungleichheiten ausdrückt, also: „mein Haus ist schöner als deins". Und zum anderen den **Superlativ**, der den höchsten Grad einer Eigenschaft ausdrückt, wie „mein Haus ist am schönsten." Aber jetzt eins nach dem anderen.

Der Komparativ (Steigerungsstufe)

Anders als im Deutschen wird die Steigerung nicht durch die Endung des Adjektivs ausgedrückt. Ungleichheiten werden immer nach dem folgenden Muster ausgedrückt:

más/menos + Adjektiv + que

Dabei wird das Adjektiv wie immer in Geschlecht und Anzahl an das Nomen angeglichen. Hier ein paar Beispielsätze, welche die Regel verdeutlichen.

El coche es **más caro que** la bicicleta.

Das Auto ist teurer als das Fahrrad.

La bicicleta es **menos cara que** el coche.

Das Fahrrad ist billiger als das Auto.

Wie im Deutschen kannst du natürlich auch nur sagen, "mi coche es más barato" (mein Auto ist billiger), wenn klar ist, mit was du dein Auto vergleichst.

Der Superlativ (die Höchststufe)

Natürlich möchtest du nicht nur wissen, wer besser ist, sondern auch wer der Beste ist, oder? Dazu benötigst du die höchste Steigerungsform, den Superlativ. Er wird wie der Komparativ gebildet, lediglich der bestimmte

Artikel oder ein Possessivpronomen werden vorangestellt. Je nach Bedarf, kannst du noch ein Nomen nach dem Artikel einfügen, um weitere Infos miteinzubeziehen.

Bestimmter Artikel/Possessivpronomen (+Nomen) + más/menos + Adjektiv

Cintia es **la chica más rápida**.

Cintia ist das schnellste Mädchen.

Cintia es **la más rápida**.

Cintia ist die Schnellste.

Jorge es **el menos rápido**.

Jorge ist der Langsamste.

Es **mi sueño más bonito**.

Es ist mein schönster Traum.

Einige Steigerungsformen werden unregelmäßig gebildet. In der folgenden Liste stehen nur die zwei wichtigsten, über die du Bescheid wissen solltest, da sie sehr häufig verwendet werden. Um eine männliche oder weibliche Form brauchst du nicht zu kümmern, sie lauten im Singular immer gleich, egal welches Geschlecht die Nomen haben.

Adjektiv	**Komperativ (Steigerungsstufe)**	**Superlativ (Höchststufe)**	**Deutsch**
bueno/a	mejor	el/la mejor	gut – besser – am besten
malo/a	peor	el/la peor	schlecht – schlechter – am schlechtesten

Diese Ausnahmen kannst du auf deinem Lernweg nach und nach aufnehmen. Wichtiger ist, dass du die regelmäßigen Steigerungsformen lernst und sicher anwendest.

Natürlich kannst du wie alle Adjektive auch die höchste Steigerungsform als Nomen verwenden um „das Beste“ oder „das Schönste“ auszudrücken. Stell dabei einfach wie sonst auch den neutralen Artikel **„lo“** vor den Superlativ:

Lo más bonito es pasar el tiempo contigo.

Das Schönste ist, die Zeit mit dir zu verbringen.

Lo mejor es el clima cálido

Das Beste ist das warme Klima.

Wiederholung und Übung

1.) Bilde von den folgenden Adjektiven die jeweils passende Steigerungsstufe (Komparative) und Höchststufe (Superlative). Gib die Höchststufe immer mit dem neutralen Artikel „lo“ an.

a. bonito (schön) ______

b. malo (schlecht) ______

c. bueno (gut) ______

d. interesante (interessant) ______

e. grande (groß) ______

f. pequeño (klein) ______

g. aburrido (langweilig) ______

h. peligroso (gefährlich) ______

i. caro (teuer) ______

j. feliz (glücklich) ______

2.) Bilde die Steigerungsstufe (Komparativ) der unterstrichenen Adjektive und vervollständige die Sätze. (+) steht für más, (-) steht für menos

a. Jorge es feliz, pero Sophie es (+) ______ Jorge.

Jorge ist glücklich, aber Sophie ist glücklicher als Jorge.

b. La ensalada es picante. La pizza es (-) ______.

Der Salat ist scharf. Die die Pizza ist weniger scharf.

c. Este ordenador es caro, pero el tuyo es (+) ______.

Dieser Computer ist teuer, aber deiner ist teurer.

d. La comida aquí es cara. La comida tuya es (-) ______.

Das Essen hier ist teuer. Dein Essen ist weniger teuer.

3.) Bilde Sätze mit der Höchststufe (Superlativ) wie im Beispiel.

Paella – comida – típica de España:

Paella *es la* comida *más* típica de España.

a. Lunes – día – malo:

b. Paul – chico – simpático:

c. El español – idioma – interesante:

d. Este coche – barato:

7.3 Adverbien (adverbios)

Adverbien geben an, wie etwas geschieht oder getan wird. Sie beziehen sich im Gegensatz zu den Adjektiven nicht auf eine Person oder Sache, sondern auf die Handlung. Zur klaren Unterscheidung:

Adjektiv	
Die **schnelle Sophie**.	*Das Adjektiv beschreibt das Nomen*

Adverb	
Sophie **spricht schnell**.	*Das Adverb beschreibt das Verb*

Im Gegensatz zu Adjektiven sind Adverbien **unveränderlich**. Die Bildung kannst du dir leicht einprägen, da sie dem folgenden Muster entspricht:

weibliche Form des Adjektives + mente

perfecta	+	mente	=	perfectamente
tranquila	+	mente	=	tranquilamente

Bei jenen Adjektiven, die nur eine Form für beide Geschlechter haben, wird an diese Form die Endung „-mente“ angehängt.

- alegre – alegremente (fröhlich)
- fácil – fácilmente (leicht)
- regular – regularmente (regelmäßig)
- actual – actualmente (aktuell)

Hat das Adjektiv einen Akzent, behält ihn das Adverb auch, wie etwa bei fácil und fácilmente.

Adverbien geben an **wo**, **wann** oder **wie** etwas getan wird oder geschieht. Im folgenden Beispielsatz bezieht sich das Adverb „perfectamente“ auf das **Verb** „habla“, es beantwortet die Frage „Wie spricht Sophie?“. Dabei steht das Adverb **nach dem konjugierten Verb**.

Verb wird beschrieben (Adverb nach Verb)

Sophie **habla perfectamente**.

Sophie spricht perfekt.

Das Adverb kann sich aber auch auf ein **Adjektiv** beziehen, das verdeutlicht der folgenden Satz.

Adjektiv wird beschrieben (Adverb vor Adjektiv)

Sophie es **muy guapa**.

Sophie ist sehr hübsch.

In diesem Beispielsatz bezieht sich das Adverb „muy“ auf das Adjektiv „guapa“. Es beantwortet die Frage „wie hübsch ist Sophie?“ und steht **vor dem Adjektiv**.

Außerdem kann das Adverb noch ein anderes Adverb näher beschreiben, dann steht es **vor dem Adverb**. Oder es bezieht sich auf die ganze Satzaussage und steht dann **vor dem Verb**.

Satzaussage wird beschrieben (Adverb vor Verb)

En Murcia **desgraciadamente está lloviendo hoy**.

In Murcia regnet es leider heute.

Adverb wird beschrieben (Adverb vor Adverb)

Puedes comer **muy tranquilamente.**

Du kannst ganz in Ruhe essen.

Generell stehen die Adverbien immer vor dem, was sie beschreiben. Nur wenn sie sich auf ein Verb beziehen, stehen sie dahinter. Das letzte Beispiel besteht aus dem unregelmäßigen Adverb **„muy“** und dem regelmäßigen **„tranquilamente“.** Im Spanischen stehen nie zwei regelmäßige Adverbien hintereinander, das würde merkwürdig klingen.

Es gibt noch weitere **unregelmäßige Adverbien** ohne die Endung „-mente“. Hier jene, die häufig gebraucht werden und von denen du schon viele kennst.

> muy (sehr) poco (wenig), mucho (viel), demasiado (zu viel), tanto (so viel), bastante (genügend), bien (gut), mal (schlecht), ahora (jetzt), nunca (nie)

Es gibt noch weitere unregelmäßige Adverbien, die allerdings für den Anfang nicht wesentlich sind. Wichtig ist, dass du zwischen Adjektiven und Adverbien unterscheiden kannst. Vergleiche deswegen nochmal genau die Regeln beider Wortarten und konzentriere dich dabei auf die Unterschiede.

7.4 Steigerung von Adverbien (comparación de los adverbios)

Im Spanischen wie im Deutschen kann man nur wenige Adverbien steigern. Eine Ausnahme bilden Adverbien, die Verben beschreiben. Die Steigerung dieser Adverbien erfolgt genauso wie die Steigerung der Adjektive. Du musst also nicht viel Neues dazulernen. Hier die Gemeinsamkeiten, dann kannst du die Steigerung der Adjektive gleich wiederholen und hast alles auf einen Blick:

Komparativ (Steigerungsstufe)

Adjektiv	Adverb
Sophie es **más rápida que** Paul.	Sophie habla **más rápidamente que** Paul.

Die Regel der Bildung des Komparativs für Adjektiv und Adverb:

más/menos + Adjektiv/Adverb + que

Superlativ (Höchststufe)

Adjektiv	Adverb
Sophie es **la más rápida.**	Sophie es **la** que habla **más rápidamente.**

Die Regel der Bildung des Superlativs für Adjektiv und Adverb:

bestimmter Artikel (+Nomen) + más/menos + Adjektiv/Adverb

Auch die unregelmäßige Steigerung der Adjektive bueno/a und malo/a wird bei den Adverbien beibehalten. Hier ein kurzer Überblick:

Adjektiv	Adverb	Komparativ für Adverb und Adjektiv	Superlativ für Adverb und Adjektiv
bueno, -a	bien	mejor	el/la/lo mejor
malo, -a	mal	peor	el/la/lo peor

So viel zur Beschreibung von Eigenschaften und Handlungen. Mit dem, was du schon über Adjektive und Steigerungsformen gelernt hast, kannst du sinnvolle Vergleiche ziehen. Wende jetzt dein neues Wissen in den Übungen an, dann hast du auch dieses Kapitel erfolgreich gemeistert. Wenn du dir noch nicht sicher bist, dann leg einfach eine Pause ein und gehe das Kapitel noch einmal konzentriert durch, bevor du dich an die Übungen machst. Viel Erfolg!

Wiederholung und Übung

1.) Bilde aus den folgenden Adjektiven die passenden Adverbien.

a. fácil (einfach) ______________________

b. difícil (schwer) ______________________

c. perfecto (perfekt) ______________________

d. tranquilo (ruhig) ______________________

e. bueno (gut) ______________________

f. malo (schlecht) ______________________

g. alegre (froh) ______________________

h. rápido (schnell) ______________________

i. lento (langsam) ______________________

2.) Notiere zu den folgenden Adverbien die Steigerung (Komparativ) und die Höchststufe (Superlativ).

a. Sophie habla fluidamente (flüssig)

____

b. Sophie habla bien (gut)

____

c. Sophie habla mal (schlecht)

____

d. Sophie habla fácilmente (mühelos, leicht)

____

3.) Vervollständige die folgenden Sätze, indem du das Adverb oder das Adjektiv einsetzt.

a. La comida está muy (rico) ______________________

Das Essen ist sehr lecker.

b. Paul y Sophie comen muy (lento) ______________________

Paul und Sophie essen sehr langsam.

c. Mi coche es más (viejo) ______________________ que el tuyo

Mein Auto ist älter als deins.

d. Paul lee el libro más (rápido) ______________________ que Carlos.

Paul liest das Buch schneller als Carlos.

e. Sophie es una mujer (perfecto) ____________________.

Cocina (perfecto) ____________________

Sophie ist eine perfekte Frau. Sie kocht perfekt.

f. Paul es un hombre (genial) ____________________.

Trabaja (bueno) ____________________.

Paul ist ein genialer Mann. Er arbeitet gut.

7.5 Gleichheit (igualdad)

Wenn du Paul mit Sophie vergleichen möchtest, benötigst du die dargestellten Steigerungsformen. Möchtest du die Gleichheit der beiden deutlich machen, also „Paul ist so sympathisch wie Sophie", benutze einfach das Muster:

tan + Adjektiv + como

Wobei das Adjektiv wieder angeglichen wird. Hier Beispiele dazu.

Paul es tan simpático como Sohpie.

Paul ist so sympathisch wie Sophie.

Sophie es tan simpática como Paul.

Sophie ist so sympathisch wie Paul.

Mi perro es tan grande como tu gato.

Mein Hund ist so groß wie deine Katze.

Tus tapas están tan ricas como en mi restaurante preferido.

Deine Tapas sind so lecker wie in meinem Lieblingsrestaurant.

Willst du Nomen miteinander vergleichen, dann stellst du das dir bekannte Adjektiv **„tanto,-a, -os, -as"** (so viel) vor das betreffende Nomen. Natürlich muss das Adjektiv an das Nomen in Geschlecht und Anzahl angeglichen werden. Die Formel lautet wieder ähnlich:

tanto, -a, -os, -as + Nomen + como

Hier wieder Beispiele zur Verdeutlichung:

Sophie tiene **tanto dinero como** Paul

Sophie hat so viel Geld wie Paul.

Sophie tiene **tantas manzanas como** Paul.

Sophie hat so viele Äpfel wie Paul.

Jorge tiene **tantos amigos como** Pedro.

Jorge hat so viele Freunde wie Pedro.

Vergleiche kann man auch mit Adverbien bilden, die Formel bleibt dieselbe wie bei Adjektiven. Und wie immer sind die Adverbien unveränderlich.

tan + Adverb + como

Dazu die folgenden Beispiele:

Paul habla el idioma tan bien como Jorge.

Paul spricht die Sprache so gut wie Jorge.

Sophie corre tan rápidamente como Paul.

Sophie läuft so schnell wie Paul.

Jorge conduce tan mal como Pedro.

Jorge fährt so schlecht wie Pedro.

Ana puede resolver estos ejercicios tan fácilmente como Laura.

Ana kann diese Aufgaben so einfach lösen wie Laura.

Nur vor dem Adverb **„tanto“**, fällt das Vergleichswort „tan“ weg, da es sonst eine Doppelung wäre. „Sophie spricht so viel wie Paul“ heißt dann einfach „Sophie habla **tanto como** Paul.“ Als Adverb ist „tanto“ **unveränderlich**.

Wiederholung und Übung

1.) Vervollständige die folgenden Sätze mit den passenden Formeln der Gleichheit.

a. La gente en España es _________ simpática _________ en Francia.

Die Menschen in Spanien sind so sympathisch wie in Frankreich.

b. Tengo ___________ hermanos ___________ tú.

Ich habe so viel Brüder wie du.

c. Pedro compra ____________ patatas ____________ Jorge.

Pedro kauft so viele Kartoffeln wie Jorge.

d. El libro es ___________ interesante ___________ la película.

Das Buch ist so interessant wie der Film.

e. Paul lee _____________ rápidamente _____________ Sophie.

Paul liest so schnell wie Sophie.

Wortliste zu Kapitel 7

Spanisch	***[Aussprache]***	**Deutsch**
el coche	*[kotsche]*	das Auto
la bicicleta	*[bithikleta]*	das Fahrrad
el piso	*[piso]*	die Wohnung
el precio	*[prethio]*	der Preis
el hombre	*[ombre]*	der Mann, Mensch
la manzana	*[manthana]*	der Apfel
el ejercicio	*[echerthisio]*	die Übung, Aufgabe
la patata	*[patata]*	die Kartoffel
demasiado	*[demasiado]*	zu viel
tanto, -a	*[tanto]*	so viel
bastante	*[bastante]*	genügend
tranquilo,-a	*[trankilo]*	ruhig

fácil	*[fathil]*	einfach
difícil	*[difithil]*	schwierig
viejo,-a	*[biecho]*	alt
nuevo,-a	*[nuebo]*	neu
barato,-a	*[barato]*	billig
caro,-a	*[karo]*	teuer
rápido,-a	*[rrapido]*	schnell
lento,-a	*[lento]*	langsam
bueno,-a	*[bueno]*	gut
malo,-a	*[malo]*	schlecht
bonito,-a	*[bonito]*	schön
feo,-a	*[feo]*	hässlich
amable	*[amable]*	freundlich
aburrido,-a	*[aburrido]*	langweilig
perfecto,-a	*[perfekto]*	perfekt
estupendo,-a	*[estupendo]*	wunderbar
actual	*[aktual]*	aktuell
rico,-a	*[rriko]*	reich, lecker (Essen)
pobre	*[pobre]*	arm
cálido,-a	*[kalido]*	warm
importante	*[importante]*	wichtig
blanco,-a	*[blanko]*	weiß
marrón	*[marron]*	braun
verde	*[berde]*	grün
gris	*[gris]*	grau
naranja	*[narancha]*	orange
azul	*[athul]*	blau
amarillo,-a	*[amarijo]*	gelb
lila	*[lila]*	lila
rosa	*[rosa]*	rosa
negro,-a	*[negro]*	schwarz
llover	*[jober]*	regnen

Audiobeispiel 7.1 Hör dir die Worte zu diesem Kapitel genau an und spreche sie nach, dann prägen sie sich dir leichter ein.

Frases útiles para alquilar un piso o una habitación
- Nützliche Sätze, um eine Wohnung oder ein Zimmer zu mieten

Estoy buscando un piso o una habitación para vivir aquí.
Ich suche eine Wohnung oder ein Zimmer, um hier zu wohnen.

Busco un piso de estudiantes.
Ich suche eine Wohnung für Studenten.

¿Cuánto cuesta el alquiler de este piso o esta habitación?
Was kostet die Miete für diese Wohnung oder dieses Zimmer?

¿Los compañeros de piso son no fumadores?
Sind die Mitbewohner der Wohnung Nichtraucher?

¿Se permiten mascotas?
Sind Haustiere erlaubt?

¿Cuál es la dirección del piso?
Welche Adresse hat die Wohnung?

¿Tiene una habitción individual/doble?
Haben Sie ein Einzelzimmer/ein Doppelzimmer?

Quiero vivir cerca del centro/de la playa.
Ich möchte nahe der Innenstadt/des Strandes wohnen.

Prefiero vivir fuera de la ciudad.
Ich möchte lieber außerhalb der Stadt wohnen.

Prefiero un piso para mí solo/-a.
Ich bevorzuge eine Wohnung für mich allein.

Quiero compartir un piso con otros.
Ich möchte zusammen mit anderen in einer Wohnung leben.

¿Cómo funciona la cocina de gas/el microondas/la calefacción?
Wie funktioniert der Herd mit Gas/die Mikrowelle/die Heizung?

Audiobeispiel 7.2 Es ist sinnvoll, wenn du die Sätze zum Thema mehrmals anhörst und nachsprichst, damit du sie verinnerlichst.

Globales Lesen, Hören und Verstehen: Sophies Ankunft

Endlich ist der 25. April. Paul holt Sophie pünktlich vom Flugplatz ab und sie fahren gemeinsam nach Isla Plana, um Cristina zu besuchen. Cristina hat sich bereits nach drei Wohnungen für Sophie erkundigt.

Ich empfehle dir, zuerst die Audiodatei anzuhören, um dein Hörverständnis zu trainieren, gerne auch mehrmals. Lies den Text danach mit oder ohne Audio laut durch. Falls du einige Worte nicht kennst, ist das nicht schlimm. Versuche unbekannte Worte nur im Notfall nachzuschlagen. Oft kannst du sie auch aus dem Kontext erraten. Mach dich dann an das Beantworten der Verständnisfragen. Viel Spaß!

Cristina: "Estoy encantada de conocerte Sophie. ¿Qué tal el viaje?"

Sophie: "Estoy un poco cansada, pero todo va bien. Estoy feliz de conocerte. ¿Tienes un apartamento barato para mí?"

Cristina: "Sí, tengo tres. Un piso con dos habitaciones y cocina y otros dos con una habitación."

Sophie: "Vale. Muchas gracias por tu ayuda. Me hace ilusión vivir cerca de la playa aquí en Isla Plana y quiero una terraza, si es posible. ¿Qué piso está más cerca de la playa? ¿Qué piso tiene una terraza? ¿Y qué cuestan los pisos?"

Cristina: "He buscado los mejores pisos para ti. Los tres pisos son muy baratos y están cerca de la playa. Cuestan sólo 200€ por semana. ¿Vale? Para mí el mejor es el piso que está cerca de mi casa y sólo este tiene terraza. Tiene una habitación, está amueblado, tiene cocina, microondas, lavadora y lavavajillas. Está a dos minutos a pie de la playa, muy cerca de restaurantes y un supermercado."

Sophie: "Perfecto. ¿Puedo ver este apartamento ahora?"

Cristina: "Claro que sí. ¿Vamos en coche o a pie?"

Paul: "Sophie está cansada y tiene su maleta de viaje, vamos en coche, es mejor."

Los tres van en coche al piso. Cristina le muestra todo a Sophie y le explica cómo funciona la cocina de gas, el mircroondas y el lavavajillas.

Sophie: "Este piso es genial. No quiero ver los otros. Me quedo aquí, me gusta mucho."

Cristina: "¡Me alegra mucho saber que te gusta! Y ahora vives muy cerca de mi casa, eres mi vecina. ¿Quedamos mañana?"

Sophie: "Sí, me parece bien. Tengo que ir de compras mañana por la mañana, pero por la tarde podemos vernos."

Cristina: "Perfecto. Te llamo por el móvil mañana. Te doy mi número de móvil, aquí está. Puedes llamarme si necesitas ayuda. ¿Y Paul, vienes también mañana por la tarde?"

Paul: "Mañana tengo que trabajar, pero a partir de pasado mañana tengo vacaciones y quiero estar todo el tiempo con vosotras."

Cristina: "Entonces nos vemos mañana, Sophie. ¡Hasta luego!"

Sophie: "¡Sí, estupendo, hasta mañana!"

Audiobeispiel 7.3 Den spanischen Text findest du in den Audiodateien zu diesem Kapitel.

Teste dein Verständnis

1. Welche Aspekte sind für Sophie wichtig bei der Wohnungssuche?

2. Welche Wohnung empfiehlt Cristina und weshalb?

3. Was verabreden Sophie und Cristina?

Zusammenfassung Kapitel 7

Adjektive werden den Nomen in Geschlecht und Zahl angeglichen. Die meisten Adjektive enden im **Singular** je nach dem Geschlecht des Nomens, auf das sie sich beziehen, auf **„-a“** oder **„-o“**. Die **Pluralbildung** erfolgt durch ein **„-s“** am Ende. Bei Adjektiven mit Konsonant am Schluss wird **„-es“** angehängt. Beschreibt ein Adjektiv ein Nomen so folgt das Adjektiv dem Nomen:

Nomen + Adjektiv

Mit den Verben „ser“ und „estar“ ist folgende Formel gültig:

Nomen + ser/estar + Adjektiv

Adverbien sind unveränderlich. Ihre Bildung folgt dem Muster:

weibliche Form des Adjektives + mente

Bei der ersten Steigerungsstufe (Komparativ) gilt sowohl für Adjektive als auch für Adverbien:

más/menos + Adjektiv/Adverb + que

Für die Höchststufe (Superlativ) gilt wiederum für Adverb und Adjektiv:

bestimmter Artikel (+Nomen) + más/menos + Adjektiv/Adverb

Auch die Betonung der Gleichheit erfolgt bei Adjektiv und Adverb nach demselben Schema:

tan + Adjektiv/Adverb + como

8. Beziehungen mit Präpositionen

Präpositionen sind kurze Wörter wie „auf", „an", „neben", „bei", „mit" oder „unter", die Beziehungen und Verhältnisse zwischen Personen und Dingen beschreiben. Sie werden deswegen auch als Verhältniswörter bezeichnet. Wenn du wissen willst, wie es zum Supermarkt geht, wo dein Handy ist oder von wann bis wann du arbeiten musst, dann helfen dir Präpositionen, diese Fragen zu klären. Wenn aber die Antwort nur lautet: „Dein Handy liegt dem Schrank dem kleinen Tisch Wohnzimmer", dann macht das keinen Sinn, da fehlt die wichtigste Information, nämlich wo genau. Erst Präpositionen klären, dass das Handy auf dem kleinen Tisch neben dem Schrank im Wohnzimmer liegt. Präpositionen sind kleine Wörter mit großer Wirkung!

Präpositionen machen Angaben darüber, wo dein Handy ist oder du dich gerade befindest, wohin du willst oder woher du kommst, also über den Ort und die Richtung. Außerdem informieren sie darüber, wann du Zeit hast oder mit wem du ein Fest verbringen willst. Sie sind ***unveränderlich*** *und* ***stehen immer vor einem Nomen oder Personalpronomen.***

Im Spanischen gibt es über 100 Präpositionen, deren Verwendung ist selbst für erfahrene Sprecher eine Herausforderung. Deswegen ist es auch nicht sinnvoll, dass du alle Präpositionen auswendig lernst. Im Gegenteil: Es ist nicht das Ziel, sofort möglichst viele dieser Präpositionen zu pauken, sondern zuerst einmal die wichtigsten kennen zu lernen, und dir deren Anwendung verständlich zu machen.

Konkrete Schwerpunkte sind dabei häufig gebrauchte Präpositionen zur Angabe der Richtung und des Ortes, zur Beschreibung zeitlicher Abläufe wie auch Präpositionen, die beschreiben wie du etwas tust, also der Art und Weise. Außerdem konzentrieren wir uns noch auf ein paar wichtige Verben, die immer mit bestimmten Präpositionen verwendet werden.

8.1 Orts- und Richtungsangaben (indicaciones de lugar y dirección)

Mit Präpositionen der Richtung beschreibst du, woher du kommst oder wohin du gehst. Die wichtigsten Präpositionen für **Richtungsangaben** sind, „de“ (von, aus), „a“ (zu, nach), „en“ (im, auf, an) und „por“ (durch). Die Präposition „de“ beschreibt den Ausgangspunkt, von dem aus etwas geschieht.

Die Präposition „de“ (von, aus)

Ausgangspunkt: **von einem Ort her**

Sophie es de Alemania.

Sophie ist aus Deutschland.

Paul viene del cine.

Paul kommt aus dem Kino.

¿Cuándo vuelves del trabajo?

Wann kommst du von der Arbeit zurück.

Mi casa está a 100 metros de aquí.

Mein Haus steht 100 Meter von hier.

Viajamos de Málaga a Murcia.

Wir reisen von Malaga nach Murcia.

Dir ist sicher bei den Beispielen das Wort **„del“** aufgefallen. Dafür gibt es die einfache Regel: Immer, wenn „de“ vor dem bestimmten männlichen Artikel „el“ steht, verschmelzen beide Worte zu „del“. Es gilt:

de + el = del

Im letzten Beispielsatz wird bereits die Funktion der Präposition „a“ deutlich. Während „de“ den Ausgangspunkt der Reise deutlich macht, beschreibt „a“ die Richtung zum Ziel.

Die Präposition „a“ (zu, nach)

Zielpunkt: **zu einem Ort hin**

Paul va en coche a Isla Plana.

Paul fährt im Auto nach Isla Plana.

Hoy tiene que ir al trabajo.

Heute muss er zur Arbeit gehen.

Vamos a casa de Paul.

Wir gehen nachhause zu Paul.

¿Vas también a la ciudad?

Gehst du auch in die Stadt?

Und ähnlich wie bei „del“ entsteht auch bei der Kombination von „a“ mit dem bestimmten männlichen Artikel „el“ das Wort „al“. Hier wieder die Formel:

a + el = al

TIPP Im Deutschen und im Englischen ist zudem die Richtungsangabe **„hinein“** sehr wichtig. Im Spanischen gibt es zwar auch die Präposition „dentro de“ (hinein), aber sie wird äußerst selten verwendet. Diese Präposition kannst du also getrost vergessen und dir dadurch das Lernen vereinfachen. Wenn du ausdrücken willst, dass du ins Museum oder Haus hineingehst, ins Wasser hineinspringst oder etwas in ein Gefäß hineinlegst, dann einfach mit den entsprechenden Verben: „entrar a“ (hineingehen), „saltar a“ (hineinspringen) und „poner en“ (hineinlegen). Diese Verben drücken die Bewegung bereits aus.

Entro a la casa/al museo

Ich gehe ins Haus/Museum hinein.

Zu den wichtigen Verben mit Präpositionen erfährst du am Schluss dieses Kapitels mehr.

Die Präposition por (durch)

„Por" entspricht dem Deutschen „durch". Bei dieser Richtungsangabe wird wiederum die Bewegung deutlich.

Zielpunkt: **durch einen Raum**	
Viajamos por España.	Wir reisen durch Spanien.
Doy una vuelta por la ciudad.	Ich gehe durch die Stadt.
Me encanta pasar por el bosque.	Mir gefällt es durch den Wald zu gehen.

Neben diesen Präpositionen, die die Richtung angeben, gibt es **Ortspräpositionen**, die du verwendest, um genau zu beschreiben, wo sich jemand oder etwas befindet. Sie geben die **Position** an. Sehr häufig benötigst du dabei die Angabe „en", wenn du ausdrücken willst, dass etwas „**im** Zimmer ist", „**auf** dem Tisch liegt" oder „**an** der Wand hängt". Wenn du das eine spanische Wort mit den deutschen Übersetzungen vergleichst, siehst du, wie viel Aufwand dir im Spanischen erspart bleibt. Das Wort „en" umfasst alle drei Bedeutungen. Gemeinsam ist den drei Bedeutungen, dass sie sich auf einen klar begrenzten Raum beziehen. Deswegen genügt im Spanischen ein Wort, nach dem Motto, "¿por qué complicarme la vida?" (warum soll ich mir das Leben erschweren?), wenn es auch einfacher geht!

Die Präposition en (in, auf, an)

an einem bestimmten Ort	
Paul está en la estación.	Paul ist im Bahnhof.
Paul está en casa.	Paul ist zuhause.
Está en el trabajo.	Er ist in der Arbeit.
Estamos en la playa.	Wir sind am Strand.

auf einer Veranstaltung

Sophie está en la fiesta.
Sophie ist auf der Party.

Estamos en un concierto.
Wir sind auf einem Konzert.

in Räumen, Städten, auf der Welt

Sophie está en su piso.
Sophie ist in ihrer Wohnung.

Ahora vive en Isla Plana.
Sie wohnt jetzt in Isla Plana.

Hay muchas ideas en el mundo.
Es gibt viele Ideen auf der Welt.

im digitalen Raum: Internet, Fernsehen

Hay mucha información en internet.
Es gibt viel Information im Internet.

Lo he visto en la televisión.
Ich habe es im Fernsehen gesehen.

im geschlossenen Raum, auf einem Gegenstand oder an einem Gegenstand befestigt.

El libro está en la mesa.
Das Buch ist auf dem Tisch.

El cuadro está en la pared.
Das Bild hängt an der Wand.

La lámpara está en el techo.
Die Lampe hängt an der Decke.

In oder auf einem Fahrzeug

Voy en coche o en taxi.
Ich fahre im Auto oder im Taxi.

Es más barato ir en tren o en autobús.
Es ist billiger im Zug oder Bus zu fahren.

Ir en bicicleta.
Auf dem Fahrrad fahren.

TIPP Ganz logisch, aber für uns Deutsche natürlich ungewohnt, ist, dass im Spanischen die Ortsangaben „zu Fuß gehen“ nicht mit **„en“** gebildet wird, da keine räumliche Begrenzung durch ein Fahrzeug besteht wie im Auto oder Bus.

Es heißt: **„ir a pie“** und ebenso sagt man **„ir a caballo“** (reiten).

Beachte den Unterschied zwischen der Ortsangabe **„estar en“** und der Richtungsangabe **„ir a“**:

Estoy en el cine.
Ich bin im Kino.

Voy al cine.
Ich gehe ins Kino.

Es gibt noch eine Reihe häufig verwendeter Ortspräpositionen, für die es sich lohnt, sie sich langsam anzueignen.

Wichtige Ortspräpositionen

Spanisch	Deutsch	Beispiele
sobre	über	Sobre la mesa hay una lámpara. *Über dem Tisch gibt es eine Lampe.*
debajo de	unter	El perro está debajo de la mesa. *Der Hund ist unter dem Tisch.*
detrás de	hinter	Detrás de la mesa está el gato. *Die Katze ist hinter dem Tisch.*
delante de	vor	Mi coche está delante de la casa. *Mein Auto steht vor dem Haus.*
entre	zwischen	Francia está entre España y Alemania. *Frankreich liegt zwischen Spanien und Deutschland.*
lejos de	weit entfernt	Vivo lejos de Cartagena. *Ich lebe weit von Cartagena entfernt.*
cerca de	nahe	Mi casa está cerca de la playa. *Mein Haus liegt nahe beim Strand.*
al lado de	neben	Al lado de mi casa hay un supermercado. *Neben meinem Haus gibt es einen Supermarkt.*

Spanisch	Deutsch	Beispiele
a la derecha de	rechts	Estoy a la derecha del coche azul. *Ich bin rechts des blauen Autos.*
a la izquierda de	links	A la izquierda del coche azul hay un cine. *Links des blauen Autos gibt es ein Kino.*

Auf der folgenden **Abbildung** siehst du noch einmal alle besprochenen Ortsangaben und Richtungspositionen auf einen Blick:

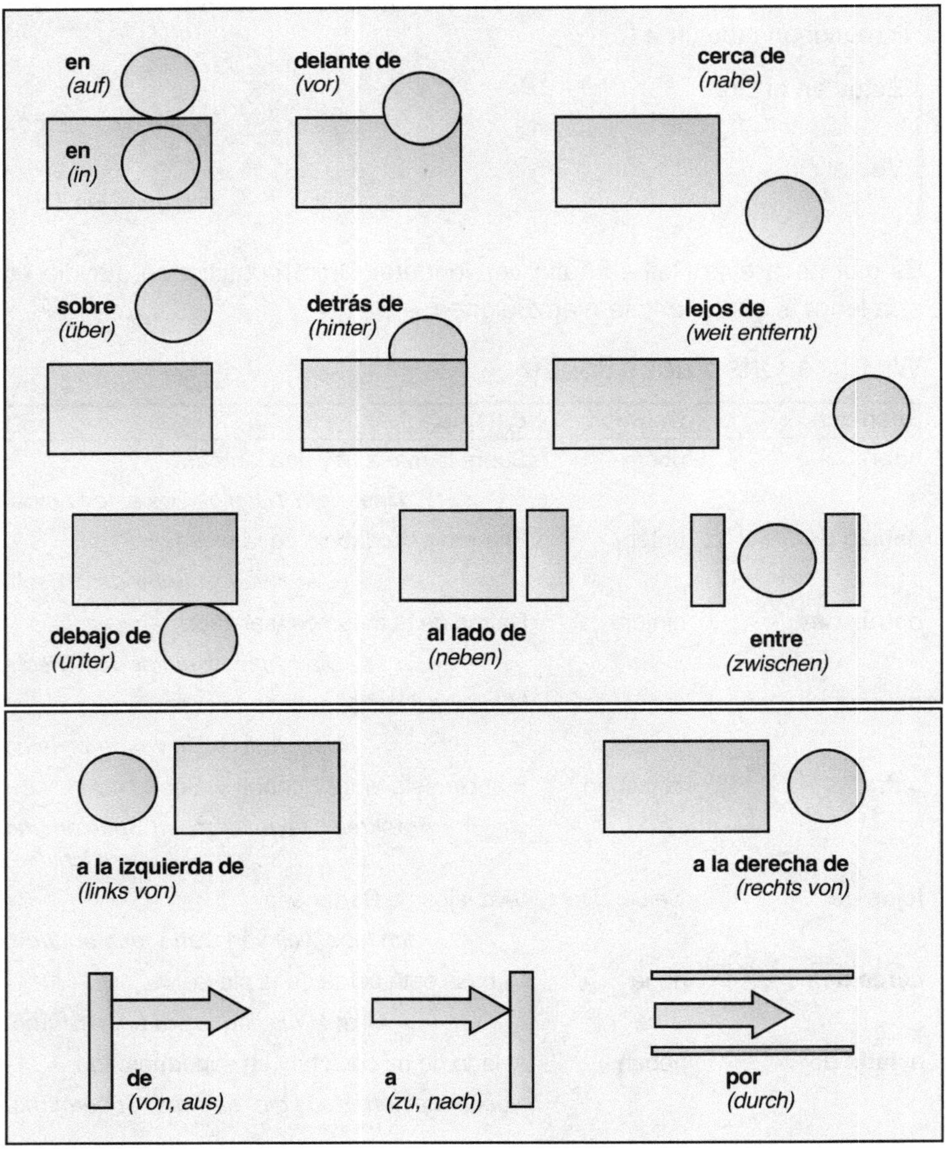

Weitere wichtige Richtungsangaben sind die Himmelsrichtungen. Dabei wird wieder der Standort mit „estar en“ und die Richtung mit „ir a“ beschrieben. Diese siehst du hier:

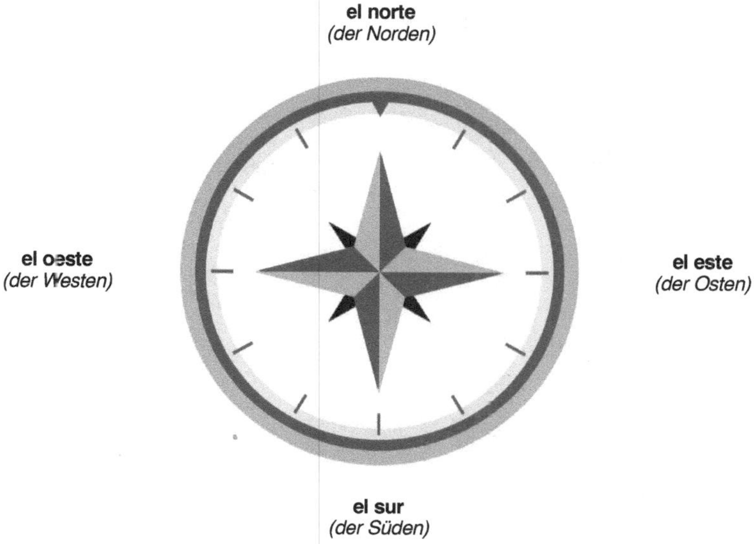

- **el norte**: Estamos en el norte / Vamos al norte
- **el sur**: Estamos en el sur / Vamos al sur
- **el oeste**: Estamos en el oeste / Vamos al oeste
- **el este**: Estamos en el este / Vamos al este

Wenn du jemandem mitteilen möchtest, wo du wohnst, kannst du die Richtung grob mit „im Norden von Cartagena“ angeben. Oder du beschreibst genau den Weg bis dahin Schritt für Schritt. Dabei sind die Verben „girar a“ (abbiegen) und „ir todo recto“ (geradeaus gehen) wichtig. Hier ein Beispiel:

> Tienes que ir 100 metros todo recto. Y enfrente de la iglesia giras a la izquierda. Desde allí vas todo recto y entonces giras a la derecha.
>
> Du musst 100 Meter geradeaus gehen. Und vor der Kirche biegst du nach links ab. Von dort aus gehst du geradeaus und dann biegst du rechts ab.

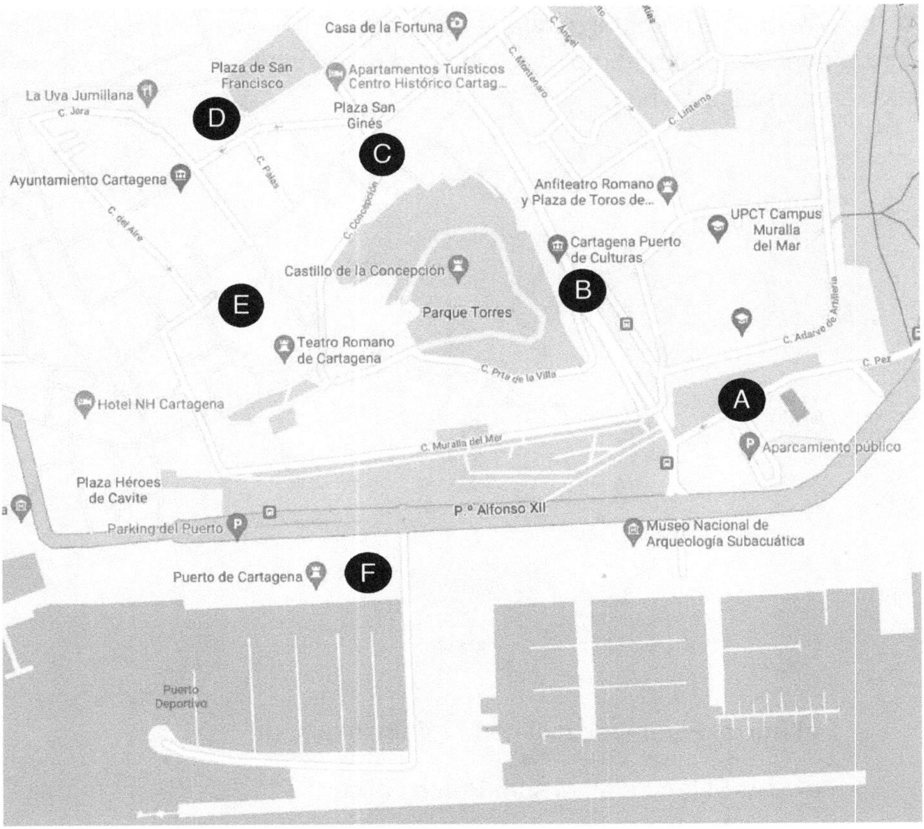

Wiederholung und Übung

1.) Cristina und Sophie wollen sich treffen, um Cartagena in Spanien zu erkunden. Cristina schickt ihrer neuen deutschen Freundin gleich eine Nachricht mit einem Plan für den folgenden Tag.

Schau dir den Stadtplan von Cartagena und die Himmelsrichtungen an und vervollständige die Orts- und Richtungsangaben Cristinas. Orientiere dich an der deutschen Übersetzung, dann findest du sicher die passenden Präpositionen. Viel Spaß!

a. Me encanta dar una vuelta contigo __________ Cartagena. Vamos ___________ mi coche y aparcamos ___________ la calle Pez Espada que está _________________ del Instituto Social de la Marina. Desde allí vamos _____ pie, todo recto, y después giramos _______________ en la calle Gisbert.

Es freut mich mit dir einen Rundgang durch Cartagena zu machen. Wir fahren in meinem Auto und parken in der Straße Pez[A] *die nahe des*

Sozialen Instituts der Marina ist. Von dort aus gehen wir zu Fuß geradeaus und biegen dann nach rechts in die Straße Gisbert[B] ein.

b. Vamos ______________ esta calle hasta la tienda de prensa ____________. Allí giramos _____________ y vamos _________ hasta la Plaza San Ginés. _______ esta plaza giramos _____________ y ya vemos la maravillosa Plaza de San Francisco, que es ideal para tomar un café o comer algunas tapas.

Wir gehen diese Straße entlang bis zu dem Zeitungsgeschäft auf der linken Seite. Dort biegen wir links ab und gehen nach Osten bis zum Platz San Ginés[C]. Auf diesem Platz biegen wir rechts ab und sehen schon den herrlichen Platz San Francisco[D], der ideal ist, um einen Kaffee zu trinken oder ein paar Tapas zu essen.

c. __________ de este sitio hay muchos monumentos interesantes. ¿Quieres ______________ Museo del Teatro Romano? Es muy conocido y muestra la historia romana de Cartagena. __________ este museo está el Teatro Romano que es impresionante.

In der Nähe dieses Platzes gibt es viele interessante Sehenswürdigkeiten. Möchtest du in das Museum des Römischen Theaters[E] hinein gehen? Es ist sehr bekannt und zeigt die römische Geschichte von Cartagena. Hinter diesem Museum steht das römische Theater, das beeindruckend ist.

d. ¿O prefieres pasear _______ el puerto, ir de compras o ver otros monumentos? ¡_____ Cartagena hay de todo! Hasta mañana.

Oder möchtest du lieber durch den Hafen[F] spazieren, einkaufen oder andere Sehenswürdigkeiten anschauen? In Cartagena gibt es von allem was! Bis morgen.

2.) Setze folgende Präpositionen in die Lücken passend ein. Jede Präposition darf nur einmal verwendet werden.

- debajo de, delante de, en, entre, lejos de, al lado de, de, a -

a. El bolígrafo está ____________ libro.

Der Kuli liegt neben dem Buch.

b. El gato está ___________ sofá.

Die Katze ist unter dem Sofa.

c. Te espero _____________ ayuntamiento.

Ich warte auf dich vor dem Rathaus.

d. El restaurante está ___________ el hotel y la panadería.

Das Restaurant ist zwischen dem Hotel und der Bäckerei.

e. Sophie viaja ________ Alemania _________ España.

Sophie reist von Deutschland nach Spanien.

f. Murcia está ___________ Barcelona.

Murcia ist weit von Barcelona entfernt.

g. El móvil está ________ la mesa.

Das Handy ist auf dem Tisch.

TIPP Wie die Pizza für Italien steht, ist das Wort Tapas das typische spanische Essen. Tapas sind kleine Appetithäppchen, die es in jedem Restaurant wie auch in den typischen spanischen Tapas-Bars gibt. Ich empfehle dir unbedingt, diese köstlichen spanischen Spezialitäten zu probieren. Dabei bestellen die Spanier gemeinsam eine Auswahl von Tapas und teilen diese dann untereinander, so wird das Tapas-Essen zum geselligen Miteinander, das oft zwei Stunden oder länger geht. Der Name Tapa (Deckel) wie auch das Teilen des Essens als soziales Konzept reichen bis ins 16.Jahrhundert zurück. Der Deckel diente früher wohl dazu, das Gericht vor Mücken und Käfern zu schützen. Heute werden die Tapas ohne Deckel serviert.

8.2 Zeitangaben (indicaciones temporales)

Aus der Menge an zeitlichen Präpositionen hier nur die wichtigsten, die völlig ausreichend sind. Dies sind wieder „en“ (in), „a“ (um, am, bis), „de“ (von) und „por“ (am). Lass dich dadurch nicht verwirren, es ist wie im Deutschen auch, dass das Wort „in“ sowohl einen Ort beschreiben kann als auch einen Zeitraum, wie etwa „im Sommer“. Die folgenden Beispiele geben dir eine hilfreiche Übersicht über die Verwendung der Zeitpräpositionen, die sich entweder auf einen konkreten **Zeitpunkt** beziehen, oder einen **Zeitraum** beschreiben.

Die Präposition a (um, am, bis)

Zeitpunkt: **Uhrzeit, Jahreszeit, Ende einer Zeitspanne**

A las ocho de la mañana Paul va al trabajo.

Paul geht um acht Uhr morgens zur Arbeit.

A principios de abril Sophie va a España.
Anfang April (wörtlich: am Anfang des Aprils) geht Sophie nach Spanien.

Paul trabaja de lunes a viernes.
Paul arbeitet von Montag bis Freitag.

Wie die Präposition „a" markiert auch die Präposition „de" einen Zeitpunkt. Allerdings nicht das Ende einer Zeitspanne, sondern den Anfang. Das wird im letzten Beispiel deutlich.

Die Präposition de (von)

Zeitpunkt: **Anfang einer Zeitspanne, Angabe der Tageszeit und des Monats**

El horario de apertura es de 9:00 a 21:00.
Die Öffnungszeiten sind von 9:00 bis 21:00.

Son las 11 de la mañana.
Es ist 11 Uhr morgens.[3]

Quedamos el tres de abril.
Wir treffen uns am dritten April.[4]

Die Kombination „de...a" im ersten Beispiel markiert einen Zeitraum wie auch die folgende Präposition „en".

Die Präposition en (im)

Zeitraum: **Monat, Jahreszeit, Jahr, Jahrhundert**

En abril Sophie está en España.
Im April ist Sophie in Spanien.

Quiere ver a Paul otra vez en verano.
Sie möchte Paul nochmal im Sommer sehen.

En el siglo 18 había epidemias de peste en España.
Im 18. Jahrhundert gab es Pestepedemien in Spanien.

Willst du dich „am Montag" verabreden, dann benötigst du keine Präposition, sondern nur den bestimmten Artikel im Singular. Ebenso wenn du ausdrücken willst, dass du „montags" Zeit hast, dann mit der Pluralform des Artikels:

---

[3] wörtlich: „von dem Morgen"
[4] wörtlich: „von dem April"

¿Quedamos el lunes?
Treffen wir uns am Montag?

Los lunes siempre tengo tiempo.
An den Montagen (montags) habe ich immer Zeit.

Wenn du eine bestimmte Tageszeit angeben möchtest, ist die Präposition „por“ noch sehr wichtig.

Die Präposition por (am)

Zeitraum: **Tageszeit**

Sophie queda con Cristina por la tarde.
Sophie trifft sich mit Cristina am Nachmittag.

Por la mañana tiene que ir de compras.
Morgens muss sie einkaufen.

Por la noche quieren cenar juntas.
Abends möchten sie zusammen Nachtessen.

Sobald die Angabe der Tageszeit allerdings mit einer Uhrzeit verbunden ist, muss wieder, wie oben beschrieben, die Präposition „de“ verwendet werden: „A las siete de la mañana“. Die Zeitangaben werden noch ausführlich in Kapitel 10.3 beschrieben.

Neben diesen vier Präpositionen gibt es noch eine Reihe weiterer, die häufig gebraucht werden, um zeitliche Angaben zu machen. Schau dir die folgende Tabelle an und suche jene Präpositionen aus, die für dich nützlich sind und lerne sie nach und nach.

Wichtige Zeitpräpositionen

Spanisch	Deutsch	Beispiele
antes de	vor	¿Quedamos antes de las nueve de la mañana? *Treffen wir uns vor neun Uhr morgens?*
después de	nach	No, prefiero después de las nueve de la mañana. *Nein, mir ist es lieber nach neun Uhr morgens.*
dentro de	in	Llego dentro de una hora. *Ich komme in einer Stunde.*
desde	seit (Zeitpunkt)	Estoy trabajando desde las ocho de la mañana. *Ich arbeite seit acht Uhr morgens.*

desde hace	seit (Zeitraum)	Desde hace dos años trabajo en esta empresa. *Seit zwei Jahren arbeite ich in diesem Unternehmen.*
hace	vor	Hace tres años te encontré la primera vez. *Vor drei Jahren traf ich dich das erste Mal.*
hasta	bis	¡Hasta mañana! ¡Hasta pronto! *Bis Morgen! Bis Bald!*
sobre	gegen	Te recojo sobre las diez. *Ich hole dich gegen zehn Uhr ab.*
desde...hasta	von...bis (Zeitraum)	Trabajo desde la mañana hasta la noche. *Ich arbeite von morgens bis abends.*

Wiederholung und Übung

1.) Setze die passenden Angaben der Zeit in die Lücken der folgenden Sätze.

a. La comida es ____ las tres ___________.

Das Essen ist um drei Uhr nachmittags.

b. ______ verano hace mucho calor.

Im Sommer ist es sehr heiß.

c. Tengo una cita ______________.

Ich habe morgens ein Treffen.

d. Tengo mi cumpleaños _____ cuatro ___ julio.

Ich habe am vierten Juli Geburtstag.

e. Tienes que lavarte las manos ___________ comer.

Du musst dir vor dem Essen die Hände waschen.

f. Quedamos ________ siete ____________.

Wir treffen uns um sieben Uhr nachmittags.

g. No puedes comprar ___________ las nueve. El supermercado está cerrado.

Nach neun Uhr kannst du nicht einkaufen. Der Supermarkt ist geschlossen.

h. Tenemos vacaciones ________ el lunes _______ el viernes.

Wir haben von Montag bis Freitag Ferien.

8.3 Präpositionen der Art und Weise und des Grundes (preposiciones de modo y de causa)

Hier noch wenige Präpositionen, mit denen du die Art und Weise (Wie?) und den Grund (Warum?) beschreiben kannst. Die Liste beschränkt sich auf jene, die häufig gebraucht werden.

Präpositionen der Art und Weise und des Grundes

Spanisch	Deutsch	Beispiele
con	mit	Sophie va con Cristina a Cartagena. *Sophie geht mit Cristina nach Cartagena.*
sin	ohne	Van sin Paul a Cartagena. *Sie gehen ohne Paul nach Cartagena.*
de	aus, von	La tarta de manzanas está rica. *Die Apfeltorte ist köstlich.*
		El coche de mi hermana es rojo. *Das Auto meiner Schwester ist rot.*
		La cama es de madera. *Das Bett ist aus Holz.*
		Quiero un kilo de tomates, por favor. *Ich möchte bitte ein Kilo Tomaten.*
para	für, um	Él trabaja para su familia. *Er arbeitet für seine Familie.*
		Estudio español para trabajar en España. *Ich lerne Spanisch, um in Spanien zu arbeiten.*
por	wegen, mittels	Te lo diré por teléfono. *Ich werde es dir telefonisch sagen.*
		Llego con retraso por el tráfico. *Ich komme wegen des Verkehrs zu spät.*

Die Präposition „con" wird in Verbindung mit dem indirekten Objektpronomen in der 1. und 2. Person Singular zu **conmigo (mit mir)** und **contigo** (mit dir).

Ansonsten stehen die Personalpronomen hinter der Präposition, also „con él/ella", „con nosotros", „con vosotros", „con ellos/ellas". Nimm dir Zeit und wiederhole die Präpositionen immer mal wieder.

8.4 Verben mit festen Präpositionen (verbos con preposiciones fijas)

Typisch für die spanische Sprache ist, dass sehr viele Verben mit einer jeweils bestimmten Präposition verwendet werden. Da einige sehr häufig auftreten, ist es sinnvoll, sie zu kennen. Hier eine Auswahl der oft benutzten Verben mit festen Präpositionen und ihre Bedeutung.

Verben mit festen Präpositionen	
empezar a	beginnen mit
entrar a	hineingehen
saltar a	hineinspringen
poner en	hineinlegen
llegar a	ankommen
acordarse de	sich erinnern an
acabar de	etwas gerade getan haben
dejar de	aufhören mit
tener ganas de	Lust haben zu
tener miedo de	Angst haben vor
preguntar por	fragen nach
preocuparse por	sich Sorgen machen um
interesarse por	sich interessieren für
pensar en	denken an
confiar en	vertrauen auf

Zur Erinnerung: Wie du bereits in Kapitel 4 gelernt hast, ist die Präposition „a" immer nach einem Verb notwendig, wenn das indirekte Objekt (wem?) oder das direkte Objekt (wen?) eine Person ist. Schau dir das Kapitel nochmal kurz durch, dass du den roten Faden hast. Hier zwei Beispiele:

Direktes Objekt

Veo a Sophie.

Ich sehe Sophie.

Indirektes Objekt

Paul escribe a Sophie.

Paul schreibt Sophie.

Wiederholung und Übung

1.) Setze die passenden Präpositionen ein. Schau gern nochmal die Wortliste an und versuche dir die Worte mit festen Präpositionen zu behalten. Mach dann die Übung bitte, ohne nachzuschauen. Hier die Präpositionen, die eingesetzt werden.

- de (2x) – a – por – en -

a. Sophie quiere empezar ________ cocinar las comidas españolas.
Sophie möchte beginnen, die spanischen Gerichte zu kochen.

b. Paul se acuerda muchas veces ______ Sophie.
Paul erinnert sich oft an Sophie.

c. Sophie se interesa ________ la historia de Cartagena.
Sophie interessiert sich für die Geschichte Cartagenas.

d. Sophie piensa muchas veces ______ Paul.
Sophie denkt oft an Paul.

e. Sophie acaba _____ tomar el café.
Sophie hat gerade ihren Kaffee ausgetrunken.

Wortliste zu Kapitel 8

Spanisch	***[Aussprache]***	**Deutsch**
a	*[a]*	nach (Ort); um, bis (Zeit)
de	*[de]*	von, aus (Ort, Art u. Weise); von (Zeit)
por	*[por]*	durch (Ort); an (Zeit); wegen, mittels (Grund, Art u. Weise)

en	*[en]*	in, auf, an (Ort); im (Zeit)
con	*[kon]*	mit
sin	*[sin]*	ohne
para	*[para]*	für, um
sobre	*[sobre]*	über (Ort); ungefähr (Zeit)
debajo de	*[debacho de]*	unter
detrás de	*[detras de]*	hinter
delante de	*[delante de]*	vor (Ort)
entre	*[entre]*	zwischen
lejos de	*[lechos de]*	weit entfernt
cerca de	*[therka de]*	nahe
al lado de	*[al lado de]*	neben
a la derecha de	*[a la derecha de]*	rechts
a la izquierda de	*[a la ithkierda de]*	links
antes de	*[antes de]*	vor (Zeit)
después de	*[despues de]*	nach
dentro de	*[dentro de]*	in (Zeit)
desde	*[desde]*	seit, von (Zeitpunkt)
desde hace	*[desde athe]*	seit (Zeitraum)
hace	*[athe]*	vor (Zeit)
hasta	*[asta]*	bis (Zeit)
el sur	*[el sur]*	der Süden
el norte	*[el norte]*	der Norden
el oeste	*[el oeste]*	der Westen
el este	*[el este]*	der Osten
entrar a	*[entrar a]*	hineingehen
saltar a	*[saltar a]*	hineinspringen
poner en	*[poner en]*	hineinlegen
empezar a	*[empethar a]*	beginnen mit
llegar a	*[jegar a]*	ankommen
acordarse de	*[akordarse de]*	sich erinnern an
acabar de	*[akabar de]*	etwas gerade getan haben

dejar de	*[dechar de]*	aufhören mit
tener ganas de	*[tener ganas de]*	Lust haben auf
tener miedo de	*[tener miedo de]*	Angst haben vor
preguntar por	*[preguntar por]*	fragen nach
preocuparse por	*[preokuparse por]*	sich Sorgen machen um
interesarse por	*[interesarse por]*	sich interessieren für
pensar en	*[pensar en]*	denken an
confiar en	*[konfiar en]*	vertrauen auf
todo recto	*[ir todo rekto]*	geradeaus
girar	*[chirar]*	abbiegen
a pie	*[a pie]*	zu Fuß
aparcar	*[aparkar]*	parken
recomendar	*[recomendar]*	empfehlen
necesitar	*[nethesitar]*	benötigen
conocer	*[konother]*	kennen
el monumento	*[el monumento]*	die Sehenswürdigkeit
pasear	*[pasear]*	herumgehen, bummeln
entonces	*[entonthes]*	dann
tener hambre	*[tener ambre]*	Hunger haben
el aire libre	*[el aire libre]*	die frische Luft
la verdura	*[berdura]*	das Gemüse
que aproveche	*[ke aprobetsche]*	guten Appetit
maravilloso,-a	*[marabijoso]*	wunderschön

Audiobeispiel 8.1 Teste deine Aussprache: lese zuerst die Wörter laut und höre sie dann an, am besten mehrmals und sprich sie immer wieder nach.

TIPP Hänge dort, wo du dich häufig aufhältst, die entsprechenden Ortsangaben an alle möglichen Gegenstände, sodass du sie immer wieder liest und nach Möglichkeit laut aussprichst. Ich verspreche dir, dass du dir die Ortsangaben auf diese Art sehr schnell verinnerlichst.

Frases útiles en el restaurante
- Nützliche Sätze im Restaurant

Du willst sicher auch das typische Essen ausprobieren! Mit diesen Sätzen wirst du dich in Restaurants gut zurechtfinden.

¿Hay una mesa para cuatro personas?

Gibt es einen Tisch für vier Personen?

La carta, por favor.

Die Karte bitte.

¿Qué tapas hay con pescados o carne?

Welche Tapas gibt es mit Fisch oder Fleisch?

¿Hay comidas vegetarianas o veganas?

Gibt es vegetarische oder vegane Gerichte?

Quiero un desayuno/una comida/una cena, por favor.

Ich möchte bitte ein Frühstück/Mittagessen/Abendessen.

¿Qué hay de entrante, plato principal y postre?

Was gibt es zur Vorspeise, Hauptspeise und zum Nachtisch?

¿Hay un menu del día?

Gibt es ein Tagesmenü?

Me apetece una ensalada de atún de entrante, después las tapas de pescado, carne y patatas bravas. Y una copa de vino tinto, por favor.

Ich möchte zur Vorspeise einen Salat mit Thunfisch und danach die Fisch- und Fleisch-Tapas und wilde Kartoffeln. Und bitte ein Glas Rotwein.

¡La comida está muy rica!

Das Essen ist lecker.

¡La comida no me gusta!

Das Essen schmeckt mir nicht.

Puedes hacerme la cuenta, por favor.

Könntest du mir bitte die Rechnung schreiben.

¿Podrías traerme la sal, por favor?

Könntest du mir bitte das Salz bringen?

¡Que aproveche!

Guten Appetit!

¿Dónde está el baño?

Wo ist das WC?

Audiobeispiel 8.2 Es ist sinnvoll, wenn du die Sätze zum Thema mehrmals anhörst und nachsprichst, dann prägen sie sich dir fast von selbst ein.

Globales Lesen, Hören und Verstehen: Sophie und Cristina in Cartagena

Hör die Kurzgeschichte an und lese sie laut. Versuche dabei global zu lesen, hören und zu verstehen, das heißt: es geht nicht darum, jedes Wort zu verstehen, sondern nur die wirklich wichtigen Inhalte. Teste im Anschluss dein Textverständnis anhand der Fragen. Danach kannst du natürlich die deutsche Übersetzung im Lösungsteil anschauen.

Ich gebe unter dem Text die unterstrichenen typischen Gerichte an, damit du Bescheid weißt und sie hoffentlich auch mal in Spanien probierst!

Cristina recoge a Sophie el jueves a las dos delante de su piso. Las dos van juntas en coche a Cartagena.

Cristina: "¡Encantada, Sophie! ¿Qué, te gusta mi plan?"

Sophie: „¡Hola amiga! ¡Me gusta mucho, por supuesto! Tengo ganas de pasear por Cartagena contigo. Y me gustan sobre todo los monumentos históricos como el Teatro Romano y el museo del Teatro Romano. Y también quiero ir a comer tapas típicas de aquí, tengo hambre."

Cristina y Sophie aparcan en la calle Pez, cerca de la Capitanía Marítima. Allí el aparcamiento no cuesta nada. Desde allí van al centro de la ciudad. En la maravillosa Plaza de San Francisco encuentran un bar de tapas muy ricas.

Sophie: "¿Vamos a ese bar de tapas?"

Cristina: "Sí, la comida allí está muy rica. ¿Quieres preguntar si hay una mesa para nosotras?“

Sophie: “Claro que sí. Quiero practicar mi español.“

Sophie entra al bar y pregunta al camarero.

Sophie: “¿Hay una mesa para dos?“

Camarero: “Sí, tenemos tres. ¿Queréis esta mesa aquí en el restaurante o esa ahí o aquella más lejos, allí al aire libre?“

Sophie [dice incorrecto]: “Preferimos **esta** mesa **allí** al aire libre, ya hace calor y me gusta ver todos los monumentos preciosos en esta plaza tan bella. ¿Puedes darnos la carta, por favor?“

El camarero sonríe pero no dice nada. Trae la carta.

Sophie [repite su error]: “Tomamos **esta** mesa **allí** al aire libre.“

Cristina sonríe como el camarero y Sophie no entiende nada. ¿Por qué todos sonríen? Pero Sophie no quiere preguntar por qué.

Cristina [corrige a Sophie]: “Sí, cogemos **aquella** mesa **allí** al aire libre. ¿Tomamos tapas, no? Te recomiendo una ensalada murciana con tomate, atún, huevo duro, cebollas y aceitunas negras y la ensaladilla rusa, que es la tapa murciana por excelencia, que hay también en toda España. Y además tienes que probar el matrimonio, que es una unión de anchoas y boquerones y una magra con tomate que es otra comida tradicional. Todo muy bueno. Y además los michirones murcianos están muy saborosos. ¿Qué te parece?“

Sophie: “Quiero conocer estas tapas murcianas. ¡Entonces las pedimos!“

A Sophie le gustan las tapas mucho. Después de la comida Cristina y Sophie van al Teatro Romano y al museo. A las 8 de la tarde vuelven a Isla Plana.

Cristina: “¿Te ha gustado el paseo por Cartagena?“

Sophie: “Sí, me ha encantado: la ciudad es maravillosa, la comida contigo, nuestras discusiones interesantes, ¡gracias por todo!“

Cristina: “¿Te apetece hacer esta tarde conmigo unas empanadas?“

Sophie: “¡Tengo muchas ganas de cocinar contigo!“

Cristina: “Bueno, vienes a las nueve a mi casa. Está a 100 metros de tu piso. Vas todo recto por la carretera de Isla Plana hasta el supermercado pequeño, allí giras a la derecha en la calle Plaza del Mar y ya puedes ver mi casa de color naranja. Hasta luego.“

Sophie: “¡Hasta pronto!“

Audiobeispiel 8.3 Die Unterhaltung zwischen Sophie und Cristina findest du in den Audiodateien zu diesem Buch.

- **Magra con tomate**: Mageres Schweinefleisch mit Tomaten und Paprikagemüse.
- **Ensaladilla rusa**: Salat mit Thunfisch, Kartoffeln, Karotten, Mais, Erbsen, hartgekochten Eiern, grünen Oliven und einer leckeren Soße aus Joghurt und Mayo.
- **Matrimonio**: Salat mit unterschiedlich zubereiteten Sardellen. Anchoas (=Sardellen in Salz eingelegt), boquerones (=Sardellen in einer Essigsoße).
- **Michirones**: Ein sehr würziges Bohnengericht.
- **Ensalada murciana**: Salat mit Tomaten, Thunfisch, Zwiebeln, hartgekochtem Ei und schwarzen Oliven.
- **Empanadas**: Süß oder salzig gefüllte leckere Teigpasteten.

Teste dein Verständnis

1. Was möchte Sophie in Cartagena sehen?

2. Warum lächeln der Kellner und Cristina?

3. Was haben Sophie und Cristina als nächstes vor?

Zusammenfassung Kapitel 8

Präpositionen machen Angaben zu Ort, Zeit, der Art und Weise und des Grundes. Die wichtigsten Ortspräpositionen sind „por" (durch), „de" (von, aus) und „en" (in, auf, an) und a (zu, nach).

Dieselben Worte sind auch die wichtigsten Präpositionen der Zeit: „por" (an), „de" (von), „en" (im), „a" (um, am, bis).

Folgende Präpositionen der Art und Weise werden zudem recht oft gebraucht: „con" (mit), „sin" (ohne), de (aus) und „para" (für).

Stehen die Präpositionen „de" oder „a" vor dem männlichen Artikel, so verschmelzen sie jeweils mit dem Artikel zu einem Wort.

de + el = del

a + el = al

Einige Verben werden ausschließlich mit festen Präpositionen verwendet, wie zum Beispiel „empezar a" (beginnen mit) und „pensar en" (denken an).

9. Vergangenheit und Zukunft

Du hast jetzt das nötige Wissen für die spannende Reise in die Vergangenheit und in die Zukunft. In diesem Kapitel lernst du, wie im Spanischen über vergangene wie auch zukünftige Handlungen gesprochen wird. Hierbei wirst du immer wieder auf Muster stoßen, die du schon kennengelernt hast, sodass du auf dein bereits erworbenes Wissen aufbauen kannst. Die Regeln zum Satzbau gelten auch hier, zudem sind die Bildungsregeln ähnlich zur einfachen Gegenwart. Zur Vorbereitung kannst du die Themen „Aussprache und Rechtschreibung" und „Tätigkeiten in der Gegenwart" nochmal überfliegen. Bist du bereit? ¡Vamos!

9.1 Die einfache Vergangenheit (pretérito indefinido)

Regel

Mit der einfachen Vergangenheit werden abgeschlossene Handlungen in der Vergangenheit beschrieben.

Signalwörter

ayer; el jueves; el año/mes pasado; hace 4 días/años/semanas; en 2020; aquel día; la semana pasada

Die einfache Vergangenheit, auch „historische Vergangenheit“ oder kurz „Indefinido“ genannt, beschreibt eine oder mehrere abgeschlossene Handlungen in der Vergangenheit. Die meisten Verben werden in dieser Vergangenheitsform regelmäßig gebildet. Wie in der Gegenwart erfolgt die Bildung durch spezielle Endungen für die verschiedenen Personen, die du an den Wortstamm anhängst. Konkret: „-ar“, „-er“ und „-ir“ werden ersetzt durch folgende Endungen:

Person	**hablar** (sprechen)	**comer** (essen)	**vivir** (leben)
yo	habl - **é**	com - **í**	viv - **í**
tú	habl - **aste**	com - **iste**	viv - **iste**
él/ella	habl - **ó**	com - **ió**	viv - **ió**
nosotros	habl - **amos**	com - **imos**	viv - **imos**
vosotros	habl - **asteis**	com - **isteis**	viv - **isteis**
ellos/ellas	habl - **aron**	com - **ieron**	viv - **ieron**

Die Verben auf „-er“ und „-ir“ haben dieselben Endungen, sie werden gleich konjugiert. Du hast sicher schon bemerkt, dass die 1. Person Plural der Verben auf „-ar“ und „-ir“ identisch sind mit der Präsensform! Der Kontext hilft dir immer dabei, die richtige Zeit zu erkennen.

TIPP Die erste und die dritte Person Singular tragen einen Akzent. Achte darauf sowohl bei der Aussprache als auch beim Schreiben. Die Akzentsetzung und damit auch die Betonung sind wichtig für die Unterscheidung zwischen Präsens und Vergangenheit, das zeigen die folgenden zwei Beispiele, wobei der betonte Vokal jeweils unterstrichen ist:

hablo (ich spreche)	habló (er sprach)
estudio (ich lerne)	estudió (er lernte)

Diese Vergangenheitsform gleicht in der Bedeutung dem deutschen Präteritum.

Je nachdem wie der Wortstamm (die Verben ohne die Endung -ar, -ir, -er) endet, gelten die folgenden Regeln, die du bereits kennengelernt hast:

- **Endet der Wortstamm** auf einen **Vokal** (a,-e,-i,-o,-u) wie bei o**í**r (hören) oder ca**e**r (fallen), dann gilt wieder die Regel, dass das „i" zwischen zwei Vokalen zu einem „y" wird. Das betrifft die 3. Person Singular und Plural:

  caer → cayó (er fiel), cayeron (sie fielen)

  oír → oyó (er hörte), oyeron (sie hörten)

- **Endet der Wortstamm** auf ein „**g**" wie bei lle**g**ar (ankommen) oder pa**g**ar (bezahlen), dann muss in der 1. Person nach dem „g" ein „**u**" eingefügt werden zur Erhaltung der Aussprache des [g], das „u" wird dabei nicht gesprochen. Der Grund: „g" vor „e" und „i" wird wie [ch] ausgesprochen. Also gilt:

  pagar → pagué (ich bezahlte)

- **Endet der Wortstamm** auf ein „**c**" wie bei to**c**ar (berühren, ein Instrument spielen) oder pi**c**ar (stechen), dann wird zur Erhaltung der Aussprache des Buchstabens [k] in der 1. Person das „c" zu einem „**qu**". Denn: „c" vor „e" und „i" würde man wie ein [th] ausspechen. Also:

  tocar → toqué (ich spielte, berührte)

- **Endet der Wortstamm** auf ein „**z**" wie bei empe**z**ar (beginnen) oder organi**z**ar (organisieren), dann wird in der 1. Person das „z" zu einem „**c**"**.** Die Kombination „ze" gibt es im Wortinnern nicht. Also:

  empezar → empecé (ich begann), empezaste, empezó ...

Diese leichten Veränderungen folgen den Regeln zur Aussprache und Rechtschreibung, die du schon kennengelernt hast. Vielleicht erinnerst du dich nicht mehr an alle, dann schlag einfach nochmal nach, damit du die neuen Inhalte gut aufnehmen kannst.

Es gibt noch einige Verben mit einem veränderten Wortstamm in der Vergangenheit. Ich habe dir hier eine Übersicht zusammengestellt, die wichtigsten Verben sind zur Orientierung fett markiert.

Verben mit verändertem Stamm in der Vergangenheit

Person		veränderter Stamm im Indefinido	
saber	(wissen)	→ sup-	
poder	(können)	→ pud-	
poner	(stellen, legen)	→ pus-	
traer	(bringen)	→ traj-	
tener	(haben)	→ tuv-	
estar	(sein)	→ estuv-	
andar	(gehen)	→ anduv-	*+ Endungen*
decir	(sagen)	→ dij-	
querer	(wollen)	→ quis-	
venir	(kommen)	→ vin-	
hacer	(machen)	→ hic-	
conducir	(fahren)	→ conduj-	
producir	(herstellen)	→ produj-	

Die Bildung der Vergangenheit dieser Verben kannst du dir leicht einprägen, indem du dir die Veränderung des Wortstamms merkst. Glücklicherweise gelten für all diese Verben dieselben Endungen im Indefinido:

yo	**-e**
tú	**-iste**
él/ella	**-o**
nosotros	**-imos**
vosotros	**-isteis**
ellos/ellas	**-ieron**

Egal ob die Verben auf „-ir“, „-ar“, oder „-er“ enden, sie werden also im Indefinido gleich gebildet. Zur Verdeutlichung:

Person	est**ar**	ten**er**	ven**ir**
yo	estuv - **e**	tuv - **e**	vin - **e**
tú	estuv - **iste**	tuv - **iste**	vin - **iste**
él/ella	estuv - **o**	tuv - **o**	vin - **o**

Person	estar	tener	venir
nosotros	estuv - **imos**	tuv - **imos**	vin - **imos**
vosotros	estuv - **isteis**	tuv - **isteis**	vin - **isteis**
ellos/ellas	estuv - **ieron**	tuv - **ieron**	vin - **ieron**

Wichtig ist bei diesen Verben mit verändertem Stamm, dass kein Akzent auf dem „e" der 1. Person Singular und dem „o" der 3. Person Singular liegt. Deswegen wird jeweils der unterstrichene Vokal im Wortstamm betont. Außerdem noch der Hinweis auf folgende zwei Aspekte:

- Wenn der Stamm auf „**j**" endet wie bei den Verben decir, conducir und producir (dij-, conduj-, produj-) entfällt in der 3. Person Plural das „i", es heißt also dijeron, condujeron, produjeron.
- Beim Verb hacer (machen) wird zur Erhaltung der Aussprache des gelispelten „s" das „**c**" in der 3. Person Singular zu einem „**z**". Zur Erinnerung: das „c" wird vor Vokalen außer „e" und „i" wie ein [k] ausgesprochen. Das Verb hacer wird deswegen im Indefinido in der 3. Person Singular zu hi**z**o (er machte).

Es gibt eigentlich nur zwei wirklich unregelmäßige Formen. Kein Vergleich mit der komplizierten Vergangenheitsbildung im Englischen oder Deutschen! Die beiden Formen solltest du lernen, sie werden sehr häufig gebraucht. Sie betreffen die Verben „dar" (geben), „ser" (sein), und „ir" (gehen), wobei die Verben „ser" und „ir" dieselbe Vergangenheitsform bilden.

Unregelmäßige Formen: Die Verben dar, ser und ir

Person	dar (geben)	ser/ir (sein/gehen)
yo	di	fui
tú	diste	fuiste
él/ella	dio	fue
nosotros	dimos	fuimos
vosotros	disteis	fuisteis
ellos/ellas	dieron	fueron

Nimm dir Zeit, diese drei unregelmäßigen Verben im Indefinido zu lernen, sie werden sehr häufig verwendet. Um dir einen vollständigen Überblick zu geben, habe ich einige Spezialfälle wie die Verben mit verändertem Stamm und diese unregelmäßigen Verben aufgeführt. Keine Sorge, es reicht vollkommen, wenn du die regelmäßigen Verben und die drei unregelmäßigen lernst und dir nicht zu viele Gedanken über die Ausnahmen machst. Erweitere deine Kenntnisse mit der Zeit, das kann nicht alles auf einmal sitzen. Gehe – ganz nach der Pareto Methode – systematisch vor und lerne zuerst die wichtigsten und für dich nützlichsten Verben und später den Rest in kleinen Häppchen! So bleibst du motiviert und nimmst innerhalb kürzester Zeit diese Vergangenheitsformen in deinen Wissensschatz auf.

Mit dem Indefinido wird über vergangene, abgeschlossene Ereignisse gesprochen. Signalwörter für die Verwendung der einfachen Vergangenheit sind Zeitangaben, zu denen die entsprechende Handlung ausgeführt wurde:

Signalwörter (pretérito indefinido)	
ayer	gestern
el jueves	am Donnerstag
el año/mes pasado	letztes Jahr/letzten Monat
la semana pasada	letzte Woche
en 2020	2020
hace 4 días/años/semanas	vor 4 Tagen/Jahren/Wochen
aquel día	an diesem Tag

Nach diesen Signalwörtern folgt immer die einfache Vergangenheit. Hier ein paar Beispiele:

Hace dos días Sophie y Cristina dieron una vuelta por Cartagena.
Vor zwei Tagen drehten Sophie und Cristina eine Runde durch Cartagena.

Sophie nació en 1996.
1996 ist Sophie geboren.

Ayer a Sophie le gustó mucho el Teatro Romano.
Sophie gefiel gestern das römische Theater sehr.

Was sowohl die Verneinung als auch den Gebrauch von Modalverben (Bsp. können, wollen) und Fragen anbelangt, gelten dieselben Regeln wie in der Gegenwart. Deswegen hier nur kurz das Wesentliche.

Die Verneinung folgt demselben Muster wie in der Gegenwart: „no" wird vor das konjugierte Verb gestellt.

(Subjekt -) no + Vergangenheitsform des Verbs - Objekt

Hier Beispiele:

Ayer Sophie no quiso ir a la fiesta.
Gestern wollte Sophie nicht auf das Fest gehen.

No fui a España durante el confinamiento.
Ich ging während des Lockdowns nicht nach Spanien.

Diese Regel gilt auch, wenn die verneinten Sätze ein Objektpronomen oder Reflexivpronomen enthalten. Auch hierbei ist die Wortstellung dieselbe wie in der Gegenwart.

No me gustaron las tapas.
Mir schmeckten die Tapas nicht.

No le dí mi libro.
Ich gab ihm/ihr nicht mein Buch.

No me duché ayer.
Ich duschte gestern nicht.

Wird ein Modalverb verwendet, so folgt darauf wie in der Gegenwart immer das Vollverb in der Grundform, also im Infinitiv. Die Regel lautet:

(Subjekt -) **Vergangenheitsform des Modalverbs + Infinitiv** - Objekt

Hier zur praktischen Anwendung ein paar Beispiele:

Paul no pudo ir a Cartagena, trabajó todo el día.
Paul konnte nicht nach Cartagena gehen, er arbeitete den ganzen Tag.

Ayer Sophie quiso ir a Cartagena.
Gestern wollte Sophie nach Cartagena gehen.

Bei Fragen im Indefinido entspricht die Formel ebenfalls jener der Gegenwart. Die Wortstellung entspricht dem Aussagesatz, lediglich die zwei Fragezeichen zu Beginn und zum Schluss kommen dazu. Hier einige Beispiele:

Hace tres años Sophie conoció a Paul.
Vor drei Jahren lernte Sophie Paul kennen.

¿Hace tres años Sophie conoció a Paul?
Lernte Sophie Paul vor drei Jahren kennen?

El año pasado fuiste a España.
Im letzten Jahr warst du in Spanien.

¿El año pasado fuiste a España?
Warst du im letzten Jahr in Spanien?

Escribiste un e-mail a Paul.
Du hast Paul eine Mail geschrieben.

¿Escribiste un e-mail a Paul?
Hast du Paul eine Mail geschrieben?

Wiederholung und Übung

1.) Wandle die Präsensformen um in die einfache Vergangenheit.

a. hablo (ich spreche) ____________________
b. llama (er ruft an) ____________________
c. compran (sie kaufen ein) ____________________
d. come (er isst) ____________________
e. te gusta (dir gefällt) ____________________
f. vienes (du kommst) ____________________
g. vivimos (wir leben) ____________________
h. sois (ihr seid) ____________________
i. tienen (sie haben) ____________________
j. hace (er macht) ____________________

2.) Eine Form ist in der Gegenwart, alle anderen sind im pretérito indefinido. Unterstreiche die Form der Gegenwart.

a. trabajan – trabajaste – trabajé – trabajó
b. viví – vivo – vivieron – vivimos
c. comí – comieron – comes – comiste
d. tuviste – tuvimos – tengo – tuvieron
e. hablo – hablé – habló – hablaste
f. dio – doy – diste – dimos

9.2 Das Perfekt (pretérito perfecto)

Regel

Das Perfekt wird verwendet, wenn man über etwas Vergangenes spricht, das aber noch mit der Gegenwart zu tun hat.

Signalwörter

este año; este mes; esta semana; esta mañana; hoy; todavía no; ya; hasta ahora; nunca; alguna vez; hace poco; ahora mismo

Die Verwendung des Perfekts ist im Spanischen anders als im Deutschen. Das Perfekt wird verwendet, wenn eine Handlung zwar in der Vergangenheit stattgefunden hat, aber noch in die Gegenwart hineinreicht. Dabei kann die Handlung bereits in der Vergangenheit geschehen sein, ihre Auswirkungen sind aber bis in die Gegenwart spürbar. Oder die Handlung dauert in der Gegenwart noch an. Zu der Verwendung des Perfekts hier ein paar Beispiele:

Este año Sophie ha empezado a aprender español.

Dieses Jahr hat Sophie begonnen Spanisch zu lernen.

Hoy Paul ha roto su coche.

Heute hat Paul sein Auto geschrottet.

Ya hemos comido todo, lo siento.

Sorry, wir haben schon alles aufgegessen.

Hace poco Paul ha empezado a trabajar en esta empresa.

Vor kurzem hat Paul begonnen in dieser Firma zu arbeiten.

Sophie todavía no ha contestado.

Sophie hat noch nicht geantwortet.

Hasta ahora no has leído mi libro.
Bis jetzt hast du mein Buch noch nicht gelesen.

Ahora mismo he preparado la comida.
Gerade habe ich das Essen vorbereitet.

Die unterstrichenen Zeitangaben machen dich in diesen Beispielen darauf aufmerksam, dass das Perfekt zum Einsatz kommt. Hier eine Liste von Signalwörtern. Sobald diese im Satz auftauchen, kannst du sicher gehen, dass das Perfekt richtig ist:

Signalwörter (pretérito perfecto)	
esta semana/mañana/tarde	Diese Woche/diesen Morgen/diesen Nachmittag
este año/mes	dieses Jahr/diesen Monat
hoy	heute
todavía no	noch nicht
ya	schon, bereits
hasta ahora	bis jetzt
nunca	nie
alguna vez	je, irgendwann
hace poco	vor kurzem
ahora mismo	gerade

Wie du an den Beispielsätzen siehst, wird das Perfekt immer mit dem konjugierten Hilfsverb „haber“ in der Gegenwart und dem Partizip Perfekt des Verbs gebildet. Die Formel dazu:

(Subjekt -) **Gegenwartsform des Verbs haber + Partizip Perfekt des Verbs -** Objekt

Das Partizip Perfekt wird gebildet, indem man an den Stamm der **Verben auf „-ar“** die Endung **„-ado“** anhängt. Bei den **Verben auf „-ir“ und „-er“** wird **„-ido“** angehängt, wie in der folgenden Tabelle:

Person	haber	Partizip Perfekt
yo	he	
tú	has	habl**ado**
él/ella	ha	com**ido**
nosotros	hemos	viv**ido**
vosotros	habéis	
ellos/ellas	han	

TIPP Stehen **„a"**, **„e"** oder **„o"** vor der Endung „-ido", erhält das „i" einen Akzent, damit der **Halbvokal „i"** betont wird und nicht mit dem vorausgehenden verschmilzt. Es heißt also „traído" und „leído".

Wenn das Nomen durch ein **Objektpronomen** ersetzt wird, steht das Pronomen (lo, la oder le) nach der dir bereits bekannten Regel immer vor dem konjugierten Verb, also vor dem Hilfsverb „haber". Dasselbe gilt für **Reflexivpronomen**.

(Subjekt -) **Pronomen** + Gegenwartsform von haber + Partizip Perfekt des Verbs – Objekt

Auch die **Verneinung** wird regelmäßig gebildet: „No" steht wie immer vor dem konjugierten Verb.

(Subjekt -) **no** + Gegenwartsform von haber + Partizip Perfekt des Verbs - Objekt

Zur Veranschaulichung folgende Beispiele:

Hoy Sophie se ha levantado temprano.

Heute ist Sophie früh aufgestanden.

La he recogido esta tarde en Isla Plana.

Ich habe sie heute Nachmittag in Isla Plana abgeholt.

Esta semana no ha podido dormir.

Sie konnte diese Woche nicht schlafen.

Hace poco Paul ha empezado a trabajar en esta empresa.

Vor kurzem hat Paul begonnen in dieser Firma zu arbeiten.

Sophie todavía no ha contestado.
Sophie hat noch nicht geantwortet.

Sophie nunca ha viajado a Madrid.
Sophie ist nie nach Madrid gereist.

Regelmäßig werden zudem die Fragesätze gebildet, also genauso wie in der einfachen Vergangenheit und in der Gegenwart. Hier ein paar Bespiele:

¿Este año Sophie ha conocido a Paul?
Hat Sophie Paul in diesem Jahr kennengelernt?

¿Hoy se ha ido a Cartagena?
Ist sie heute nach Cartagena gegangen?

¿Ya has escrito un e-mail a Paul?
Hast du Paul schon eine Mail geschrieben?

¿Qué habéis comido hoy?
Was habt ihr heute gegessen?

Wird ein Modalverb im Perfekt verwendet, dann folgt wie immer der Infinitiv danach.

No he podido llamarte hoy, lo siento.
Ich konnte dich heute nicht anrufen, tut mir leid.

Hoy he intentado ir de compras, pero no he tenido tiempo.
Ich hatte heute vor, einkaufen zu gehen, hatte aber keine Zeit.

Wie in der einfachen Vergangenheit gibt es auch im Perfekt einige unregelmäßige Formen. Die Zahl ist überschaubar und lange nicht so groß wie im Englischen oder Deutschen. Du kannst dir diese unregelmäßigen Formen langsam einprägen. Such dir wiederum zuerst die aus, die für dich wichtig sind. Ich habe jene fett markiert, die sehr häufig verwendet werden. **Unregelmäßige Formen des Partizip Perfekts:**

Infintiv	Partizip Perfekt	Deutsch
abrir	abierto	öffnen/geöffnet
decir	**dicho**	sagen/gesagt
escribir	escrito	schreiben/geschrieben
hacer	**hecho**	machen/gemacht
morir	muerto	sterben/gestorben

Infintiv	Partizip Perfekt	Deutsch
poner	**puesto**	stellen/gestellt
romper	roto	kaputt machen/kaputt gemacht
ver	**visto**	sehen/gesehen
volver	vuelto	zurückkehren/zurückgekehrt

TIPP Manche unregelmäßige Verben gibt es auch mit einer Vorsilbe, das Partizip lautet dann genauso nur eben mit der Vorsilbe. Hier ein Beispiel:

poner	→	puesto
proponer (vorschlagen)	→	propuesto

Die Unterscheidung zwischen dem Gebrauch der einfachen Vergangenheit und des Perfekts ist für die meisten Lernenden eine große Herausforderung, da diese unterschiedliche Verwendung im Deutschen nicht üblich ist. Vielleicht hast du damit anfangs auch noch Schwierigkeiten. Deswegen hier der wesentliche Unterschied der beiden Zeiten kurz gefasst mit konkreten Beispielen:

Perfekt (pretérito perpecto)	**Einfache Vergangenheit (pretérito indefinido)**
Das Prefekt wird verwendet, wenn man über etwas Vergangenes spricht, das noch mit der Gegenwart zu tun hat.	Die einfache Vergangenheit steht bei Handlungen, die vergangen und abgeschlossen sind.
Beispiele	
Este año Sophie ha aprendido mucho español.	Ayer Paul trabajó y no tuvo tiempo para ir a Cartagena.
Dieses Jahr hat Sophie viel Spanisch gelernt.	*Gestern arbeitete Paul und hatte keine Zeit, um nach Cartagena zu gehen.*
Hoy he hecho muchas fotos en Cartagena.	El verano pasado conoció a Sophie.
Ich habe heute in Cartagena viele Fotos gemacht.	*Vergangenen Sommer lernte er Sophie kennen.*

Mit der Zeit wirst du ein Gefühl für die richtige Verwendung der Zeiten bekommen. Orientiere dich anfangs an den Signalwörtern aus diesem Kapitel, dann kann nichts schief gehen!

Wiederholung und Übung

1.) Nenne mindestens 3 Signalwörter für das Perfekt und 3 für die einfache Vergangenheit.

2.) Notiere die Form des Perfekts zu den folgenden Verben. Achtung, sie stehen in unterschiedlichen Zeiten und Personen.

- pongo, escribiste, hicimos, ponen, habla, decís, trabajé, hablaste -

3.) Vervollständige die Sätze mit dem Partizip Perfekt der Verben:

- hacer, ver, poner, decir, escribir, volver -

a. Paul ha ______________ un e-mail a Sophie.
b. Sophie todavía no ha ______________ la comida.
c. Cristina y Sophie han ______________ una película muy buena.
d. ¿Dónde habéis ______________ mi móvil?
e. ¿Sophie ya ha ______________ de Cartagena?
f. ¿Has ______________ algo?

4.) Lies dir den Text genau durch und entscheide dann, ob du das Indefinido (einfache Vergangenheitsform) oder das Pretérito perfecto (Perfekt) der Verben in Klammern einsetzen musst. Achte dabei auf die Signalwörter!

Hace tres años Sophie no ______________ (pensar) en ir a España para aprender el idioma. ______________ (querer) aprender el inglés. Pero este año ______________ (decidir) aprender el idioma. El año pasado ______________ (conocer) a Paul y entonces ______________ (decidir) estudiar el español. Sus amigos alemanes le ______________ (preguntar) ayer por qué, y les ______________ (contar) todo.

Hoy Sophie ______________ (llegar) al aeropuerto de Alicante y Paul la ______________ (recoger) y ______________ (llevar) a Isla Plana. A Sophie le ______________ (gustar) mucho hablar con Cristina. Nunca ______________ (imaginar) encontrar una amiga española tan rápidamente. Hoy ______________ (ser) un día estupendo para Sophie.

9.3 Die nahe Zukunft (futuro próximo)

„Va a llover esta tarde.“
(Heute Nachmittag wird es regnen.)

Regel

Die nahe Zukunft wird verwendet, wenn man über aktuelle Pläne für die Zukunft spricht, oder um auf Dinge hinzuweisen, die als logische Folge gegenwärtiger Tatsachen eintreten werden.

Signalwörter

este verano; este año; este mes; esta semana; esta mañana; esta tarde; hoy; mañana; ahora; el lunes; el martes

Die nahe Zukunft ist die einfachste Zukunftsform im Spanischen. Sie wird sehr häufig in der spanischen Alltagssprache verwendet, um über **bereits feststehende Pläne** und **Absichten in der Zukunft** zu reden oder um absehbare **Ereignisse anzukündigen, die sich aus der aktuellen Situation logisch ergeben**.

Die Bildung dieser Zeitform ist immer regelmäßig. Und glücklicherweise gibt es keine Ausnahmen oder Besonderheiten, sodass es genügt, wenn du die Grundregel lernst.

Das futuro próximo wird mit dem konjugierten Verb **„ir“** in der Gegenwart und der Präposition **„a“** nach folgendem Muster gebildet:

(Subjekt -) **ir a + Infinitiv des Verbs** - Objekt

Du musst also nur wissen wie das Verb „ir“ in der Gegenwart konjugiert wird. Die Konjugation von „ir“ (gehen) hast du bereits kennengelernt. Die Konstruktion „ir a + Infinitiv“ drückt aus, dass man „dazu übergeht, etwas zu tun“ und entspricht in der Bedeutung dem Deutschen „werden“. Hier die Bildung im Überblick:

Person	ir	Präposition	Infinitiv
yo	voy		
tú	vas		estudiar
él/ella	va	a	trabajar
nosotros	vamos		ir de compras
vosotros	vais		leer
ellos/ellas	van		

Die Zeitform wird benutzt, um über **aktuelle Absichten und Pläne** für die Zukunft zu sprechen: Es wird darüber informiert, was man vorhat oder demnächst tun wird.

El martes vamos a ir al cine.
Am Dienstag werden wir ins Kino gehen.

Tengo sueño. Voy a acostarme.
Ich bin müde. Ich werde schlafen gehen.

Este fin de semana vamos a ir a una fiesta.
Dieses Wochenende werden wir auf ein Fest gehen.

Hoy vamos a visitar a Paul.
Heute werden wir Paul besuchen.

Voy a aparcar el coche aquí.
Ich werde das Auto hier parken.

Por la tarde Sophie va a hacer deporte.
Am Nachmittag wird Sophie Sport treiben.

Da sich die nahe Zukunft auf absehbare, zukünftige Ereignisse bezieht, wird sie häufig mit folgenden Signalwörtern verbunden:

Signalwörter (futuro próximo)	
esta semana/mañana/tarde	Diese Woche/diesen Morgen/Nachmittag
este verano/invierno	diesen Sommer/Winter
este año/mes	dieses Jahr/diesen Monat
hoy	heute
mañana	morgen
ahora	jetzt
el lunes, el martes ...	am Montag, am Dienstag ...

Außerdem wird das futuro próximo gebraucht, **wenn in der Gegenwart absehbar ist, dass bald etwas eintritt.** Derartige Vorhersagen werden anhand von aktuellen Ereignissen getroffen, wie in den folgenden Beispielen.

El tren tiene un problema técnico. Va a salir con retraso.
Der Zug hat ein technisches Problem. Er wird mit Verspätung abfahren.

El niño come demasiado. Va a ponerse enfermo.
Das Kind isst zuviel. Es wird krank werden.

Mira estas nubes. Va a llover esta tarde.
Schau diese Wolken an. Heute Nachmittag wird es regnen.

Con tanto tráfico vamos a llegar tarde.
Mit so viel Verkehr werden wir spät ankommen.

Wenn die nahe Zukunft in einem Satz zusammen mit einem Reflexivpronomen (me, te, se, nos, os, se) oder einem Objektpronomen (lo, la, le) gebildet wird, dann gilt wie immer die Regel, dass die Pronomen entweder an den Infinitiv angehängt werden oder vor dem konjugierten Verb stehen. Also:

Sophie se va a duchar ahora. Oder: Sophie va a ducharse ahora.
Sophie wird sich jetzt duschen.

Hoy voy a preguntarle. Oder: Hoy le voy a preguntar.
Ich werde ihn/sie heute fragen.

Die Fragen werden ebenfalls nach dem bekannten Schema gebildet. Entscheidungsfragen entsprechen genau der Wortstellung im Aussagesatz. Bei Fragen mit Fragewörtern stehen die Fragewörter zu Beginn, also nach folgendem Muster:

¿**Fragewort** – ir a + Infinitiv des Verbs – [Subjekt] - Objekt?

Zur Verdeutlichung diese Beispiele:

¿Este fin de semana vamos a ir a una fiesta?
Werden wir dieses Wochenende auf ein Fest gehen?

¿Qué vas a hacer mañana?
Was wirst du morgen machen?

¿Cuándo va a arreglar Paul la televisión?
Wann wird Paul den Fernseher reparieren?

Auch die Verneinung folgt dem bekannten Muster. „No“ steht wie üblich vor dem konjugierten Verb, also hier dem Verb „ir“.

(Subjekt -) **no** + ir a + Infinitiv des Verbs – Objekt

Paul no va a ir a Cartagena el miércoles.
Paul wird am Mittwoch nicht nach Cartagena gehen.

No voy a visitar a Paul mañana.
Ich werde Paul morgen nicht besuchen.

Pienso que no va a llover hoy.
Ich denke, es wird heute nicht regnen.

Wiederholung und Übung

1.) Bilde in den folgenden Sätzen die nahe Zukunft mit den Verben in Klammern:

a. El viernes Sophie ________________ (cocinar) una paella.
Am Freitag wird Sophie eine Paella kochen.

b. El fin de semana Paul, Cristina y Sophie ________________ (ir) a una fiesta.
Am Wochenende werden Paul, Cristina und Sophie auf ein Fest gehen.

c. Mira esas nubes. ________________ (llover).
Schau diese Wolken an. Es wird regnen.

d. ¿Qué ________________ (tú/decir) a Paul?
Was wirst du Paul sagen?

e. ¿Adónde ________________ (vosotros/ir) este domingo?
Wohin geht ihr an diesem Sontag?

f. Estoy cansada. ________________ (acostarse).
Ich bin müde. Ich werde schlafen gehen.

g. Tengo hambre. ________________ (comer) algo.
Ich habe Hunger. Ich werde etwas essen.

h. El coche está sucio. Lo ________________ (yo/lavar).
Das Auto ist schmutzig. Ich werde es waschen.

i. ¿Cuándo ________________ (vosotros/ver) a Sophie?
Wann werdet ihr Sophie sehen?

j. ¿Adónde ________________ (ellos/ir) este fin de semana?
Wohin werden sie am Wochenende gehen?

9.4 Die einfache Zukunft (futuro simple)

Regel

Die einfache Zukunft wird verwendet um über Zukünftiges zu sprechen oder Vermutungen über künftige Geschehen zu äußern.

Signalwörter

más tarde; pronto; el próximo lunes, martes...; la próxima semana; el próximo año; en el año 2050; algún día; mañana; dentro de + *Zeitangabe;*

Die einfache Zukunft, auch das futuro simple genannt, ist eine weitere Möglichkeit über zukünftige Ereignisse und Handlungen zu reden. Dabei gibt es keinen Bezug zur Gegenwart, es wird ausschließlich über einen Moment in der Zukunft gesprochen.

Die einfache Zukunft entspricht der SVO Regel, also gilt folgendes Muster

(Subjekt -) **Verb in der einfachen Zukunft** – Objekt

Die Bildung ist erfreulicherweise für alle regelmäßigen Verben gleich: An die Grundform des Verbs (Infinitiv), wird die jeweilige Endung für die entsprechende Person angehängt.

Person	habl**ar** (sprechen)	com**er** (essen)	viv**ir** (leben)
yo	hablar - **é**	comer - **é**	vivir - **é**
tú	hablar - **ás**	comer - **ás**	vivir - **ás**
él/ella	hablar - **á**	comer - **á**	vivir - **á**
nosotros	hablar - **emos**	comer - **emos**	vivir - **emos**
vosotros	hablar - **éis**	comer - **éis**	vivir - **éis**
ellos/ellas	hablar - **án**	comer - **án**	vivir - **án**

Nur in der 1. Person Plural fehlt der Akzent. Es wird entsprechend der Ausspracheregel die zweitletzte Silbe, also das „e" betont.

Im einfachen Futur gibt es insgesamt elf Verben, bei denen sich der Verbstamm verändert. Die Endungen für die verschiedenen Personen bleiben jedoch gleich. Hier sind diese elf aufgelistet, die wichtigsten sind fett markiert.

Verben		**veränderter Stamm in der einfachen Zukunft**			
saber	(wissen)	→	sabr-		
poder	(können)	→	podr-		
hay	(es gibt)	→	habr-		
tener	(haben)	→	tendr-		-é
poner	(stellen)	→	pondr-		-ás
salir	(hinausgehen)	→	saldr-	+	-á
valer	(wert sein)	→	valdr-		-emos
venir	(kommen)	→	vendr-		--éis
decir	(sagen)	→	dir-		-án
querer	(wollen)	→	querr-		
hacer	(machen)	→	har-		

TIPP Das Verb „haber" wird ausschließlich in der 3. Person Singular verwendet in der Bedeutung von „es gibt" (hay) und „es wird geben" (habrá). Das betrifft übrigens alle Zeiten.

Lass dich durch diese Ausnahmen nicht entmutigen, du kannst diese Verben langsam in deinen Wortschatz aufnehmen. Die regelmäßige Bildung des futuro simple ist recht einfach und du wirst damit schon sehr weit kommen. Such dir von diesen Ausnahmen die für dich wichtigen aus und nimm sie in dein Wissen mit der Zeit auf.

Mit der einfachen Zukunft spricht man über künftige Handlungen und Situationen. Man informiert darüber, was morgen, in einigen Tagen, Monaten oder Jahren eintreffen wird. Hier ein paar Beispiele:

> Te llamaré más tarde.
>
> Ich rufe dich später an.

La nueva casa estará acabada dentro de ocho meses.
Das neue Haus wird in acht Monaten fertig sein.

Algún día te diré la verdad.
Irgendwann werde ich dir die Wahrheit sagen.

Häufig werden folgende Signalwörter für die einfache Zukunft verwendet:

Signalwörter (futuro simple)	
más tarde	später
pronto	bald
el próximo lunes, martes...	nächsten Montag, Dienstag...
la próxima semana	nächste Woche
el próximo año	nächstes Jahr
en el año 2050	im Jahr 2050
dentro de + *Zeitangabe* (un año)	in + *Zeitangabe* (einem Jahr)
algún día	irgendwann
mañana	morgen

Außerdem ist das einfache Futur wichtig, wenn du **Vermutungen über die Zukunft** anstellen willst.

Pronto bajará el precio de la gasolina.
Bald wird wohl der Benzinpreis sinken.

El año que viene seguramente conocerá el amor de su vida.
Im nächsten Jahr wird er sicher die Liebe seines Lebens kennenlernen.

Las acciones probablemente subirán.
Die Aktien werden wahrscheinlich steigen.

Da es sich um Vermutungen handelt und nicht sicher ist, ob diese Ereignisse so auch eintreten, ist es sinnvoll, wenn du folgende **Ausdrücke** verwendest, um die **unterschiedlichen Grade an Wahrscheinlichkeit** anzugeben:

Grade an Wahrscheinlichkeit	
creo que	Ich glaube, dass
estoy seguro que	Ich bin sicher, dass
imagino que	Ich stelle mir vor, dass
supongo que	Ich nehme an, dass
probablemente	wahrscheinlich
posiblemente	möglicherweise
seguramente	sicher

Das einfache Futur wird schließlich noch verwendet, um relativ sichere **Vorhersagen** über zukünftige Ereignisse zu machen, wie etwa über das Wetter oder das Eintreffen eines Zuges.

En el futuro podremos vivir en la luna.
In der Zukunft werden wir auf dem Mond leben können.

El tren llegará a las cinco de la tarde.
Der Zug wird um fünf Uhr nachmittags ankommen.

Mañana lloverá en Galicia, pero en Murcia hará buen tiempo.
Morgen wird es in Galizien regnen aber in Murcia wird schönes Wetter sein.

Wie in allen anderen Zeiten, die du bis jetzt kennengelernt hast, erfolgt auch im einfachen Futur die Verneinung mit „no“ vor dem konjugierten Verb:

(Subjekt -) **no** + Zukunftsform des Verbs – Objekt

Mañana no lloverá en Murcia.
Morgen wird es in Murcia nicht regnen.

Ebenso werden die Fragen nach dem bekannten Schema gebildet. Entscheidungsfragen entsprechen den Aussagesätzen, also auch hier die S-V-O Regel, lediglich die Fragezeichen zu Beginn und Schluss kommen wie immer dazu. Fragesätze mit Fragewort werden ebenfalls wie in den zuvor gelernten Zeiten gebildet.

> ¿Mañana lloverá en Murcia?
>
> Wird es morgen in Murcia regnen?
>
> ¿Qué tiempo hará mañana en Murcia?
>
> Welches Wetter wird morgen in Murcia sein?

Der Unterschied zwischen einfacher Zukunft und naher Zukunft kurzgefasst:

Einfache Zukunft (futuro simple)	**Nahe Zukunft (futuro próximo)**
• Zukünftige Ereignisse und Vorhersagen. • Vermutungen über künftige Ereignisse.	• Absehbare Ereignisse, die als Folge gegenwärtiger Tatsachen eintreten werden. • Pläne und Absichten, die bald verwirklicht werden.
Beispiele	
Sophie vendrá más tarde. *Sophie wird später kommen.*	Estoy sucio. Voy a durcharme. *Ich bin schmutzig. Ich werde duschen.*
Mañana lloverá. *Morgen wird es regnen.*	El martes vamos a ir al cine. *Am Dienstag gehen wir ins Kino.*
Probalemente haremos un viaje a España. *Wahrscheinlich werden wir eine Reise nach Spanien machen.*	

Wenn du Spanisch nur für den Urlaub oder Alltag benötigst, dann reicht die nahe Zukunft völlig aus. Im gesprochenen Spanisch wird häufig nur diese Zeitform verwendet, um über etwas Zukünftiges zu reden. Die aufgeführten Unterscheidungen sind wichtig, wenn du die Sprache studierst oder dir mit der Zeit auch die Feinheiten der spanischen Sprache aneignen möchtest.

Wiederholung und Übung

1.) In dieser ersten Übung geht es nur um die einfache Zukunft (futuro simple). Setze die Verben in Klammern jeweils in der entsprechenden Person im futuro simple ein.

a. Hoy no puedo ir a Cartagena. ______________ (ir) mañana.

Heute kann ich nicht nach Cartagena gehen. Ich werde Morgen gehen.

b. ¿Ya han arreglado el ordenador? - No, lo ______________ (arreglar) la semana que viene.

Haben sie schon den Computer repariert? - Nein sie werden ihn in der nächsten Woche reparieren.

c. Dicen que el próximo sábado ______________ (bajar) las temperaturas.

Sie sagen, dass am nächsten Samstag die Temperaturen fallen werden.

d. El año que viene ______________ (desaparecer) todos tus problemas.

Im nächsten Jahr werden all deine Probleme verschwinden.

e. ______________ (tú/pasar) unos días estupendos con tu familia y tus amigos.

Du wirst einige herrliche Tage mit deiner Familie und deinen Freunden verbringen.

f. En el futuro la vida ______________ (ser) muy diferente.

In der Zukunft wird das Leben ganz anders sein.

g. ¿Has invitado a Carlos y Cristina? - Sí, pero supongo que no ______________ (venir).

Hast du Carlos und Cristina eingeladen? - Ja, aber ich nehme an, sie kommen nicht.

2.) Entscheide, ob die nahe Zukunft (futuro próxomo) oder die einfache Zukunft (futuro simple) passt. Unterstreiche die richtige Form.

a. ¡Date prisa, es muy tarde! El tren va a salir/saldrá.

Beeile dich, es ist sehr spät! Der Zug wird abfahren.

b. ¡Cuidado! Te caerás/vas a caer.

Sei vorsichtig! Du wirst hinfallen.

c. El sol saldrá/va a salir mañana a las siete de la mañana.

Die Sonne wird Morgen um sieben Uhr morgens aufgehen.

d. Creo que todos van a venir/vendrán a nuestra fiesta.

Ich glaube, dass alle zu unserem Fest kommen werden.

e. ¿Ha venido Sophie? - No, vendrá/va a venir más tarde.

Ist Sophie gekommen? Nein, sie wird später kommen.

Wortliste zu Kapitel 9

Spanisch	***[Aussprache]***	**Deutsch**
oír	*[oir]*	hören
caer	*[kaer]*	herunterfallen
pagar	*[pagar]*	bezahlen
tocar	*[tokar]*	berühren, ein Instrument spielen
picar	*[pikar]*	stechen
organizar	*[organithar]*	organisieren
poner	*[poner]*	stellen, legen
tener	*[tener]*	haben
decir	*[dethir]*	sagen
dar	*[dar]*	geben
llamar	*[jamar]*	(an)rufen
contestar	*[kontestar]*	antworten
preparar	*[preparar]*	vorbereiten
proponer	*[proponer]*	vorschlagen
volver	*[bolber]*	zurückkehren
arreglar	*[arreglar]*	in Ordnung bringen
lavar	*[labar]*	waschen
desaparecer	*[desaparether]*	verschwinden
llevar	*[jebar]*	tragen, befördern

imaginar	*[imachinar]*	sich vorstellen
hace poco	*[athe poko]*	vor kurzem
alguna vez	*[alguna beth]*	irgendwann einmal
ahora mismo	*[aora mismo]*	gerade
enseguida	*[ensegida]*	sofort
incluso	*[inkluso]*	sogar
ya	*[ja]*	schon
hasta ahora	*[asta aora]*	bis jetzt
aquel día	*[akel dia]*	an diesem Tag
por suerte	*[por suerte]*	erfreulicherweise
es decir	*[es dethir]*	das heißt
con retraso	*[kon retraso]*	mit Verspätung
la palabra clave	*[la palabra klabe]*	das Schlüsselwort
la tienda	*[la tienda]*	der Laden
la buena disposición	*[la buena disposithion]*	die Hilfsbereitschaft
vegetariano, -a	*[begetariano]*	Vegetarier(in)
vegano, -a	*[begano]*	Veganer(in)
bello, -a	*[bejo]*	schön

Audiobeispiel 9.1 Teste deine Aussprache: lese zuerst die Wörter laut und höre sie dann an, und korrigiere gegebenenfalls deine Aussprache.

Frases útiles de cortesía
- Nützliche Sätze der Höflichkeit

Die Höflichkeit ist für Spanier eine tagtäglich gelebte Kultur. Während wir direkt und deutlich aussprechen und benennen, was wir wollen, gibt es in Spanien eine eher zurückhaltende Kultur verbunden mit einer überschwänglichen Höflichkeit und Dankbarkeit, die immer Respekt vor der anderen Person ausdrückt. Wenn ein Wunsch ausgesprochen wird, dann nie ohne das magische Wort „por favor“ und viele weitere. Das direkte „quiero“ wird zudem häufig durch das nicht so offensive „querría“ (ich würde wollen) ersetzt wie auch durch weitere Modalverben, damit der Wille des Sprechers etwas zurückhaltender erscheint und nicht dominiert. Diese Höflichkeit erlebst du in Spanien in fast allen Situationen. Hier ein paar Beispiele, die du in jeder Situation anwenden kannst. Spanier schätzen das sehr!

Hola, Cristina, encantada de verte ¿qué tal?
Hallo Cristina, es freut mich dich zu sehen. Wie geht's?

Ha sido un placer.
Es war mir eine Freude.

Igualmente.
Ganz meinerseits.

¿Perdón, podrías darme la sal?
Entschuldigung, könntest du mir das Salz reichen?

Muchas gracias.
Vielen Dank.

De nada.
Selbstverständlich.

Por supuesto, voy a recogerte al aeropuerto.
Natürlich, werde ich dich am Flughafen abholen.

Con mucho gusto te llevo a Isla Plana.
Ich bringe dich sehr gerne nach Isla Plana.

Lo siento, pero no tengo tiempo.
Es tut mir leid, aber ich habe keine Zeit.

Es un placer conocerte.
Es ist herrlich, dich kennenzulernen.

Disculpa la molestia.
Entschuldigung für die Störung.

¿Podrías ayudarme a encontrar esta tienda?
Könntest du mir helfen, dieses Geschäft zu finden?

Audiobeispiel 9.2 Es ist sinnvoll, wenn du die Sätze zum Thema Höflichkeit mehrmals anhörst und nachsprichst, dann prägen sie sich dir leicht ein.

Globales Lesen, Hören und Verstehen: Warum ist Paul ausgewandert?

Wenn es um die „besten Länder zum Leben" geht, belegt Spanien immer einen Platz unter den Top 10. Paul wollte aus Deutschland auswandern, aber warum? Wie hat er das angestellt? Und was ist wichtig, wenn man so einen Schritt vorhat?

Lies dir die Unterhaltung genau durch und versuche wie immer das Wesentliche zu verstehen. Es wäre toll, wenn du dann die Fragen ohne deutsche Übersetzung beantworten würdest. Sicher liegst du ganz richtig auch ohne die Eins-zu-eins-Übersetzung. Ich wünsch dir viel Spaß!

El sábado Paul, Cristina y Sophie están en un restaurante al lado del mar en La Azohía para cenar a las nueve de la noche.

Hace todavía calor y los tres han pedido como entrante algunas tapas y la comida preferida de Sophie, una paella con mariscos, como plato principal. Disfrutan mucho de la comida rica, de la vista al mar, del tiempo agradable y hablan de las cosas que pasan en el mundo. Pero Sophie quiere saber más sobre Paul...

Sophie: "¿Paul, por qué has emigrado al sur de España?"

Paul: "Hay muchas razones por las que prefiero vivir aquí en Murcia. Las más importantes para mí son: aquí casi siempre hace sol incluso en Navidad, lo que me gusta mucho. El año pasado tuvimos siempre en noviembre y diciembre entre 15 y 23 grados. Hice deportes, nadé casi cada día, pasé muchos días en la playa, comí aquí con la vista bella del mar e hice senderismo en la montaña. Estoy muy contento, y aquí he encontrado amigos, como tú Cristina. Los españoles son muy simpáticos, cariñosos y amables. Siempre te quieren presentar a otros amigos e integrarte: cuando conoces a un amigo español, sus amigos también te quieren conocer. Así te sientes enseguida como en casa. Además la comida sana y rica, los pescados frescos, los mariscos... Y sobre todo el paisaje espectacular, la naturaleza fascinante, las montañas cerca del mar y las ciudades preciosas como Cartagena, Caravaca de la Cruz, Murcia, Lorca y otras más lejos como Sevilla, Granada, Madrid ..."

Cristina: "¿Pero cómo se puede emigrar a España? ¿Necesitas trabajo, no?"

Paul: “Claro que sí, el trabajo es muy importante. Hace ocho años mi empresa alemana me ofreció la posibilidad de trabajar aquí durante dos años como ingeniero. Desde entonces me he quedado en Murcia. He encontrado otra empresa española en Cartagena que me paga bien, es decir, tengo todo lo que necesito para vivir aquí.“

Sophie: “Pero entonces no es fácil emigrar a España, no es fácil encontrar un trabajo...“

Cristina: “Yo siempre pienso: si quieres, encontrarás un trabajo, como yo. Estoy en una inmobiliaria y me gusta mi trabajo. Tengo colegas muy simpáticos e incluso cooperamos.“

Paul: “Lo más importante es saber lo que quieres. En Alemania se puede ganar más dinero. Pero en España estoy más contento. Cuando en Alemania creen que, ´el dinero no es suficiente para unas vacaciones grandes!`, en España comentan, con una sonrisa y humor, ´perfecto, podremos hacer vacaciones pequeñas!` La buena disposición, la alegría y el humor de los españoles me ayudan mucho. Y quiero aprender más de esta manera de vida.“

Cristina: “¿Pero, cuando viniste, te acuerdas de los problemas que tuviste al principio? En algunas ocasiones no supiste comportarte con cortesía. A mi padre le molestó mucho cuando dijiste, ´¡cierra la ventana, tengo frío!`. Una orden en vez de pedir amablemente, ´¿si no es molestia, podríais cerrar la ventana, por favor?`”

Paul: “Jajajaja. He cometido muchos errores, pero ahora sé todas las palabras claves de cortesía. ¿Podrías darme la sal, por favor?“

Cristina: “Claro que sí, con mucho gusto. Has aprendido mucho, de verdad.“

Sophie: “Me gustaría mucho conocer más de la cortesía española. ¿Dónde podría encontrar frases de cortesía?“

Cristina: “Ya he escrito una lista de estas frases útiles para Paul, te la voy a enviar mañana.“

Sophie: “¿Qué cosas más hay que saber para emigrar a España?“

Cristina: “Lo más importante es hablar español. Con el inglés, no llegarás muy lejos. Con el inglés no puedes preguntar por el baño, tampoco puedes pedir un café. En las ciudades grandes hay algunas personas que hablan inglés pero aquí no. Y otra cosa importante: Nosotros comemos mucha carne. Si eres vegetariano o vegano tienes que pedir ´comidas con productos de origen no animal`. O mejor decir directamente ´sin carne, pescado, huevos, leche, queso`. Por lo general los cocineros son muy amables."

Paul: "¡Y además no olvidar la siesta! Entre las tres y las cinco de la tarde muchas tiendas están cerradas. Los españoles comen a las dos o tres y cenan como nosotros hoy a las nueve de la noche. Aquí para muchos españoles la comida es una fiesta y dura dos o tres horas, lo que me gusta mucho. Y por suerte la puntualidad en España no es tan importante como en Alemania. La primera vez cuando llegué con retraso Cristina no se molestó, me dijo ´¡muy español, así me gusta!`"

Cristina sonríe. Los tres pagan y van a la playa para pasear y ver la puesta del sol.

Audiobeispiel 9.3 Höre dir die Kurzgeschichte gern öfter an. Sprich die Sätze, die dir gefallen, mehrmals aus, notiere sie und wende sie am besten gleich im Austausch mit deinem spanischen Tandempartner an.

Teste dein Verständnis

1. Wie hat es Paul geschafft nach Spanien auszuwandern?

2. Welche spanischen Eigenheiten erwähnt Cristina?

3. Auf was muss man sich laut Paul einstellen, wenn man in Spanien lebt?

Zusammenfassung Kapitel 9

Mit der einfachen Vergangenheit (pretérito indefinido) sprechen wir über abgeschlossene Handlungen. Die meisten Verben werden in dieser Vergangenheitsform regelmäßig gebildet. Wie in der Gegenwart erfolgt die Bildung durch Endungen, die an den Wortstamm angehängt werden, dabei haben die Verben auf „-er“ und „-ir“ dieselben Endungen. Es gibt eine Reihe wichtiger Verben, bei denen sich der Stamm in der einfachen Vergangenheit ändert. Unregelmäßig werden die Verben „dar“, „ser“ und „ir“ gebildet. Die Verneinung erfolgt durch „no“ vor dem konjugierten Verb in der einfachen Vergangenheit.

(Subjekt) – no + Vergangenheitsform des Verbs – Objekt

In Sätzen mit Modalverben werden diese konjugiert und das Vollverb folgt im Infinitiv gleich danach, es gilt:

(Subjekt) – no + Vergangenheitsform des Modalverbs + Infinitiv des Vollverbs – Objekt

Die Stellung der Satzglieder bei Entscheidungsfragen entspricht jener des normalen Aussagesatzes.

¿(Subjekt) + Vergangenheitsform des Verbs – Objekt?

Singalworte sind alle genaueren Zeitangaben in der Vergangenheit.

Das Perfekt (pretérito perfecto) wird verwendet, wenn man über etwas Vergangenes spricht, das aber noch mit der Gegenwart zu tun hat. Diese Zeitform wird mit dem konjugierten Hilfsverb „haber“ in der Gegenwart und dem Partizip Perfekt des Verbes gebildet:

(Subjekt) – Gegenwartsform von haber + Part. Perfekt des Verbs – Objekt

Fragen werden gleich gebildet wie die Aussagesätze. Zu Beginn und zum Schluss des Satzes allerdings mit Fragezeichen. Die Verneinung erfolgt regelmäßig mit „no“ vor dem konjugierten Hilfsverb „haber“:

(Subjekt) – no + Gegenwartsform von haber + Part. Perf. des Verbs – Objekt

Signalworte für das Perfekt sind Zeitangaben der Gegenwart.

Die nahe Zukunft (futuro próximo) wird benutzt, um absehbare und wahrscheinlich eintretende Ereignisse sowie feststehende Pläne und Absichten in der Zukunft zu beschreiben. Diese Zukunftsform wird mit dem konjugierten Verb „ir“ in der Gegenwart, der Präposition „a“ und dem Infinitiv gebildet.

(Subjekt) + Gegenwartsform von ir + a + Infinitiv – Objekt

Fragen werden genauso gebildet, aber mit den Fragezeichen. Für die Verneinung gilt das regelmäßige Schema:

(Subjekt) – no + Gegenwartsform von ir + a + Infinitiv – Objekt

Im Gegensatz zur nahen Zukunft wird die einfache Zukunft (futuro simple) verwendet, um zukünftige Ereignisse oder Vorhersagen zu beschreiben und um Vermutungen über die Zukunft zu äußern. Die Bildung erfolgt für alle Verben gleich: Es wird an die Grundform des Verbs (Infinitiv) die entsprechende Zukunftsendung für die jeweilige Person angehängt. Es gibt nur wenige Verben, die ihren Stamm in der einfachen Zukunft ändern.

Für die einfache Zukunft gilt das regelmäßige Muster:

(Subjekt) – Zukunftsform des Verbs – Objekt

Dieses regelmäßige Muster gilt auch für die Fragen. Die Verneinung wird ebenso regelmäßig gebildet, „no“ steht vor dem konjugierten Verb in der Zukunftsform.

(Subjekt) - no + Zukunftsform des Verbes - Objekt

10. Themenfeld: Zahlen, Mengen und Zeitangaben

Zahlen, Mengen und Zeitangaben benötigst du täglich. Deswegen lohnt es sich, dieses Kapitel bereits am Anfang deines Lernwegs anzuschauen und bei Bedarf immer mal wieder zu nutzen, um Worte und Sätze nachzuschlagen. So kannst du dich gezielt auf Treffen mit Spaniern, deinem Tandem-Partner oder deinem Quietscheentchen vorbereiten. Einige Begriffe und Sätze zum Thema wirst du schon kennen, aber solltest du mal unsicher sein, hast du hier alles auf einen Blick. Lass dich begeistern von diesem wichtigen und interessanten Themenfeld!

10.1 Die Grundzahlen (números cardinales)

Konzentriere dich in einem ersten Schritt auf die Zahlen von 0 - 30. Diese Grundzahlen (auch Kardinalzahlen genannt) sind im Spanischen unveränderlich und werden immer in einem Wort zusammengeschrieben. Im Geschlecht angeglichen werden nur die Zahlen 1 (uno) und 21 (veintiuno). Vor einem männlichen Nomen wird die Zahl 1 zu „un“, vor einem weiblichen Nomen zu „una“, die Zahl 21 wird entsprechend zu „veintiún“ vor einem männlichen Nomen und zu „veintiuna“ vor einem weiblichen Nomen. Wenn klar ist, auf was sich die Zahlen beziehen, muss das Nomen nicht unbedingt erwähnt werden. Hier ein Überblick:

Die Zahlen 0 - 29

0	cero	10	diez	20	veinte
1	uno/un, una	11	once	21	veintiuno/veintiún, veintiuna
2	dos	12	doce	22	veintidós
3	tres	13	trece	23	veintitrés
4	cuatro	14	catorce	24	veinticuatro
5	cinco	15	quince	25	veinticinco
6	seis	16	dieciséis	26	veintiséis
7	siete	17	diecisiete	27	veintisiete
8	ocho	18	dieciocho	28	veintiocho
9	nueve	19	diecinueve	29	veintinueve

Hier Beispiele zu den Zahlen uno/un, una und veintiuno/veintiún, veintiuna:

¿Qué vas a tomar? - Una cerveza.

Was wirst du trinken? - Ein Bier.

¿Qué quieres comer? - Un bocadillo.

Was möchtest du essen? - Ein belegtes Brötchen.

¿Cuántos bocadillos has comido? - Uno.

Wie viele Brötchen hast du gegessen? - Eins.

¿Cuántas cervezas has tomado? - Una.

Wieviele Biere hast du getrunken? - Eins.

En mi empresa trabajan veintiuna mujeres y veintiún hombres.

In meiner Firma arbeiten 21 Frauen und 21 Männer.

¿Cuántos años tienes? - veintiuno.

Wie alt bist du? - 21.

Ab der Zahl 31 werden die Grundzahlen nicht mehr zusammengeschrieben, sondern die Zehner und Einer werden durch „y“ verbunden.

Die Zahlen 30-199

30	treinta	40	cuarenta
31	treinta y uno/un, una	50	cincuenta
32	treinta y dos	60	sesenta
33	treinta y tres	70	setenta
34	treinta y cuatro	80	ochenta
35	treinta y cinco	90	noventa
36	treinta y seis	100	cien
37	treinta y siete	101	ciento uno/un, una
38	treinta y ocho	132	ciento treinta y dos
39	treinta y nueve	199	ciento noventa y nueve

Die Zahl 100 heißt „cien“, ab 101 wird ciento verwendet. Wie bisher gilt: Zahlen, die auf 1 enden, werden vor männlichen Nomen zu „un“ und vor weiblichen Nomen zu „una“. Mit Bezug auf ein männliches bzw. weibliches Nomen, das aber nicht genannt wird, heißt es auch hier immer „uno“ und „una“. Wie im Deutschen folgen Einer- oder Zehnerzahlen direkt auf die Hunderterzahlen.

Ab 200 werden die Hunderterzahlen wie Adjektive verwendet. Sie stehen immer im Plural und werden an die weibliche oder männliche Form des Nomens angeglichen. Die Bildung erfolgt ähnlich wie im Deutschen durch die Kombination der Zahlen 2 bis 9 mit dem Wort „cientos“. Die drei fett markierten Einerzahlen sind leicht verändert. Folgen auf die Hunderterzahlen Einer- und Zehnerzahlen, so stehen diese wieder wie im Deutschen nach der Hunderterzahl.

Die Zahlen 200-900

200	doscientos/-as	600	seiscientos/-as
300	trescientos/-as	700	**sete**cientos/-as
400	cuatrocientos/-as	800	ochocientos/-as
500	**quin**ientos/-as	900	**nove**cientos/-as

Hier ein paar Beispiele:

Doscient**os** un kilómetros.

201 Kilometer.

Novecient**as** cuarenta y dos casas.

942 Häuser.

Setecient**os** dieciocho metros.

718 Meter.

TIPP Eine Eselsbrücke, damit du dir die Zahlen mit 5 besser merken kannst: „**ci-**“ und „**qui-**“ wechseln sich immer ab, nach **ci**nco (5) folgen **qui**nce (15) – **ci**ncuenta (50) – **qui**nientos (500).

Und jetzt noch kurz zu den Tausendern und Millionen. Die Zahl „mil“ (1000) ist unveränderlich. Dagegen gibt es ab 2 000 000 eine Pluralform, wie bei den Hunderterzahlen ab 200.

Tausender und Millionen

1000	mil	1 000 000	un millón (de)
2000	dos mil	2 000 000	dos millones (de)

Folgt direkt auf millón/millones ein Nomen, wird es mit der Präposition „de“ ergänzt. Die folgenden Beispiele geben dir einen Überblick:

- 1340: mil trescientos cuarenta
- 1212: mil doscientos doce
- 2001: dos mil uno
- 2021 Häuser: dos mil veintiuna casas
- 3 000 000 Einwohner: tres millones de habitantes.
- **Aber**: 3 400 000 Einwohner: tres millones cuatrocientos mil habitantes

Die Zahlen werden benutzt, um die genaue Menge anzugeben, das Alter, das Gewicht, das Maß, das Datum, Jahreszahlen oder die Entfernung.

Menge

Este piso cuesta quinientos euros por mes.

Die Wohnung kostet 500€ im Monat.

Gewicht, Maß

Esta mesa mide cien centímetros y pesa diez kilos.

Dieser Tisch misst 100 Zentimeter und wiegt 10 Kilo.

Entfernung

Madrid está a cuatrocientos kilómetros de aquí.

Madrid ist 400 Kilometer von hier entfernt.

Alter

Sophie tiene veinticinco años.

Sophie ist 25 Jahre alt.

Jahreszahl

Sophie quiere trabajar en España en dos mil veintiocho.

Sophie möchte 2028 in Spanien arbeiten.

Datum

El cuatro de junio de dos mil veintidós voy a España.

Am 4. Juni 2022 gehe ich nach Spanien.

Auch für die Angabe der Uhrzeit sind die Zahlen wichtig, dazu gleich mehr.

TIPP Wenn du die genaue Anzahl nicht kennst, kannst du sie mit unos/unas (etwa) angeben. Also: „unas doscientas casas" (etwa 200 Häuser).

Die Ordnungszahlen (los números ordinales)

Ordnungszahlen, auch Ordinalzahlen genannt, geben eine bestimmte Stelle in einer geordneten Reihe an. Diese Zahlen geben zum Beispiel eine Antwort auf die Frage: „¿En qué piso vives?" (in welchem Stockwerk wohnst du?). Die Rückmeldung kann dann heißen: „En el segundo piso." (im zweiten Stockwerk). Ordnungszahlen stehen in der Regel vor einem Nomen, sie können aber auch alleinstehen, wenn klar ist, wer oder was gemeint ist. Die folgenden Ordnungszahlen richten sich immer nach dem Geschlecht des Nomens. Hier die wichtigsten Ordnungszahlen, die hochgestellte kleine Endung ° steht für männlich und ª für weiblich.

Ordnungszahlen 1-10

1°/1ª	primer(o)/primera	6°/6ª	sexto/sexta
2°/2ª	segundo/segunda	7°/7ª	séptimo/séptima
3°/3ª	tercer(o)/tercera	8°/8ª	octavo/octava
4°/4ª	cuarto/cuarta	9°/9ª	noveno/novena
5°/5ª	quinto/quinta	10°/10ª	décimo/décima

Wenn „primero“ und „tercero“ vor einem männlichen Nomen stehen, werden sie zu „primer/tercer“ verkürzt. Es heißt deswegen, „vivo en el primer piso“ (ich wohne im ersten Stock). Ab der Zahl elf werden hauptsächlich die normalen Grundzahlen benutzt. Wenn du also im 11. Stockwerk wohnst, sagst du einfach: „Vivo en el piso once“. In diesem Fall folgt die Zahl auf das Nomen. Hier einige Beispiele:

Cintia es mi cuarta profesora de español.

Cintia ist meine vierte Spanischlehrerin.

Paul vive en el segundo piso.

Paul wohnt im zweiten Stock.

Es el quinto año que vivo en Murcia.

Es ist das fünfte Jahr, dass ich in Murcia lebe.

Wortliste zu Kapitel 10.1: Zahlen

Spanisch	***[Aussprache]***	**Deutsch**
cero	*[thero]*	null
uno/un, una	*[uno/un, una]*	eins
dos	*[dos]*	zwei
tres	*[tres]*	drei
cuatro	*[kuatro]*	vier

cinco	*[thinko]*	fünf
seis	*[seis]*	sechs
siete	*[siete]*	sieben
ocho	*[otscho]*	acht
nueve	*[nuebe]*	neun
diez	*[dieth]*	zehn
once	*[onthe]*	elf
doce	*[dothe]*	zwölf
trece	*[trethe]*	dreizehn
catorce	*[katorthe]*	vierzehn
quince	*[kinthe]*	fünfzehn
dieciséis	*[diethiseis]*	sechzehn
diecisiete	*[diethisiete]*	siebzehn
dieciocho	*[diethiotscho]*	achtzehn
diecinueve	*[diethinuebe]*	neunzehn
veinte	*[beinte]*	zwanzig
treinta	*[treinta]*	dreißig
cuarenta	*[kuarenta]*	vierzig
cincuenta	*[thinkuenta]*	fünfzig
sesenta	*[sesenta]*	sechzig
setenta	*[setenta]*	siebzig
ochenta	*[otschenta]*	achtzig
noventa	*[nobenta]*	neunzig
cien/ciento	*[thien/thiento]*	hundert
doscientos,-as	*[dosthientos]*	zweihundert
trescientos,-as	*[tresthientos]*	dreihundert
cuatrocientos,-as	*[kuatrothientos]*	vierhundert
quinientos,-as	*[kinientos]*	fünfhundert
seiscientos,-as	*[seisthientos]*	sechshundert
setecientos,-as	*[setethientos]*	siebenhundert
ochocientos,-as	*[otschothientos]*	achthundert
novecientos,-as	*[nobethientos]*	neunhundert

mil	*[mil]*	tausend
un millón/millones	*[mijon/mijones]*	eine Million/Millionen
primer(o),-a	*[primero]*	erster, erste, erstes
segundo,-a	*[segundo]*	zweiter, zweite, zweites
tercer(o),-a	*[terthero]*	dritter, dritte, drittes
cuarto,-a	*[kuarto]*	vierter, vierte, viertes
quinto,-a	*[kinto]*	fünfter, fünfte, fünftes
sexto,-a	*[sexto]*	sechster, sechte, sechstes
séptimo,-a	*[septimo]*	siebter, siebte, siebtes
octavo,-a	*[oktabo]*	achter, achte, achtes
noveno,-a	*[nobeno]*	neunter, neunte, neuntes
décimo,-a	*[dethimo]*	zehnter, zehnte, zehntes

Audiobeispiel 10.1 Diese Zahlen findest du auch in den Audiodateien zu diesem Kapitel.

10.2 Mengenangaben (las cantidades)

Genaue Mengenangaben stehen wie im Deutschen sowohl in der Einzahl, "una botella de agua" (eine Flasche Wasser), als auch in der Mehrzahl "dos botellas de agua" (zwei Flaschen Wasser). Folgt ihnen ein Substantiv, wird dieses immer mit der Präposition **„de"** angehängt. Dazu ein paar Beispiele:

Un kilo **de** tomates.

Ein Kilo Tomaten.

Dos litros **de** agua.

Zwei Liter Wasser.

Una lata **de** atún.

Eine Dose Thunfisch.

Una botella **de** aceite.

Eine Flasche Öl.

Tres bolsas **de** patatas.

Drei Tüten Chips.

Cinco cajas **de** galletas.

Fünf Schachteln Kekse.

Quinientos gramos **de** olivas.

500 Gramm Oliven.

Un paquete **de** sal.

Eine Packung Salz.

Wenn du nur einen halben Liter oder ein halbes Kilo Gemüse möchtest, dann entfällt im Gegensatz zum Deutschen der unbestimmte Artikel „un“ oder „una“.

Medio kilo de sal.

Ein halbes Kilo Salz.

Quería medio kilo de plátanos.

Ich hätte gern ein halbes Kilo Bananen.

Puedes darme medio litro de aceite, por favor.

Kannst du mir bitte einen halben Liter Öl geben.

Ungefähre Mengenangaben erfolgen wie im Deutschen mit „mucho“ (viel), „poco“ (ein wenig), „demasiado“ (zu viel) und „bastante“ (genug). Diese ungenauen Mengenangaben funktionieren wie Adjektive, sie stimmen mit dem Nomen, auf das sie sich beziehen, in Zahl und Geschlecht überein und stehen immer vor dem Nomen. Zur Verdeutlichung einige Beispiele:

¿Tenemos bastantes cervezas para todos?

Haben wir genug Bier für alle?

Sí, en el frigorífico hay muchas.

Ja, im Kühlschrank gibt es viele.

Pero tenemos pocas galletes, ¿no?

Aber wir haben wenige Kekse, oder?

Siempre compro demasiadas cosas.

Ich kaufe immer zu viele Dinge ein.

Wortliste zu Kapitel 10.2: Mengenangaben

Spanisch	***[Aussprache]***	**Deutsch**
un kilo de …	*[kilo]*	Ein Kilo...
500 gramos de …	*[gramos]*	500 Gramm ...
dos litros de...	*[litros]*	zwei Liter...
una lata de...	*[lata]*	eine Dose...
una botella de...	*[boteja]*	eine Flasche...
una bolsa de...	*[bolsa]*	eine Tüte...
una caja de...	*[kacha]*	eine Schachtel...
un paquete de...	*[pakete]*	eine Packung...
medio kilo de...	*[medio kilo]*	ein halbes Kilo...
mucho	*[mutscho]*	viel
poco	*[poko]*	wenig
demasiado	*[demasiado]*	zu viel
bastante	*[bastante]*	genug

Audiobeispiel 10.2 Diese Mengenangaben findest du auch in den Audiodateien zu diesem Kapitel.

10.3 Die Uhrzeit und andere Zeiten (la hora y otros unidades de tiempo)

Die Uhrzeit benötigst du täglich. Es gibt ein paar wichtige Regeln zur Angabe der Zeit. Keine Sorge, die Regeln sind einfach und logisch, sodass du sie bald verinnerlichen wirst. Zunächst einige Beispiele, um nach der Uhrzeit zu fragen:

¿Qué hora es?

Wieviel Uhr ist es?

¿A qué hora vamos al cine?

Um wieviel Uhr gehen wir ins Kino?

¿Cuándo quedamos?

Wann treffen wir uns?

¿A las seis?

Um sechs Uhr?

Die Uhrzeit gibt man mit dem Verb **„ser“** und dem **bestimmten weiblichen Artikel** an. Lediglich bei der Zeitangabe „es ist ein Uhr“ wird im Spanischen der Singular verwendet, also „es la una“. Ansonsten wird konsequent der Plural benutzt.

Es **la** una.	Es ist ein Uhr.
Son **las** dos.	Es ist zwei Uhr.
Son **las** tres.	Es ist drei Uhr.
Son **las** ocho.	Es ist acht Uhr

Im Deutschen verwenden wir in der Regel das 24-Stunden-System um zwischen 14:45h und 2:45h zu unterscheiden. Das ist in Spanien nicht üblich. Hier wird die Uhrzeit im 12-Stunden-System angegeben. Einzige Ausnahme sind formelle Angaben in Fahrplänen, Fernsehprogrammen oder amtlichen Mitteilungen. Um sicherzustellen, dass 7 Uhr und nicht 19 Uhr gemeint ist, kannst du zusätzlich die Tageszeit mit der Präposition **„de“** angeben.

Es la una **de la madrugada**.

Es ist früh morgens um ein Uhr.

Son las siete **de la mañana**.

Es ist sieben Uhr morgens.

Es la una **del mediodía**.

Es ist ein Uhr mittags.

Son las siete **de la tarde**.

Es ist sieben Uhr nachmittags.

Son las nueve **de la noche**.

Es ist neun Uhr abends.

Diese Angaben zu den Tageszeiten umfassen folgende Zeitspannen:

- de la madrugada: frühmorgens von 1:00 bis 5:00 Uhr.
- de la mañana: morgens von 6:00 bis 12:00 Uhr.
- del mediodía: mittags von 13:00 bis 14:00 Uhr.
- de la tarde: nachmittags von 15:00 bis 20:00. Uhr.
- de la noche: abends, nachts von 21:00 bis 24:00 Uhr.

Wenn klar ist, dass du um 14:00 Uhr Mittagessen möchtest (zu Mittag isst man ja nicht um 2:00h morgens), kannst du natürlich die Zusatzangabe weglassen und einfach sagen: "Quiero comer a las dos". Die Grenzen zwischen diesen Angaben der Tageszeit sind fließend. Je nach Sprecher hört man um 14:00h: "las dos del mediodía" oder "las dos de la tarde".

TIPP Bei der Begrüßung spielen diese Tageszeiten auch eine Rolle. Morgens bis ca. 14:00h heißt es "buenos días", ab 15:00h "buenas tardes" und ab ungefähr 21:00h "buenas noches".

Zur Erinnerung: **Tageszeiten ohne Uhrzeiten** werden mit der Präposition **„por"** angegeben, es heißt also:

Quedamos por la mañana/por la tarde/por la noche.

Wir treffen uns morgens/nachmittags/abends.

Los bancos abren por la mañana pero cierran por la tarde.

Die Banken öffnen morgens aber sie schließen nachmittags.

Lediglich die Mittagszeit wird mit der Präposition **„a"** ausgedrückt und früh morgens mit der Präposition **„de"**.

¿Vamos a comer juntos **al mediodía**?

Werden wir mittags gemeinsam essen?

Salimos **de madrugada.**

Wir brechen früh morgens auf.

Neben den vollen Uhrzeiten gibt es auch die Angaben „Viertel nach", „Viertel vor", „halb" und „Punkt". Diese wie auch die Angabe der Minuten folgen einem sehr logischen Schema. Bis 30 Minuten nach einer vollen Uhrzeit erfolgt die Angabe immer mit „y" (plus), ab da mit „menos" (minus). Konkret ziehst du von der folgenden Stunde die Minuten ab. 9:35 Uhr heißt also im Spanischen "las diez menos veinticinco".

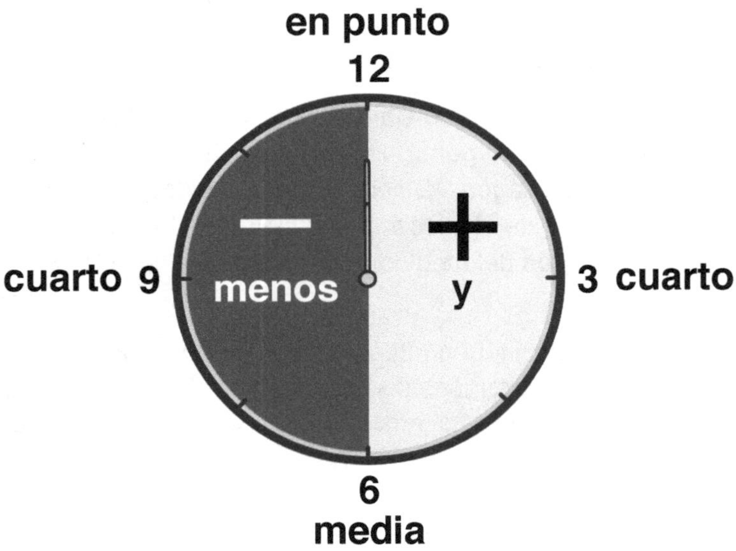

Du kannst wie im Deutschen entweder "son las doce y quince" (es ist zwölf Uhr 15) sagen oder "son las doce y cuarto" (es ist Viertel nach zwölf), ebenso "son las dos y treinta" (es ist zwei Uhr dreißig) oder "son las dos y media" (es ist halb drei Uhr). Im Spanischen gibt es allerdings kein „fünf vor halb" oder „fünf nach halb". Stattdessen sagt man "y veinticinco" und "menos veinticinco".

Diese Zeitangaben sind für dich sicher etwas gewöhnungsbedürftig, aber wenn du die Regeln in dein Lernwissen aufnimmst, ist die Angabe der Uhrzeit für dich bald selbstverständlich. Hier einige Bespiele zur Vertiefung:

Es la una en punto.

Es ist Punkt ein Uhr.

Son las tres y diez de la tarde.

Es ist zehn Minuten nach drei Uhr nachmittags.

Son las nueve y quince. *Oder:* Son las nueve y cuarto.

Es ist neun Uhr fünfzehn.

Son las dos y treinta del mediodía. *Oder:* Son las dos y media del mediodía.

Es ist dreißig Minuten nach zwei Uhr mittags.

Son las tres menos veinte de la tarde.

Es ist zwanzig Minuten vor drei Uhr nachmittags.

Son las tres menos cuarto.

Es ist Viertel vor drei Uhr.

Wortliste zu Kapitel 10.3:
Die Uhrzeit, Wochentage, Monate, Jahreszeiten

Spanisch	***[Aussprache]***	**Deutsch**
la hora	*[ora]*	die Uhrzeit, die Stunde
¿qué hora es?	*[ke ora es]*	wieviel Uhr ist es?
¿a qué hora?	*[a ke ora]*	um wieviel Uhr?
¿cuándo?	*[kuando]*	wann?
a las ocho	*[a las otscho]*	um acht
son las diez	*[son las dieth]*	es ist zehn
a las 8 de la mañana	*[de la mañana]*	um 8 Uhr morgens
a las 4 de la tarde	*[de la tarde]*	um 4 Uhr nachmittags
a las 10 de la noche	*[de la notsche]*	um 10 Uhr abends
de la/por la mañana	*[por la manjana]*	morgens
de la/por la tarde	*[por la tarde]*	nachmittags
de la/por la noche	*[por la notsche]*	abends, nachts
de la/de madrugada	*[de madrugada]*	früh morgens

del/al mediodía	*[al mediodia]*	mittags
son las 7 en punto	*[en punto]*	es ist Punkt 7 Uhr
son las 8 y cuarto	*[i kuarto]*	es ist Viertel nach 8
son las 9 menos cuarto	*[menos kuarto]*	es ist Viertel vor 9
es la una y media	*[media]*	es ist halb zwei Uhr
el lunes	*[lunes]*	der Montag
el martes	*[martes]*	der Dienstag
el miércoles	*[mierkoles]*	der Mittwoch
el jueves	*[chuebes]*	der Donnerstag
el viernes	*[biernes]*	der Freitag
el sábado	*[sabado]*	der Samstag
el domingo	*[domingo]*	der Sonntag
enero	*[enero]*	Januar
febrero	*[febrero]*	Februar
marzo	*[martho]*	März
abril	*[abril]*	April
mayo	*[maio]*	Mai
junio	*[chunio]*	Juni
julio	*[chulio]*	Juli
agosto	*[agosto]*	August
septiembre	*[septiembre]*	September
octubre	*[oktubre]*	Oktober
noviembre	*[nobiembre]*	November
diciembre	*[dithiembre]*	Dezember
la primavera	*[primabera]*	der Frühling
el verano	*[berano]*	der Sommer
el otoño	*[otonjo]*	der Herbst
el invierno	*[inbierno]*	der Winter

Audiobeispiel 10.3 Diese Worte und Sätze findest du auch in den Audiodateien zu diesem Buch.

Wiederholung und Übung

1.) Schreibe die folgenden Grundzahlen aus.

a. 4 ______________________

b. 500 ______________________

c. 15 ______________________

d. 850 ______________________ casas

e. 29 ______________________

f. 2024 ______________________

g. 100 ______________________

h. 40 000 ______________________ habitantes (Einwohner)

i. 200 ______________________

j. 3 000 000 ______________________ edificios (Gebäude)

2.) Schreibe die folgenden Mengenangaben aus

a. 3kg/tomates

b. 1 Flasche/agua

c. ½ l/aceite

d. 1 Tüte/caramelos (Bonbons)

3.) Wie viel Uhr ist es? Schreibe die folgenden Uhrzeiten auf Spanisch mit den jeweiligen Angaben zur Tageszeit.

a. 09:20:

b. 10:50:

c. 03:15:

d. 19:30:

e. 11:45:

f. 22:55:

g. 15:35:

h. 17:00:

Zusammenfassung Kapitel 10

Die Zahlen 1-30 werden zusammengeschrieben. Ab der Zahl 31 werden die **Zehner und Einer** durch **„y“** verbunden. Für alle Zahlen gilt: Endet eine Zahl auf 1, wird „uno“ vor maskulinen Nomen zu **„un“**, vor femininen Nomen zu **„una“**. Die Zahl 100 heißt „cien“. Ab 101 wird „ciento“ verwendet. Die **Hunderterzahlen ab 200 werden an das Geschlecht des Nomens angeglichen**. Während die Zahl **„mil“** (1000) **unveränderlich** ist, gibt es bei **„millón“** (1 000 000) auch eine Pluralform: **„millones“**. Folgt auf „millones“ ein Nomen, so wird es mit der Präposition „de“ ergänzt.

Jahreszahlen werden im Spanischen wie Zahlen ausgesprochen.

Bei allen **Mengenangaben** wie „ein Liter/Kilo“, „eine Tüte/Flasche/Dose/Packung“ steht die Präposition **„de“**. Es heißt also “un litro de agua“ und “un paquete de sal“. Bei „medio kilo“ (ein halbes Kilo) entfällt der Artikel.

Die **Uhrzeit** gibt man mit dem Verb **„ser“** und dem **bestimmten femininen Artikel** an. Bei „ein Uhr“ wird der Artikel in der Einzahl verwendet, ansonsten immer in der Mehrzahl. **Tageszeiten** ohne Uhrzeit werden mit **por** angegeben. Im Spanischen wird das 12-Stunden-System verwendet. Die Ergänzungen „de la mañana/tarde/noche“ dienen dazu, die Uhrzeit genau anzugeben und Missverständnisse zu vermeiden.

11. Themenfeld: Lebensmittel

Das Beste zum Schluss: denn jetzt geht es um leckeres Gemüse, Obst, schmackhafte Fleisch- und Fischsorten und natürlich köstliche Getränke. Einkaufen gehen, ein Restaurant besuchen oder nach einem spanischen Rezept zu kochen, all diese Dinge wirst du am Schluss dieses Kapitels ohne Probleme bewältigen. Die umfassende Liste mit den wichtigsten Vokabeln zu diesen Themen hilft dir dabei, dich in all diesen Situationen zu verständigen. Einige Wörter kennst du bereits, aber solltest du mal nicht sicher sein, dann hast du hier alles kompakt. Außerdem gibt es in diesem Kapitel eine spannende Kurzgeschichte zu Sophie und Paul auf dem Markt, in der du deine neu erworbenen Kenntnisse gleich anwenden kannst. ¡Que te aproveche!

Audiobeispiele 11.1/11.2/11.3/11.4/11.5/11.6 Alle folgenden Vokabeln findest du auch in den Audiodateien zu diesem Kapitel.

Wortliste zu Kapitel 11.1: Obst (fruta)

Spanisch	***[Aussprache]***	**Deutsch**
el plátano	*[platano]*	die Banane
la manzana	*[manzana]*	der Apfel
la naranja	*[naranja]*	die Orange
la cereza	*[theretha]*	die Kirsche
la piña	*[pinja]*	die Ananas
el albaricoque	*[albarikoke]*	die Aprikose
el melocotón	*[melokoton]*	der Pfirsich
la mandarina	*[mandarina]*	die Mandarine
la uva	*[uba]*	die Weintraube
la fresa	*[fresa]*	die Erdbeere
el limón	*[limon]*	die Zitrone
la pera	*[pera]*	die Birne

la frambuesa	*[frambuesa]*	die Himbeere
la mora	*[mora]*	die Brombeere
la grosella	*[groseja]*	die Johannisbeere
el kiwi	*[kibi]*	die Kiwi
la ciruela	*[thiruela]*	die Pflaume
el melón	*[melon]*	die Honigmelone
la sandía	*[sandia]*	die Wassermelone
el pomelo	*[pomelo]*	die Grapefruit
el higo	*[igo]*	die Feige
la lima	*[lima]*	die Limette
la aceituna	*[atheituna]*	die Olive

Wortliste zu Kapitel 11.2: Gemüse (verdura)

Spanisch	***[Aussprache]***	**Deutsch**
la patata	*[patata]*	die Kartoffel
el pepino	*[pepino]*	die Gurke
el tomate	*[tomate]*	die Tomate
la zanahoria	*[thanaoria]*	die Karotte
el pimiento	*[pimiento]*	die Paprika
el pimiento picante	*[pimiento pikante]*	die Peperoni
la berenjena	*[berenchena]*	die Aubergine
el espárrago	*[esparrago]*	der Spargel
la judía	*[chudia]*	die Bohne
el guisante	*[gisante]*	die Erbse
el brócoli	*[brokoli]*	der Brokkoli
la coliflor	*[koliflor]*	der Blumenkohl
la cebolla	*[theboja]*	die Zwiebel
el ajo	*[acho]*	der Knoblauch
la lechuga	*[letschuga]*	der Salat
la espinaca	*[espinaka]*	der Spinat
la seta	*[seta]*	der Pilz

el apio	*[apio]*	der Sellerie
el calabacín	*[kalabathin]*	die Zucchini
la calabaza	*[kalabatha]*	der Kürbis
el maíz	*[maith]*	der Mais
el aguacate	*[aguakate]*	die Avocado
el pepino	*[pepino]*	die Gurke
la alcachofa	*[alkatschofa]*	die Artischocke
el puerro	*[puerro]*	der Lauch
el hinojo	*[inocho]*	der Fenchel
la col	*[kol]*	der Kohl

Wortliste zu Kapitel 11.3: Fleisch (carne)

Spanisch	***[Aussprache]***	**Deutsch**
la carne	*[karne]*	das Fleisch
la ternera	*[ternera]*	das Kalb
el cerdo	*[therdo]*	das Schwein
la carne de vaca, de cerdo...	*[karne de baka, de therdo]*	das Rindfleisch, das Schweinefleisch...
el pollo	*[pojo]*	das Huhn
el pavo	*[pabo]*	die Pute
el pato	*[pato]*	die Ente
el cordero	*[kordero]*	das Lamm
la carne picada	*[karne pikada]*	das Hackfleisch
la pechuga de pollo...	*[petschuga de pojo]*	die Hühnerbrust...
el solomillo de cerdo...	*[solomillo de therdo]*	das Schweinefilet...
la chuleta de cordero	*[tschuleta de kordero]*	das Lammkotelett
la chuleta de cerdo	*[tschuleta de therdo]*	das Schweinekotelett
la salchicha	*[saltschitscha]*	die Bratwurst
el chorizo	*[tschoritho]*	die Paprikasalami
el paté de hígado	*[pate de igado]*	die Leberwurst
el jamón	*[chamon]*	der Schinken
el bistec	*[bistek]*	das Steak

Wortliste zu Kapitel 11.4: Fisch (pescado)

Spanisch	***[Aussprache]***	**Deutsch**
el pescado	*[peskado]*	der Fisch
el atún	*[atun]*	der Thunfisch
el salmón	*[salmon]*	der Lachs
el bacalao	*[bakalao]*	der Kabeljau, Dorsch
la dorada	*[dorada]*	die Dorade
la lubina	*[lubina]*	der Seebarsch
la merluza	*[merlutha]*	der Seehecht
los mariscos	*[mariskos]*	die Meeresfrüchte
la gamba	*[gamba]*	die Garnele
el mejillón	*[mechijon]*	die Miesmuschel
la almeja	*[almecha]*	die Venusmuschel
la sepia	*[sepia]*	der Tintenfisch
el pulpo	*[pulpo]*	der Oktopus
el boquerón	*[bokeron]*	die Sardelle
la sardina	*[sardina]*	die Sardine
la langosta	*[langosta]*	der Hummer
el langostino	*[langostino]*	die Riesengarnele

Wortliste zu Kapitel 11.5: Milchprodukte (productos lácteos)

Spanisch	***[Aussprache]***	**Deutsch**
la leche entera	*[letsche entera]*	die Vollmilch
la leche desnatada	*[letche desnatada]*	die entrahmte Milch
el queso	*[keso]*	der Käse
el queso fresco	*[keso fresko]*	der Frischkäse
el queso de cabra	*[keso de kabra]*	der Ziegenkäse
el queso de oveja	*[keso de obecha]*	der Schafskäse
el queso de vaca	*[keso de baka]*	der Kuhmilchkäse
el requesón	*[rrekeson]*	der Quark
la mantequilla	*[mantekija]*	die Butter

la margarina	*[margarina]*	die Margarine
el yogur	*[jogur]*	die Joghurt
el helado	*[elado]*	das Eis
sin lactosa	*[sin laktosa]*	ohne Laktose
sin gluten	*[sin gluten]*	ohne Gluten
la nata fresca	*[nata freska]*	die crème fraîche
la nata	*[nata]*	die Sahne
la nata agria	*[nata agria]*	der Sauerrahm

Wortliste zu Kapitel 11.6: Getränke (bebidas)

Spanisch	***[Aussprache]***	**Deutsch**
la bebida	*[bebida]*	das Getränk
el agua con gas	*[agua kon gas]*	das Mineralwasser mit Kohlensäure
el agua mineral	*[agua]*	das Mineralwasser
el zumo de naranja, ...	*[thumo de narancha]*	der Orangensaft, ...
la cerveza	*[therbetha]*	das Bier
la cerveza sin alcohol	*[therbetha sin alcool]*	das alkoholfreie Bier
la copa de vino	*[kopa de bino]*	das Glas Wein
el vino tinto	*[bino tinto]*	der Rotwein
el vino blanco	*[bino blanko]*	der Weißwein
el café	*[kafe]*	der Kaffee
el café solo	*[kafe solo]*	der Espresso
el cortado	*[kortado]*	der Espresso mit Milch
la infusión	*[infusion]*	der Tee

TIPP Beschrifte alle Produkte in deinem Kühlschrank mit den passenden spanischen Begriffen und spreche die neuen Vokabeln immer wieder aus, damit sie sich dir schnell einprägen.

Wiederholung und Übung

Die folgenden Übungen helfen dir, die Vokabeln zu trainieren. Viel Spaß dabei!

1.) Übersetze die deutschen Lebensmittel ins spanische, bitte jeweils mit dem bestimmten Artikel und die spanischen ins Deutsche.

a. Der Käse ______________________________

b. Die Sahne ______________________________

c. Das Fleisch ______________________________

d. Das Mineralwasser ______________________________

e. Die Meeresfrüchte ______________________________

f. La mantequilla ______________________________

g. El pescado ______________________________

h. La berenjena ______________________________

i. Las patatas ______________________________

j. El pepino ______________________________

2.) Und zum Schluss eine sehr effektive Aufgabe, wenn du sie regelmäßig in deinen Alltag einfließen lässt: Notiere ab jetzt deine Einkaufsliste auf Spanisch.

Globales Lesen, Hören und Verstehen: Sophie und Paul auf dem Markt

Der „mercadillo“ ist eine Mischung aus Wochenmarkt und Jahrmarkt, immer im Freien. In größeren aber auch vielen kleinen Städten und Dörfern Spaniens findet er regelmäßig an bestimmten Wochentagen statt. Dort findest du leckeres frisches Gemüse, Obst, Käse, Fisch- und Fleischwaren zu recht günstigen Preisen. Außerdem gibt es dort die, meiner Meinung nach, besten Gewürze, herrliche Klamotten, Küchenutensilien, Antiquitäten, frisches Brot, und vieles mehr...

El domingo a las diez de la mañana Paul y Sophie van en coche al mercadillo de Mazarrón. Paul ha explicado a Sophie que a las once o doce hay demasiada gente y los mejores productos ya están vendidos. Aparcan a unos 500 metros del mercadillo y van a pie hasta allí.

Paul: “¿Qué vamos a comprar?“

Sophie: “Antes de volver a Alemania, quiero hacer una cena para ti y Cristina el lunes. Para los entrantes necesito una lechuga, atún, zanahorias, patatas, unos pepinos y tomates. Además, para el plato principal: pimiento rojo, dos calabacines, cuatro berenjenas lilas, ajo, cebollas y perejil. Ah!, no ovidar el queso fresco y pescado. ¿O preferís carne?“

Paul: “Es un placer cenar contigo. A Cristina le gusta mucho el pescado. A mí me da igual.“

Sophie: “Bueno, entonces necesito pescados, una lubina, una dorada y un bacalao. Además, me gustaría comprar fruta: uvas, albaricoques y una piña. Lo demás lo compraré en el supermercado.“

Paul: “Vale. Vamos primero a mi puesto de frutas y verduras preferido, es el de „Paco-patata“, se llama así porque tiene las mejores patatas del mercadillo.“

Paco-patata: “Hola Paul ¿qué tal? Es un placer verte. No nos hemos visto desde hace tiempo. ¿Qué puedo ofrecerte?“

Paul: “Hola Paco-patata. Te presento a mi amiga Sophie, es también de Alemania. Ella necesita fruta y verdura.“

Paco-patata: “Encantado de conocerte, Sophie. ¿Qué quieres?“

Sophie: “Quiero, por favor unas uvas, medio kilo de albaricoques y una piña, por favor. Además, necesito tres de estos pimientos rojos, dos calabacines, cuatro o cinco berenjenas lilas, medio kilo de zanahorias, y tres kilos de patatas. Aparte de eso quería dos ajos, cebollas y perejil."

Paco-patata: "¿Algo más?"

Sophie: "No gracias, es todo."

Paco-patata: "Para ti hago un precio barato: 15€. Y una lechuga riquísima de regalo."

Sophie: "No es muy barato. ¿Podrías bajar el precio un poco? 12€ son suficientes, ¿no?"

Paco-patata: "Lo puedo hacer por ti, Sophie. 12€ con la lechuga y ya está."

Sophie: "Muchas gracias y hasta pronto."

Después Sophie y Paul van al puesto del pescado y al de la carne. Paul conoce a casi todos los vendedores. En el puesto de Pablo compran la carne, en el de Pili los pescados. Pero Sophie no quiere solo comprar comida, además desea ver las gafas de sol, porque las suyas ya están muy viejas, y también quiere ver y probarse algunos vestidos bonitos. Entonces Paul y Sophie están delante del puesto de las gafas. Sophie se pone unas gafas de sol que le gustan mucho.

Sophie: "Mira, estas gafas me gustan mucho."

Paul: "Sí, las gafas te quedan muy bien."

Sophie: "Las compraré tal vez más tarde. Todavía tengo las gafas viejas que me regaló mi abuela. Vamos a ver los vestidos, hay muchísimos."

Paul y Sophie van a los puestos de vestidos. Allí Sophie se enamora de un vestido blanco, que al probarselo le queda muy bien. Pero en este momento se da cuenta de que ha perdido sus gafas, ¡el regalo de su querida abuela! Sophie y Paul vuelven al puesto de gafas, pero allí no están. Sophie se molesta y está muy triste.

Paul: "Hay un cuento español para niños que explica que las cosas no quieren estar siempre contigo. Como muchas personas, también las cosas necesitan un cambio. Por eso tus gafas han buscado a otro dueño. Entonces no has perdido tus gafas, solamente tus gafas ahora han encontrado a otro dueño."

Sophie está pensando en sus gafas y en su abuela, pero las palabras de Paul la ayudan a aceptar la pérdida.

Paul: “Tengo que irme pero vuelvo en diez minutos.“

Sophie espera a Paul delante del puesto de gafas hasta que vuelve.

Sophie: “¿Has comprado algo?, ¿qué? Déjame verlo.“

Paul: “No, no he comprado nada, solo fui al baño en una cafetería cerca de aquí.“

Sophie: “Oh ya son las tres de la tarde. Tengo que ir a casa, comprar las bebidas y preparar todo para la cena con vosotros mañana.“

Sophie y Paul vuelven a La Azohía y se despiden.

Al día siguiente Sophie encuentra un paquete delante de su apartamento. Sophie abre el paquete y lee la carta: “Soy el vestido blanco del que te enamoraste ayer. Quiero estar contigo. ¿Estás de acuerdo?“

Audiobeispiel 11.7: Kurzgeschichte „auf dem Markt“
Audiobeispiel 11.8: Wortliste zur Kurzgeschichte

Wortliste zu Kapitel 11.8: die Kurzgeschichte (el cuento corto)

Spanisch	***[Aussprache]***	**Deutsch**
el entrante	*[entrante]*	die Vorspeise
el plato principal	*[plato printhipal]*	die Hauptspeise
el postre	*[postre]*	die Nachspeise
el puesto	*[puesto]*	der Marktstand
el vestido	*[bestido]*	das Kleid
el dueño, la dueña	*[duenjo]*	der Eigentümer
el regalo	*[regalo]*	das Geschenk
las gafas	*[gafas]*	die Brille
las gafas de sol	*[gafas de sol]*	die Sonnenbrille
olvidar	*[olbidar]*	vergessen
enamorarse de	*[enamorarse de]*	sich verlieben in
despedirse	*[despedirse]*	sich verabschieden

12. Extras

Hier auf einen Blick die Verben in den behandelten Zeiten dieses Buches. Bei Unsicherheiten kannst du kurz nachschlagen oder du nutzt diese Tabellen zum systematischen Erlernen der regelmäßigen Endungen und jener unregelmäßigen Verben, die für dich wichtig sind.

Die Zeitformen presente (Präsens), indefinido (Präteritum) und futuro simple (einfache Zukunft) sind in allen Personen aufgeführt. Das futuro próximo (nahe Zukunft), das préterito perfecto (Perfekt) und das gerundio (Gerundium) stehen beispielhaft in der ersten Person, da dabei nur die vorangestellten Verben „ir“, „haber“ und „estar“ im Präsens an die verschiedenen Personen angeglichen werden. Diese drei unregelmäßigen Verben findest du einzeln aufgelistet.

12.1 Falsche Freunde: „falsos amigos“

Als falsche Freunde bezeichnet man Wortpaare aus verschiedenen Sprachen, die zwar sehr ähnlich aussehen, aber eine unterschiedliche Bedeutung haben. Ich stelle dir hier einige wichtige vor, damit du nicht drüber stolperst.

Spanisch	Richtig Deutsch	Falsos Amigos	Falsos Amigos übersetzt
alto, -a	hoch	alt	viejo, -a, antiguo, -a
el arte	Kunst	Art und Weise	la manera, el tipo
el balón	größerer Ball	Ballon	el globo
el bombón	Praline	Bonbon	el caramelo
bravo,-a	mutig, wütend	brav	bien educado
el camino	Weg	Kamin	la chimenea
la carta	Brief	Kredit-, Landkarte	la tarjeta, el mapa
el complemento	Ergänzung	Kompliment	el cumplido
el concurso	Wettbewerb	Konkurs	la quiebra
la condición	Bedingung	Kondition	la forma física
el dato	Beleg, Unterlage	Datum	la fecha
la delicadeza	Zartheit	Delikatesse	el plato exquisito
la demonstración	Beweisführung	Demonstration	la manifestación
demonstrar	beweisen	demonstrieren	manifestar
el desierto	Wüste	Dessert	el postre
la falta	Fehler, Mangel	Falte	el pliegue
famoso,-a	berühmt	famos, spitze	estupendo,-a
la feria	Messe, Fest	Ferien	las vacaciones
la frase	Satz	Phrase	el tópico
el gimnasio	Fitnessstudio	Gymnasium	el instituto
el grifo	Wasserhahn	Griff	la manecilla
estar harto de algo	etw. satt haben	hart	duro,-a
imponer	aufzwingen	imponieren	impresionar
jajajaja	hahahaha	ja	sí
la labor	Arbeit	Labor	el laboratorio
mal	schlecht	Mal	la vez
el mantel	Tischdecke	Mantel	el abrigo
la moto	Moped, Motorrad	Motto	el lema
el mundo	Welt	Mund	la boca
notar	wahrnehmen	notieren	anotar, apuntar

Spanisch	Richtig Deutsch	Falsos Amigos	Falsos Amigos übersetzt
el placer	Lust, Gefallen	platzieren	colocar
el poste	Pfosten, Pfeiler	Post	el correo
la prisa	Eile	Prise	la pizca
la rama	Ast	Rahm	la nata
el regalo	Geschenk	Regal	la estantería
sortear	aus-, verlosen	sortieren	ordenar
terminar	beenden	terminieren	fijar una fecha
el tiempo	Wetter	Tempo	la velocidad
el vaso	Glas, Becher	Vase	el florero
ya	schon	ja	sí

Audiobeispiel 12.1 Die in der Liste aufgeführten „falsos amigos" findest du in der Audiodatei zu diesem Kapitel.

12.2 Wahre Freunde: „buenos amigos"

Natürlich gibt es auch noch richtige Freunde! Diese Worte klingen im Deutschen und Spanischen gleich oder ähnlich und haben auch dieselbe Bedeutung.

Spanisch	*[Aussprache]*	Deutsch
actual	*[aktual]*	aktuell
anotar	*[anotar]*	notieren
el banco, la banca	*[banko],* *[banka]*	Sitzbank, Bankwesen
bizarro,-a	*bitharro]*	bizarr
el café	*[kafe]*	Kaffee
la cafetería	*[kafeteria]*	Cafeteria, Kaffeebar
derecha	*[deretscha]*	rechts
el derecho	*[deretscho]*	Recht
dominar	*[dominar]*	dominieren
elegante	*[elegante]*	elegant

Spanisch	*[Aussprache]*	Deutsch
el este	*[este]*	Osten
exquisito,-a	*[exkisito]*	exquisit
la fiesta	*[fiesta]*	Fest
gratis	*[gratis]*	gratis
ignorante	*[ignorante]*	ignorant, unwissend
la impresión	*[impresion]*	Impression, Eindruck
la lámpara	*[lampara]*	Lampe
la línea	*[linea]*	Linie
la lista	*[lista]*	Liste
el lujo	*[lucho]*	Luxus
el macho	*[matscho]*	Macho
la medicina	*[medithina]*	Medizin
la motivación	*[motibathion]*	Motivation
negativo,-a	*[negatibo]*	negativ
el norte	*[norte]*	Norden
el oeste	*[weste]*	Westen
pasar	*[pasar]*	passieren
la plaza	*[patha]*	Platz
positivo,-a	*[positibo]*	positiv
obligatorio,-a	*[obligatorio]*	obligatorisch
ordenar	*[ordenar]*	ordnen, aufräumen
la posición	*[posithion]*	Position
la recepción	*[rethepthion]*	Rezeption
respectar	*[respektar]*	respektieren
la siesta	*[siesta]*	Siesta, Mittagsruhe
el sur	*[sur]*	Süden
el té	*[te]*	Tee
el triunfo	*[triunfo]*	Triumph, Erfolg

Audiobeispiel 12.2 Die in der Liste aufgeführten „buenos amigos“ findest du in der Audiodatei zu diesem Kapitel.

12.3 Übersicht aller Zeiten

Hier findest du die Übersicht der Zeiten, die du in diesem Buch kennengelernt hast.

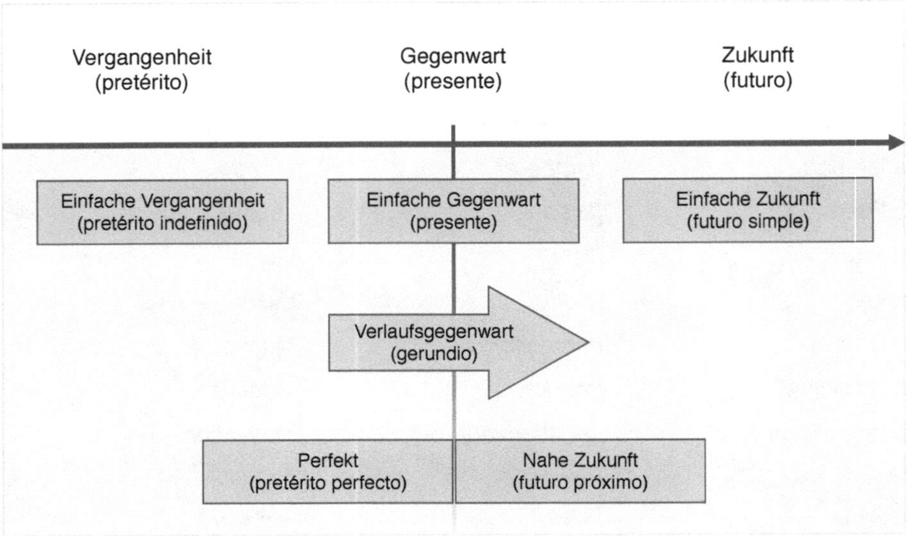

12.4 Die regelmäßigen Verben (regulares)

Bei den regelmäßigen Verben auf „-ar“, „-er“ und „-ir“ sind die typischen Endungen fett markiert, damit du sie dir mit der Zeit einprägst.

Verben auf -ar: **hablar** (sprechen)

presente de indicativo	pretérito indefinido	futuro simple	
habl**o**	habl**é**	hablar**é**	futuro próximo
habl**as**	habl**aste**	hablar**ás**	**voy a** hablar
habl**a**	habl**ó**	hablar**á**	pretérito perfecto
habl**amos**	habl**amos**	hablar**emos**	**he** habl**ado**
habl**áis**	habl**asteis**	hablar**éis**	gerundio
habl**an**	habl**aron**	hablar**án**	**estoy** habl**ando**

Verben auf -er: **comer** (essen)

presente de indicativo	pretérito indefinido	futuro simple	
com**o**	com**í**	comer**é**	futuro próximo
com**es**	com**iste**	comer**ás**	**voy a** comer
com**e**	com**ió**	comer**á**	pretérito perfecto
com**emos**	com**imos**	comer**emos**	**he** com**ido**
com**éis**	com**isteis**	comer**éis**	gerundio
com**en**	com**ieron**	comer**án**	**estoy** com**iendo**

Verben auf -ir: **vivir** (leben)

presente de indicativo	pretérito indefinido	futuro simple	
viv**o**	viv**í**	vivir**é**	futuro próximo
viv**es**	viv**íste**	vivir**ás**	**voy a** vivir
viv**e**	viv**ió**	vivir**á**	pretérito perfecto
viv**imos**	viv**imos**	vivir**emos**	**he** viv**ido**
viv**ís**	viv**isteis**	vivir**éis**	gerundio
viv**en**	viv**ieron**	vivir**án**	**estoy** viv**iendo**

12.5 Die unregelmäßigen Verben (irregulares)

Viele Verben sind an sich regelmäßig bis auf wenige unregelmäßig konjugierte Verbformen. Diese markiere ich fett, damit du nur diese Ausnahmen lernst. Bei dem Verb „abrir" ist nur das pretérito perfecto unregelmäßig.

abrir (öffnen)

presente de indicativo	pretérito indefinido	futuro simple	
abro	abrí	abriré	futuro próximo
abres	abriste	abrirás	voy a abrir
abre	abrió	abrirá	pretérito perfecto
abrimos	abrimos	abriremos	he **abierto**
abrís	abristeis	abriréis	gerundio
abren	abrieron	abrirán	estoy abriendo

caer (fallen)

presente de indicativo	pretérito indefinido	futuro simple	
ca**ig**o	caí	caeré	
caes	ca**í**ste	caerás	
cae	ca**y**ó	caerá	pretérito perfecto
caemos	ca**í**mos	caeremos	he caído
caéis	ca**í**steis	caeréis	gerundio
caen	ca**y**eron	caerán	estoy ca**y**endo

conocer (kennen)

presente de indicativo	pretérito indefinido	futuro simple	
cono**z**co	conocí	conoceré	futuro próximo
conoces	conociste	conocerás	voy a conocer
conoce	conoció	conocerá	pretérito perfecto
conocemos	conocimos	conoceremos	he conocido
conocéis	conocisteis	conoceréis	gerundio
conocen	conocieron	conocerán	estoy conociendo

Ebenso: **crecer** (wachsen), **ofrecer** (anbieten), **parecer** (aussehen, erscheinen)

contar (er-/zählen)

presente de indicativo	pretérito indefinido	futuro simple	
c**ue**nto	conté	contaré	futuro próximo
c**ue**ntas	contaste	contarás	voy a contar
c**ue**nta	contó	contará	pretérito perfecto
contamos	contamos	contaremos	he contado
contáis	contasteis	contaréis	gerundio
c**ue**ntan	contaron	contarán	estoy contando

Ebenso: **acordarse** (sich erinnern), **costar** (kosten), **encontrar** (finden), **probar** (versuchen, anprobieren)

dar (geben)

presente de indicativo	pretérito indefinido	futuro simple	
doy	**di**	daré	futuro próximo
das	**diste**	darás	voy a dar
da	**dio**	dará	pretérito perfecto
damos	**dimos**	daremos	he dado
dais	**disteis**	daréis	gerundio
dan	**dieron**	darán	estoy dando

decir (sagen)

presente de indicativo	pretérito indefinido	futuro simple	
d**ig**o	**dije**	**dir**é	futuro próximo
d**i**ces	**dij**iste	**dir**ás	voy a decir
d**i**ce	**dijo**	**dir**á	pretérito perfecto
decimos	**dij**imos	**dir**emos	he **dicho**
decís	**dij**isteis	**dir**éis	gerundio
d**i**cen	**dijeron**	**dir**án	estoy d**i**ciendo

dormir (schlafen)

presente de indicativo	pretérito indefinido	futuro simple	
d**ue**rmo	dormí	dormiré	futuro próximo
d**ue**rmes	dormiste	dormirás	voy a dormir
d**ue**rme	d**u**rmió	dormirá	pretérito perfecto
dormimos	dormimos	dormiremos	he dormido
dormís	dormisteis	dormiréis	gerundio
d**ue**rmen	d**u**rmieron	dormirán	estoy d**u**rmiendo

Ebenso: **morir** (sterben)

elegir (auswählen)

presente de indicativo	pretérito indefinido	futuro simple	
el**ij**o	elegí	elegiré	futuro próximo
el**i**ges	elegiste	elegirás	voy a elegir
el**i**ge	el**i**gió	elegirá	pretérito perfecto
elegimos	elegimos	elegiremos	he elegido
elegís	elegisteis	elegiréis	gerundio
el**i**gen	el**i**gieron	elegirán	estoy el**i**giendo

entender (verstehen)

presente de indicativo	pretérito indefinido	futuro simple	
ent**ie**ndo	entendí	entenderé	futuro próximo
ent**ie**ndes	entendiste	entenderás	voy a entender
ent**ie**nde	entendió	entenderá	pretérito perfecto
entendemos	entendimos	entenderemos	he entendido
entendéis	entendisteis	entenderéis	gerundio
ent**ie**nden	entendieron	entenderán	estoy entendiendo

Ebenso: **perder** (verlieren)

estar (sein)

presente de indicativo	pretérito indefinido	futuro simple	
estoy	**estuve**	estaré	futuro próximo
estás	**estuviste**	estarás	voy a estar
está	**estuvo**	estará	pretérito perfecto
estamos	**estuvimos**	estaremos	he estado
estáis	**estuvisteis**	estaréis	gerundio
están	**estuvieron**	estarán	estando

Achtung: Vor das Verb estar wird im gerundio nicht noch einmal das konjugierte Verb estar gesetzt. "Estoy estando aquí" gibt es nicht. In diesem Fall wird nur das Verb estar verwendet: „estoy aquí" (ich bin hier). Dagegen ist die Kombination mit anderen Verben möglich, wie etwa "sigo estando aquí" (ich bin immer noch hier) oder "sigo estando feliz" (ich bin immer noch glücklich).

Das Hilfsverb **haber** (haben) benötigst du nur im Präsens zur Bildung des préterito perfecto. Die unpersönliche Form von haber in der Bedeutung von „es gibt" (hay), „es gab" (hubo), „es wird geben" (habrá) ... wird ausschließlich in der 3. Person verwendet.

haber (haben, geben)

presente de indicativo	pretérito indefinido	futuro simple	
he			futuro próximo
has			va a haber
ha / hay	**hubo**	**habr**á	pretérito perfecto
hemos			ha habido
habéis			gerundio
han			está habiendo

hacer (machen)

presente de indicativo	pretérito indefinido	futuro simple	
hago	**hice**	**har**é	futuro próximo
haces	**hic**iste	**har**ás	voy a hacer
hace	**hizo**	**har**á	pretérito perfecto
hacemos	**hic**imos	**har**emos	he **hecho**
hacéis	**hic**isteis	**har**éis	gerundio
hacen	**hic**ieron	**har**án	estoy haciendo

ir (gehen)

presente de indicativo	pretérito indefinido	futuro simple	
voy	**fui**	iré	futuro próximo
vas	**fuiste**	irás	voy a ir
va	**fue**	irá	pretérito perfecto
vamos	**fuimos**	iremos	he ido
vais	**fuisteis**	iréis	gerundio
van	**fueron**	irán	estoy **y**endo

jugar (spielen)

presente de indicativo	pretérito indefinido	futuro simple	
j**ue**go	ju**gu**é	jugaré	futuro próximo
j**ue**gas	jugaste	jugarás	voy a jugar
j**ue**ga	jugó	jugará	pretérito perfecto
jugamos	jugamos	jugaremos	he jugado
jugáis	jugasteis	jugaréis	gerundio
j**ue**gan	jugaron	jugarán	estoy jugando

mover (bewegen)

presente de indicativo	pretérito indefinido	futuro simple	
m**ue**vo	moví	moveré	futuro próximo
m**ue**ves	moviste	moverás	voy a mover
m**ue**ve	movió	moverá	pretérito perfecto
movimos	movimos	moveremos	he movido
movéis	movisteis	moveréis	gerundio
m**ue**ven	movieron	moverán	estoy moviendo

Ebenso: **llover** (regnen), **volver** (zurückkehren) aber im préterito perfecto: **he vuelto**

pedir (bitten, bestellen)

presente de indicativo	pretérito indefinido	futuro simple	
p**i**do	pedí	pediré	futuro próximo
p**i**des	pediste	pedirás	voy a pedir
p**i**de	p**i**dió	pedirá	pretérito perfecto
pedimos	pedimos	pediremos	he pedido
pedís	pedisteis	pediréis	gerundio
p**i**den	p**i**dieron	pedirán	estoy p**i**diendo

pensar (denken)

presente de indicativo	pretérito indefinido	futuro simple	
p**ie**nso	pensé	pensaré	futuro próximo
p**ie**nsas	pensaste	pensarás	voy a pensar
p**ie**nsa	pensó	pensará	pretérito perfecto
pensamos	pensamos	pensaremos	he pensado
pensáis	pensasteis	pensaréis	gerundio
p**ie**nsan	pensaron	pensarán	estoy pensando

Ebenso: **empezar** (beginnen), **despertarse** (aufwachen)

poder (können)

presente de indicativo	pretérito indefinido	futuro simple	
pu**e**do	**pude**	**podr**é	futuro próximo
pu**e**des	**pud**iste	**podr**ás	voy a poder
pu**e**de	**pudo**	**podr**á	pretérito perfecto
podemos	**pud**imos	**podr**emos	he podido
podéis	**pud**isteis	**podr**éis	gerundio
pu**e**den	**pud**ieron	**podr**án	estoy p**u**diendo

poner (legen, stellen)

presente de indicativo	pretérito indefinido	futuro simple	
pongo	**puse**	**pondr**é	futuro próximo
pones	**pus**iste	**pondr**ás	voy a poner
pone	**puso**	**pondr**á	pretérito perfecto
ponemos	**pus**imos	**pondr**emos	he **puesto**
ponéis	**pus**isteis	**pondr**éis	gerundio
ponen	**pus**ieron	**pondr**án	estoy poniendo

Ebenso: **propone**r (vorschlagen)

preferir (vorziehen)

presente de indicativo	pretérito indefinido	futuro simple	
pref**ie**ro	preferí	preferiré	futuro próximo
pref**ie**res	preferiste	preferirás	voy a preferir
pref**ie**re	pref**i**rió	preferirá	pretérito perfecto
preferimos	preferimos	preferiremos	he preferido
preferís	preferisteis	preferiréis	gerundio
pref**ie**ren	pref**i**rieron	preferirán	estoy pref**i**riendo

querer (wollen)

presente de indicativo	pretérito indefinido	futuro simple	
qui**e**ro	**quise**	**querr**é	futuro próximo
qui**e**res	**quis**iste	**querr**ás	voy a querer
qui**e**re	**quiso**	**querr**á	pretérito perfecto
queremos	**quis**imos	**querr**emos	he querido
queréis	**quis**isteis	**querr**éis	gerundio
qui**e**ren	**quis**ieron	**querr**án	estoy queriendo

reír (lachen)

presente de indicativo	pretérito indefinido	futuro simple	
r**í**o	reí	reiré	futuro próximo
r**í**es	reíste	reirás	voy a reír
r**í**e	**rio**	reirá	pretérito perfecto
re**í**mos	reímos	reiremos	he reído
reís	reísteis	reiréis	gerundio
r**í**en	rieron	reirán	estoy r**i**endo

Ebenso: **sonreír** (lächeln)

saber (wissen)

presente de indicativo	pretérito indefinido	futuro simple	
sé	**supe**	**sabr**é	futuro próximo
sabes	**sup**iste	**sabr**ás	voy a saber
sabe	**supo**	**sabr**á	pretérito perfecto
sabemos	**sup**imos	**sabr**emos	he sabido
sabéis	**sup**isteis	**sabr**éis	gerundio
saben	**sup**ieron	**sabr**án	estoy sabiendo

salir (hinausgehen)

presente de indicativo	pretérito indefinido	futuro simple	
salgo	salí	**saldr**é	futuro próximo
sales	saliste	**saldr**ás	voy a salir
sale	salió	**saldr**á	pretérito perfecto
salimos	salimos	**saldr**emos	he salido
salís	salisteis	**saldr**éis	gerundio
salen	salieron	**saldr**án	estoy saliendo

ser (sein)

presente de indicativo	pretérito indefinido	futuro simple	
soy	**fui**	seré	futuro próximo
eres	**fuiste**	serás	voy a ser
es	**fue**	será	pretérito perfecto
somos	**fuimos**	seremos	he sido
sois	**fuisteis**	seréis	gerundio
son	**fueron**	serán	estoy siendo

tener (haben)

presente de indicativo	pretérito indefinido	futuro simple	
tengo	**tuve**	**tendr**é	futuro próximo
tienes	**tuv**iste	**tendr**ás	voy a tener
tiene	**tuvo**	**tendr**á	pretérito perfecto
tenemos	**tuv**imos	**tendr**emos	he tenido
tenéis	**tuv**isteis	**tendr**éis	gerundio
tienen	**tuv**ieron	**tendr**án	estoy teniendo

traer (bringen)

presente de indicativo	pretérito indefinido	futuro simple	
traigo	**traje**	traeré	futuro próximo
traes	**traj**iste	traerás	voy a traer
trae	**trajo**	traerá	pretérito perfecto
traemos	**traj**imos	traeremos	he traído
traéis	**traj**isteis	traeréis	gerundio
traen	**trajeron**	traerán	estoy tra**y**endo

venir (kommen)

presente de indicativo	pretérito indefinido	futuro simple	
vengo	**vine**	**vendr**é	futuro próximo
v**ie**nes	v**i**niste	**vendr**ás	voy a venir
v**ie**ne	**vino**	**vendr**á	pretérito perfecto
venimos	v**i**nimos	**vendr**emos	he venido
venís	v**i**nisteis	**vendr**éis	gerundio
v**ie**nen	v**i**nieron	**vendr**án	estoy v**i**niendo

ver (sehen)

presente de indicativo	pretérito indefinido	futuro simple	
v**e**o	v**i**	veré	futuro próximo
ves	viste	verás	voy a ver
ve	vi**o**	verá	pretérito perfecto
vemos	vimos	veremos	he **visto**
v**e**is	visteis	veréis	gerundio
ven	vieron	verán	estoy viendo

Schlusswort

Ganz herzlichen Glückwunsch! Super, dass du bis zum Schluss deine Ziele konsequent verfolgt hast und deine Fähigkeiten ausprobiert und erfolgreich umgesetzt hast. Du bist jetzt am Ende dieses Buches angelangt und hast deinen persönlichen Lernweg gefunden, um mit Spaß und Begeisterung Spanisch zu lernen. Bleib dran, um deine Ziele weiter auszubauen!

Durch die zahlreichen nützlichen Übungen und Wortfelder am Ende jedes Kapitels verfügst du über einen soliden Grundwortschatz und umfangreiche Grammatikkenntnisse. Du kennst dich jetzt aus in den zwei Formen der Gegenwart, der Vergangenheit und Zukunft. Die Aussprache und Rechtschreibung sind dir geläufig, sowie wichtige Ausdrücke, um dich mitzuteilen. Du kannst Vergleiche anstellen oder unterstreichen, was dir am liebsten ist. Und ganz wichtig: Du bist in der Lage alle möglichen Fragen zu stellen und deine eigene Meinung zu verdeutlichen. Außerdem kennst du nützliche Sätze und Wendungen, die du im Alltag, auf Reisen oder im Beruf jederzeit einsetzen kannst. Durch die Kurzgeschichten – im Audio von spanischen Muttersprachlern gesprochen – fällt es dir nicht schwer auch das mitunter sehr schnell gesprochene Spanisch zu verstehen.

Zum Schluss: Danke, dass du auch bei schwierigen Einheiten dabei warst und durchgehalten hast. Ich wünsche dir viel Erfolg, Begeisterung und Spaß auf deinem weiteren Lernweg.

Bevor du dieses Buch schließt, möchte ich dich allerdings noch gerne um einen Gefallen bitten:

Ich würde mich über eine Bewertung auf Amazon sehr freuen. So erhalte ich wertvolles Feedback und Motivation für weitere Bücher. Außerdem hilfst du damit auch anderen Sprachlernenden, die gerade auf der Suche nach dem richtigen Lehrbuch sind! Sicherlich bist du froh, dieses Buch entdeckt zu haben – teile deine Erfahrung mit Anderen, und hilf auch ihnen ihre Ziele schnell zu erreichen. Wenn du mir gerne ausführliche, persönliche Kritik oder ein Feedback zur Verbesserung dieses Buches geben willst, dann kontaktiere mich gerne unter **susannepulvermueller@aesverlag.de**

Ich freue mich über jede Art der konstruktiven Kritik und neue Vorschläge, denn auch für mich sind diese Bücher ein unaufhörlicher Lernprozess.

Susanne Pulvermüller

Buchempfehlungen

Natürlich gibt es beim Spanischlernen noch viele weitere spannende Gebiete zu erkunden. Falls du Interesse hast, deine Sprachkenntnisse weiter auszubauen und immer sicherer in der Kommunikation auf Spanisch zu werden, dann kann ich dir mein Buch „Spanisch Vokabeln – praxisnah und einfach“ empfehlen. Dieses Buch beinhaltet die wichtigsten Vokabeln und Phrasen des spansichen Wortschatzes (A1-B1). So kannst du dich ideal auf deine nächste Reise vorbereiten oder das Buch als Nachschlagewerk für unterwegs nutzen!

https://amzn.to/3SDpmlB

ISBN: 978-3949604416

Erhältlich auf Amazon.de

Lösungen der Übungsaufgaben

Lösungen zu Kapitel 2

2.1 Aussprache und Rechtschreibung

Die deutschen Worte sind exemplarische Beispiele für die jeweilige Aussprache. Natürlich gibt es etliche deutschen Worte, die ebenso als Beispiel dienen können.

Buchstabe(n)	**Beispiel**	***[Aussprache]***
c	claro, calor, canción ciudad, veces	wie das deutsche „*k*“ im Wort „*Kugel*“, aber vor „*e*“ und „*i*“ gelispelt wie das englische [th]
ch	ocho, chocolate	wie das deutsche *„tsch“* im Wort *„Tschüss“*
g	guapo, amiga, agua, genial, gimnasio	wie das deutsche *„g“* im Wort „grau“ vor „a“, „o“, „u“. Aber vor „*e*“ und „*i*“ wie „*ch*“ im Wort „*acht*“
h	hola, hotel, hombre, hora	*das „h“ wird nicht gesprochen*
j	joven	wie „*ch*“ im Wort „*acht*“
ll	Mallorca	wie das deutsche „*j*“ im Wort „*Junge*“
ñ	España	wie „*nj*“ im Wort „*einjährig*“
qu	equipo	wie das deutsche “*k*“ im Wort „*Kilo*“
z	zapato, zumo	gelispelt wie im englischen das *[th]*

2.2 Betonung und Akzentsetzung

1.) Wörter, die auf Vokal, *„n“* oder *„s“* enden, werden auf der zweitletzten Silbe betont. Enden Wörter auf alle anderen Konsonanten, dann werden sie auf der *letzten* Silbe betont. Wörter, die von diesen zwei Regeln abweichen, tragen auf dem betonten Vokal einen *Akzent.*

2.) alemán (deutsch), profesor (Lehrer), estudiante (Schüler, Student), hospital (Krankenhaus), libro (Buch), compañero (Freund), madre (Mutter), padre (Vater), español (spanisch)

2.3 Groß- und Kleinschreibung

1. *La* chica es de *Alemania*.

2. *Sophie* vive (lebt) en *Baden-Württemberg* y estudia español en la *Universidad* de *Tübingen*.

3. *La Costa Cálida* de la *Región* de *Murcia* es (ist) genial. *Paul* vive en *Cartagena*.

2. Globales Lesen, Hören und Verstehen: Sophie und Paul in Sevilla

Übersetzung

Hola Paul!

Me llamo Sophie, soy de Alemania. Ahora estudio español en la Universidad de Tübingen. Soy una gran fan de Juanes y Shakira. ¿Te acuerdas de mí y de los días estupendos en Sevilla?

Hasta pronto

Sophie

Hallo Paul!

Ich heiße Sophie, ich bin aus Deutschland. Jetzt studiere ich Spanisch an der Universität Tübingen. Ich bin ein großer Fan von Juanes und Shakira. Erinnerst du dich an mich und die herrlichen Tage in Sevilla?

Bis bald

Sophie

¡Hola Sophie!

¿Qué tal? Gracias por tu e-mail. Claro que sí me acuerdo de ti, la chica más guapa. Qué buenos días en Sevilla, la ciudad fenomenal, los museos interesantes. Y el sábado: la comida en el restaurante San Marco en la Plaza España, la ensalada con tomate y queso, la paella, la tarta de chocolate, la música de flamenco, la guitarra. ¡Estupendo! ¡Ahora estudias español, perfecto!

Hasta pronto

Paul

Hallo Sophie!

Wie geht es dir? Danke für die Mail. Natürlich erinnere ich mich an dich, das hübsche Mädchen. Welch schöne Tage in Sevilla, die großartige Stadt, die interessanten Museen. Und am Samstag: das Essen im Restaurant San Marco auf dem Plaza España, der Salat mit Tomaten und Käse, die Paella, die Schokoladentorte, die Flamencomusik, die Gitarre. Herrlich! Jetzt studierst du Spanisch, perfekt!

Bis bald

Paul

Lösungen zu Kapitel 3

3.1 Der einfache Satzbau

a. *Paul cuenta (erzählt) una historia (eine Geschichte) a Sophie.*

b. *Sophie enseña (zeigt) el libro (das Buch) a Paul.*

c. *Sophie quiere (möchte) estudiar (lernen) español.*

d. *Paul puede (kann) enseñar (lehren) español a Sophie.*

3.2 Angaben zu Ort und Zeit

Es wird nur die einfache Lösung mit den Zeit- und Ortsangaben am Ende gegeben. Wenn du die Zeit- oder Ortsangabe betonen willst, stehen sie jeweils am Anfang.

a. *Sophie estudia cada día (jeden Tag).*
b. *Paul quiere ver (sehen) a Sophie el lunes.*
c. *Sophie necesita un compañero de intercambio (einen Tandempartner) en España.*
d. *Paul tiene (hat) muchos proyectos (viele Projekte) en Cartagena este verano (in diesem Sommer).*
e. *Paul toma (trinkt) un café en casa (zuhause) por la mañana.*
f. *"No puedo ir (ich kann nicht gehen) a España este mes (diesen Monat)", dice Sophie.*
g. *Las empresas (die Firmen) construyen (konstruieren) muchos rascacielos (viele Hochhäuser) cerca de la costa (nahe der Küste).*

3. Globales Lesen, Hören und Verstehen: Sophie möchte Spanisch lernen...

Übersetzung:

Amigo Paul,	Lieber Paul,
gracias por tu e-mail. Me acuerdo muchas veces de los días estupendos en Sevilla. Te envío fotos de nuestra cita en Sevilla. Estudio cada día español en la biblioteca de la universidad.	danke für deine Mail. Ich erinnere mich oft an die herrlichen Tage in Sevilla. Ich schicke dir Fotos von unserem Treffen in Sevilla. Ich studiere jeden Tag in der Bibliothek der Uni Spanisch. Jetzt lerne

Ahora no estudio, claro, porque quiero escribir este e-mail. Quiero aprender español y me gusta hablar contigo en español. ¡Hablas bien español! ¿Qué te parece practicar el español conmigo?

ich natürlich gerade nicht, weil ich dir diese Mail schreiben möchte. Ich möchte Spanisch lernen und es gefällt mir, mit dir auf Spanisch zu reden. Du sprichst gut Spanisch! Was hältst du davon, mit mir spanisch zu sprechen?

Tengo muchas preguntas: ¿Dónde estás ahora? ¿Trabajas todavía en Cartagena y vives en La Azohía? Tienes 28 años, ¿no? ¿En la Región de Murcia hay también muchos rascacielos como en Barcelona? ¿Todavía tocas la guitarra cada día?

Ich habe viele Fragen: Wo bist du im Moment? Arbeitest du noch in Cartagena und wohnst in La Azohía? Du bist 28 Jahre alt, oder? Gibt es in der Region Murcia auch viele Hochhäuser wie in Barcelona? Spielst du immer noch täglich Gitarre?

Hasta pronto

Bis bald

Amiga Sophie,

Liebe Sophie,

gracias por las fotos estupendas.

danke für die herrlichen Fotos.

Aquí en la Costa Cálida vivo genial, no hay muchos rascacielos. Desde la playa tienes una vista estupenda a las montañas. Muchas veces tomo el sol y después tomo un café en un bar. Ahora en diciembre tenemos todavía 20 grados.

Hier an der Costa Cálida lebe ich genial, es gibt nicht viele Hochhäuser. Vom Strand aus hast du einen herrlichen Blick auf die Berge. Ich sonne mich oft und trinke danach einen Kaffee in einer Bar. Jetzt im Dezember haben wir immer noch 20 Grad.

Claro que sí, trabajo. Los lunes y los miércoles siempre trabajo en Cartagena. Y de vez en cuando trabajo cada día, como ahora. Tengo muchos proyectos con mis compañeros de trabajo. De eso te escribo otro día. La guitarra sólo la toco de vez en cuando.

Natürlich arbeite ich. Montags und mittwochs arbeite ich immer in Cartagena. Und manchmal arbeite ich auch täglich, wie im Moment. Ich habe viele Projekte mit meinen Arbeitskollegen. Darüber schreibe ich dir an einem anderen Tag. Die Gitarre spiele ich nur ab und zu.

¿Qué te parece venir a España? ¿Cuándo quedamos?

Was hältst du davon, nach Spanien zu kommen? Wann treffen wir uns?

Adiós y hasta pronto

Paul

Tschüss und bis bald

Paul

Lösungen zu Kapitel 4

4.1 Nomen und Artikel

1. *la* casa, *la* plaza, *el* chico, *la* emoción, *la* amiga, *el* número, *la* playa, *el* día, *la* verdad, *la* carne, *el* café, *el* paisaje, *el* amor, *la* sal, *el* coche.
2. Nomen, die auf „*a*“ enden, sind in der Regel weiblich. Nomen, die auf „*o*“ enden, sind meist männlich.
3. a. ¿Cómo se llama *el* chico?

   b. Tengo *una* pregunta.

   c. Sevilla es fenomenal. Me gusta *la* ciudad.

   d. Quiero tomar *un* zumo de naranja.

4.2 Pluralbildung

a. el amigo/ *los amigos*

b. una vez/ *unas veces*

c. el móvil/ *los móviles*

d. la emoción/ *las emociones*

e. una cosa/ *unas cosas*

f. el animal/ *los animals*

g. el lunes/ *los lunes*

h. un chico/ *unos chicos*

4.3 Personalpronomen/Personalpronomen als Objektpronomen

1.)

a. Claudia y Marta: *vosotras*

b. Sophie y Paul: *ellos*

c. Claudia: *tú*

d. Cristina y Claudia: *nosotras*

e. Sophie: *ella*

f. Paul: *él*

2.)

a. No me gusta la pizza.

b. ¿Te gusta leer?

c. ¿Le escribes todo?

d. ¿Os gusta la comida?

e. Le pregunto.

3.)

a. ¿Paul escribe un e-mail a sus amigos? Sí, *les* escribe un e-mail.

b. ¿Puedes dar (kannst du geben) la comida a tu padre? Sí, *le* puedo dar la comida.

c. ¿Puedes regalar (kannst du schenken) esta foto a Sophie? *Sí, le puedo regalar esta foto.*

4.)

a. ¿*Me* escuchas? (Hörst du mich?)

b. ¿Tienes *los libros* de Paul?

c. ¿Llamas (rufst du an) a *tus amigos*?

d. ¿Invitas (lädst du ein) a *Paul*?

e. Preparo (ich bereite vor) *una ensalada*.

4.4 Possessivbegleiter

1.)

a. Mein Buch: *mi libro*

b. Deine Freunde: *tus amigos*

c. Ihre Schwestern: *sus hermanas*

d. Ihre Brüder: *sus hermanos*

e. Sein Bruder: *su hermano*

f. Dein Bruder: *tu hermano*

g. Unsere Eltern: *nuestros padres*

h. Unser Vater: *nuestro padre*

i. Euer Bruder: *vuestro hermano*

j. Eure Schwestern: *vuestras* h*ermanas*

2.)

a. Paul tiene una guitarra. – Es *su* guitarra.

b. Tengo una mochila (einen Rucksack). – Es *mi* mochila.

c. Tenéis (ihr habt) un restaurante. – Es *vuestro* restaurante.

d. Tienen (sie haben) un libro. – Es *su* libro.

e. Tenemos (wir haben) dos hermanas (Schwestern). – Son *nuestras* hermanas.

4.4 Possessivpronomen

1.)

a. Es mi libro. Es *el mío*.

b. Es mi mochila. Es *la mía*.

c. Son nuestras guitarras. Son *las nuestr*as.

d. Son tus hermanos (Brüder). Son *los tuyos*.

e. Son vuestros móviles (Handys). Son *los vuestros*.

f. Es su restaurante. Es *el suyo*.

g. Son sus amigas. Son *las suyas*.

4.5 Demonstrativpronomen und -begleiter

1.)

a. aquí: Quiero *estos* libros, *esta* comida y *estas* mochilas

b. ahí: Quiero *ese* móvil y *esa* guitarra.

c. allí: Quiero *aquella* mesa, *aquel* móvil y *aquellos* libros.

4. Globales Lesen, Hören und Verstehen: Das Angebot passt! Übersetzung:

Hola Paul,

¿Qué tal? ¡Claro que quiero ir a España! Quiero ir allí en abril. ¿Te parece bien?

¿Qué haces tú cada día y sobre todo en tu tiempo libre?

Yo me levanto cada día a las 7:00, es difícil... Me ducho y tomo un café. Después estudio en la universidad hasta las 16:00. Por la tarde muchas veces escucho canciones españolas o veo programas de televisión en español. Me gusta y de esta manera puedo aprender el español.

Los sábados por las noches muchas veces voy a una discoteca, me encanta bailar. También voy al cine y a conciertos o preparo una comida española para mí y mis amigos. Me gusta cocinar recetas españolas. Los domingos por la mañana me gusta hacer deporte, mi deporte favorito es nadar en la piscina. Pero también me gusta leer un libro, me encanta la literatura fantástica.

Te envío una foto de mi familia. A la derecha: mis padres, mi madre Lisa y mi padre Robi. A la izquierda: mi hermano Lukas y mi hermana Emily.

Saludos y hasta pronto

Sophie

Hallo Paul, wie geht es dir? Natürlich will ich nach Spanien gehen! Ich möchte im April dorthin gehen. Ist das okay für dich?

Was machst du jeden Tag und vor allem in deiner Freizeit?

Ich stehe täglich um 7:00h auf, es ist hart... Ich dusche mich und trinke einen Kaffee. Danach studiere ich an der Universität bis um 16:00h. Am Nachmittag höre ich oft spanische Lieder oder sehe Fernsehprogramme auf Spanisch an. Das gefällt mir und auf diese Art kann ich Spanisch lernen.

Samstagnachts gehe ich häufig in eine Diskothek, mir macht Tanzen Spaß. Ich gehe auch ins Kino und in Konzerte oder ich bereite ein spanisches Essen für mich und meine Freunde vor. Mir gefällt es, nach spanischen Rezepten zu kochen. Sonntags treibe ich morgens gern Sport, mein Lieblingssport ist im Schwimmbad zu schwimmen. Aber mir gefällt es auch, ein Buch zu lesen, ich bin begeistert von der fantastischen Literatur.

Ich schicke dir ein Foto von meiner Familie. Rechts: meine Eltern, meine Mutter Lisa und mein Vater Robi. Links: mein Bruder Lukas und meine Schwester Emily.

Grüße und bis bald

Sophie

Amiga Sophie,	Liebe Freundin Sophie,
estoy bien, ¿Y tú?	mir geht es gut, und dir?
¡Qué bien verte en abril, en tres meses! Gracias por tu información y la foto. Eres una persona muy interesante, tus padres y tus hermanos son simpáticos, ¿no? Puedo ir contigo a una discoteca, también me gusta mucho. La literatura y nadar no me gustan, lo siento.	Wie schön, dich im April zu sehen, in drei Monaten! Danke für deine Info und das Foto. Du bist eine sehr interessante Person, deine Eltern und deine Geschwister sind sympathisch, nicht wahr? Ich kann mit dir in eine Diskothek gehen, das gefällt mir auch sehr. Literatur und Schwimmen gefallen mir nicht, tut mir leid.
¡Y te gusta cocinar, estupendo! Y seguro que la paella te gusta. Aquí tienes una receta fantástica. Es del youtuber "a mi manera recetas", el título del video es "Paella de marisco, mi receta económica" (https://youtu.be/yBbnqp9r6Rg*)*. Espero que te guste...	Und dir gefällt das Kochen, herrlich! Und sicher magst du Paella. Hier hast du ein fantastisches Rezept. Es ist von dem Youtuber „Rezepte auf meine Art" und der Titel des Videos heißt „Paella mit Meeresfrüchten, mein preiswertes Rezept" (https://youtu.be/yBbnqp9r6Rg). Ich hoffe, es schmeckt dir...
Ahora trabajo mucho. No tengo mucho tiempo libre.	Jetzt arbeite ich viel. Ich habe nicht viel Freizeit.
íMe encanta poder verte en abril!	Ich freue mich, dass ich dich im April sehen kann!
Hasta pronto	Bis bald
Paul	Paul

Lösungen zu Kapitel 5

5.2 Die Gegenwart (presente)

1.)

a. yo: *estudio, trabajo, vivo*

b. tú: *duermes, comes, vives, hablas*

c. él, ella: *come, tiene, trabaja, habla, duerme*

d. nosotros/as: *vivimos, tenemos, trabajamos*

e. vorostros/as: *trabajáis, coméis, habláis, vivís*

f. ellos/ellas: *comen, hablan, tienen*

2.)

a. *Hablo* (yo/hablar) español.

b. Su madre *vive* (vivir) en Alemania.

c. Sophie *estudia* (estudiar) español.

d. *Pasamos* (nosotros/pasar) las vacaciones en Murcia.

e. Mis padres *quieren* (querer) ir a España.

f. *Tengo* (yo/tener) que hacer los deberes.

g. Paul y Sophie *hacen* (hacer) una paella.

h. ¿*Vivís* (vosotros/vivir) aquí?

i. No, *vivimos* (nosotros/vivir) en Alemania.

j. ¿Qué *quieres* (tú/querer) hacer?

5.3 Verlaufsform der Gegenwart (gerundio)

1.)

a. ir (gehen) *yendo*

b. terminar (beenden) *terminando*

c. querer (mögen) *queriendo*

d. poder (können) *pudiendo*

e. escribir (schreiben) escribiendo

2.)

a. Trabajo. *Estoy trabajando.*

b. Escribes un e-mail. *Estás escribiendo un e-mail.*

c. Comemos una paella. *Estamos comiendo una paella.*

d. Tomáis una coca-cola. *Estáis tomando una coca-cola.*

e. Sophie y Paul duermen. *Sophie y Paul están durmiendo.*

f. Me ducho. *Me estoy duchando/Estoy duchándome.*

5.4 Das Verb sein – estar, ser, hay

1.)

a. En Cartagena *hay* muchos supermercados.

b. También *hay* un teatro romano y muchos museos.

c. Cartagena *está* en la Región de Murcia.

d. Cartagena *es* una ciudad genial.

e. Paul *es* el amigo de Sophie.

f. Sophie *es* estudiante y *es* de Alemania.

g. "Hola Paul, ¿cómo *estás*?"

h. "*Estoy* muy bien, gracias."

5. Globales Lesen, Hören und Verstehen: Vorfreude und Planung des Treffens

Übersetzung:

Amigo Paul,	Mein Freund Paul,
tu receta de la paella es genial. He cocinado y comido esta paella estupenda con mis amigos Laura y Dominik.	dein Paella-Rezept ist genial! Ich habe diese herrliche Paella mit meinen Freunden Laura und Dominik gekocht und gegessen.
Ahora tengo que estudiar mucho porque tengo exámenes en mayo. Y también tengo que trabajar como camarera en un restaurante, para tener dinero suficiente. Soy una persona	Jetzt muss ich viel lernen, weil ich im Mai Prüfungen habe. Und ich muss auch als Kellnerin in einem Restaurant arbeiten, um genügend Geld zu haben. Ich bin eine aktive Person, aber im

activa, pero ahora no puedo hacer deporte, hay mucho trabajo y todo eso me molesta un poco. Ahora no puedo ir a discotecas o cines, duermo poco, pero los fines de semana tengo tiempo para hablar y cocinar con mis amigos.

Me hace mucha ilusión poder ir a Cartagena en abril. Estoy preparada. Quiero conocer también a tu familia.

Saludos

Sophie

Moment kann ich keinen Sport treiben, es gibt viel Arbeit und all das ärgert mich ein wenig. Zurzeit kann ich nicht in Diskotheken oder Kinos gehen, ich schlafe wenig, aber an den Wochenenden habe ich Zeit, um mit meinen Freunden zu reden und zu kochen.

Ich freue mich sehr darauf, im April nach Cartagena gehen zu können. Ich bin bereit. Ich möchte auch deine Familie kennenlernen.

Grüße

Sophie

Amiga Sophie,

Me alegra verte aquí en abril, ¡en cuatro semanas! Ahora tengo que hacer también muchas cosas. Hay mucho trabajo y en mi tiempo libre tengo que ir de compras, arreglar la casa, cocinar ... Me levanto ahora a las 7, después me ducho, desayuno y voy al trabajo. Durante la semana no tengo mucho tiempo para hacer deporte o ir al cine, pero estoy contento. Los fines de semana claro que voy a la playa, a restaurantes y hago deporte.

En abril tengo vacaciones. Quiero verte y hablar sobre mi país, la gente, la cultura, las tapas, ir al cine, a discotecas, a la playa y hacer otras cosas que te gustan....

¿Cuándo vienes exactamente? Quiero ir al aeropuerto a recogerte y después vamos a mi casa. Vivo en La Azohía, un pueblo pequeño pero precioso. Mi casa está a 100 metros de la playa.

Meine Freundin Sophie,

ich freue mich, dich hier im April zu sehen, in vier Wochen! Ich muss zurzeit auch viele Dinge erledigen. Es gibt viel Arbeit und in meiner Freizeit muss ich einkaufen gehen, das Haus aufräumen, kochen... Ich stehe im Moment um 7:00h auf, danach dusche ich, frühstücke und gehe ins Geschäft. Während der Woche habe ich nicht viel Zeit, um Sport zu treiben oder ins Kino zu gehen, aber ich bin zufrieden. An den Wochenenden gehe ich natürlich an den Strand, in Restaurants und ich treibe Sport.

Im April habe ich Ferien. Ich möchte dich sehen und mit dir über mein Land sprechen, die Menschen, die Kultur, die Tapas, ins Kino gehen, in Diskotheken, an den Strand und andere Dinge unternehmen, die dir gefallen...

Wann kommst du genau? Ich möchte dich vom Flughafen abholen und danach gehen wir in mein Haus. Ich wohne in La Azohía, einem kleinen, aber wunderschönen Dorf. Mein Haus ist 100 Meter vom Strand entfernt.

¿Quieres vivir en mi casa?

Möchtest du in meinem Haus wohnen?

Mis padres viven en Alemania. Vivo desde hace diez años aquí, soy alemán como tú y me gusta mucho vivir en España. La cultura española, la comida y las fiestas, todo es fenomenal. Y casi todos los días hace sol.

Meine Eltern wohnen in Deutschland. Ich lebe seit zehn Jahren hier, ich bin deutsch wie du und mir gefällt es sehr in Spanien zu leben. Die spanische Kultur, das Essen, die Feste, alles ist großartig. Und fast jeden Tag scheint die Sonne.

¡Saludos y hasta pronto!

Paul

Grüße und bis bald!

Paul

Lösungen zu Kapitel 6

6.1 Die einfache Verneinung (negación)

1.)

a. Quiero tomar un helado. *No quiero tomar un helado.*

b. Somos de España. *No somos de España.*

c. Debes trabajar mañana. *No tienes que trabajar mañana.*

d. La chica es simpática. *La chica no es simpática.*

e. Pueden ir a España. *No pueden ir a España.*

6.2 Die doppelte Verneinung (negación doble)

1.)

a. En Murcia *no* llueve nunca.

b. Hoy no voy *tampoco* al cine.

c. No hay *nadie* aquí.

d. No me gusta *nada*.

e. No veo *nunca* películas.

f. Pepe no ve *tampoco* películas.

g. Paul *no* tiene nunca tiempo para hablar.

6.3 Entscheidungsfragen (oraciones interrogativas totales)

Hola Paul,

Sophie es tu amiga alemana, **¿**no**?** **¿**Vive en Tübingen o en Stuttgart**?** Me hace mucha ilusión visitar Stuttgart. Sophie quiere aprender español, **¿**verdad**?** Quiero conocer a tu amiga. **¿**Puedes escribirle un mail y decirle que quiero quedar y hablar con ella**?**

Saludos Cristina

6.4 Fragen mit Fragewörtern (oraciones interrogativas parciales)

1.)

a. ¿*Qué* música te gusta?

b. Aquí hay tres comidas. ¿*Cuál* prefieres?

c. ¿*Cuáles* de estos tomates quieres?

d. ¿*Qué* comida quieres hoy?

2.)

a. ¿*Cuántas* fotos tienes?

b. ¿*Cuánto* dinero tienes?

c. ¿*Cuánta* carne quieres?

d. ¿*Cuántos* hermanos sois?

3.)

a. ¿Por qué *quieres ir a España*?

b. ¿Quién *es tu amiga*?

c. ¿Cuántos *hermanos tienes*?

d. Paul, ¿de dónde *eres*?

e. ¿Cómo *te llamas*?

6. Globales Lesen, Hören und Verstehen: Sophie und Paul sind sich einig

Übersetzung:

Hola Paul,

Hallo Paul,

llego a Alicante el 25 de abril a las 4 de la tarde. Gracias por tu ofrecimiento de venir a recogerme del aeropuerto. Este es mi número de móvil: 0049 1754 1645. Llámame si no puedes recogerme del aeropuerto. ¿Puedes darme tu número de movil también?

ich komme in Alicante am 25. April um 16:00h nachmittags an. Danke für dein Angebot zu kommen und mich am Flughafen abzuholen. Dies ist meine Handy-Nummer: 0049 1754 1645. Ruf mich an, wenn du mich nicht am Flughafen abholen kannst. Kannst du mir auch deine Handy-Nummer geben?

Muchas gracias por el ofrecimiento de vivir en tu casa. Pero prefiero alquilar un apartamento pequeño en Isla Plana. ¿Puedes ayudarme a encontrar un apartamento allí?

Herzlichen Dank für das Angebot in deinem Haus zu wohnen. Aber ich möchte lieber ein kleines Appartement in Isla Plana mieten. Kannst du mir helfen, ein Appartement dort zu finden?

¡Ah, qué curioso! Nunca he pensado que fueras alemán. Pero hay una cosa importante: una razón para ir a España es aprender el idioma porque tengo los exámenes en mayo. Claro que quiero verte y disfrutar la vida contigo también. Pero aprender español es mi objetivo principal, no quiero hablar alemán en España. ¿Qué piensas tú?

Ah, wie seltsam! Ich habe nie daran gedacht, dass du deutsch sein könntest. Aber es gibt etwas Wichtiges: Ein Grund nach Spanien zu gehen ist für mich, die Sprache zu lernen, weil ich die Prüfungen im Mai habe. Natürlich möchte ich dich sehen und mit dir auch das Leben genießen. Aber mein Hauptziel ist, Spanisch zu lernen, ich möchte nicht deutsch in Spanien sprechen. Was denkst du?

¿Puedo saber más de ti? ¿Por qué vives en España? ¿Qué te gusta en España? ¿Quieres vivir para siempre allí?

Kann ich mehr über dich wissen? Warum lebst du in Spanien? Was gefällt dir in Spanien? Willst du für immer dort leben?

Saludos

Grüße

Sophie

Sophie

Hola Sophie,

Hallo Sophie,

Tengo mucha ilusión de verte en abril. Y claro que te recojo del aeropuerto el 25 de abril. Y este es mi número de móvil: 0034 6856 34521.

Ich freue mich, dich im April zu sehen. Klar hole ich dich am Flughafen am 25. April ab. Und dies ist meine Handy-Nummer: 0034 6856 34521.

Voy a ayudarte a encontrar un apartamento en Isla Plana. Mi amiga Cristina conoce a mucha gente allí y seguro que encontramos un apartamento para ti. Además Cristina y mis otros amigos españoles quieren conocerte y hablar contigo. Ves que hay muchas oportunidades para aprender español. Yo también quiero hablar español. Aprendo español desde hace diez años en una escuela de idiomas en Cartagena. Ya tengo el nivel C1, es el nivel que tienen los profesores en Alemania. Lo más importante para hacer progreso es hablar español siempre, también con los alemanes, los ingléses y con toda la gente. Soy inmigrante y hablo con todos español. Para mí no es ningún problema hablar contigo también español. El idioma me gusta mucho.

Y tú quieres ser profesora de español. ¡Genial!

Un abrazo y hasta pronto en España

Paul

Ich werde dir helfen, ein Appartement in Isla Plana zu finden. Meine Freundin Cristina kennt dort viele Leute und wir werden sicher ein Appartement für dich finden. Außerdem möchten dich Cristina und meine anderen spanischen Freunde kennenlernen und mit dir reden. Du siehst, es gibt viele Möglichkeiten, Spanisch zu lernen. Ich möchte auch spanisch sprechen. Ich lerne seit zehn Jahren in einer Sprachschule in Cartagena Spanisch. Ich habe bereits das Sprachniveau C1, das ist das Niveau, das die Lehrer in Deutschland beherrschen. Das Wichtigste, um Fortschritte zu machen ist, immer spanisch zu sprechen, auch mit den Deutschen, den Engländern und mit allen. Ich bin Immigrant und spreche mit allen spanisch. Für mich ist es kein Problem mit dir auch spanisch zu reden. Die Sprache gefällt mir sehr.

Und du möchtest Spanischlehrerin werden. Genial!

Einen dicken Drücker und bis bald in Spanien

Paul

Lösungen zu Kapitel 7

7.1 Adjektive (adjetivos)

1.)

a. El (primero) *primer* fin de semana de abril voy a España.

b. El trabajo que tengo es (estupendo) *estupendo*.

c. Nuestros amigos son muy (simpático) *simpáticos*.

d. Las ciudades Sevilla y Granada son (interesante) *interesantes*.

e. Paul y Fran están muy (contento) *contentos*.

f. Muchas casas en Cartagena son (antigua) *antiguas.*

g. Agustín es un (grande) *gran* chico.

h. Hay (demasiado) *demasiada* comida.

7.2 Steigerung der Adjektive (comparación de los adjetivos)

1.)

a. bonito (schön): *más bonito/bonita (que), lo más bonito*

b. malo (schlecht): *peor (que), lo peor*

c. bueno (gut): *mejor (que), lo mejor*

d. interesante (interessant): *más interesante (que), lo más interesante*

e. grande (groß): *más grande (que), lo más grande*

f. pequeño (klein): *más pequeño/pequeña (que), lo más pequeño*

g. aburrido (langweilig): *más aburrido/aburrida (que), lo más aburrido*

h. peligroso (gefährlich): *más peligroso/peligrosa (que), lo más peligroso*

i. caro (teuer): *más caro/cara (que), lo más caro*

j. feliz (glücklich): *más feliz (que), lo más feliz*

2.)

a. Jorge es feliz, pero Sophie es *más feliz que* Jorge.

b. La ensalada es picante. La pizza es *menos picante.*

c. Este ordenador es caro, pero el tuyo es *más caro.*

d. La comida aquí es cara. La comida tuya es *menos cara.*

3.)

a. Lunes – día – malo: *Lunes es el día peor.*

b. Paul – chico – simpático: *Paul es el chico más simpático.*

c. El español – idioma – interesante: *El español es el idioma más interesante.*

d. Este coche – barato: *Este coche es el más barato.*

7.3/7.4 Adverbien und Steigerung der Adverbien (adverbios y comparación de los adverbios)

1.)

a. fácil (einfach): *fácilmente*

b. difícil (schwer): *difícilmente*

c. perfecto (perfekt): *perfectamente*

d. tranquilo (ruhig): *tranquilamente*

e. bueno (gut): *bien*

f. malo (schlecht): *mal*

g. alegre (froh): *alegremente*

h. rápido (schnell): *rápidamente*

i. lento (langsam): *lentamente*

2.)

a. Sophie habla fluidamente (flüssig): *Sophie habla más fluidamente. Sophie es la que habla más fluidamente.*

b. Sophie habla bien (gut): *Sophie habla mejor. Sophie es la que habla mejor.*

c. Sophie habla mal (schlecht): *Sophie habla peor. Sophie es la que habla peor.*

d. Sophie habla fácilmente (mühelos, leicht): *Sophie habla más facilmente. Sophie es la que habla más fácilmente.*

3.)

a. La comida está *muy* rica.

b. Paul y Sophie comen muy *lentamente.*

c. Mi coche es más *viejo* que el tuyo

d. Paul lee el libro más *rápidamente* que Carlos.

e. Sophie es una mujer *perfecta*. Cocina *perfectamente*.

f. Paul es un hombre *genial*. Trabaja *bien*.

7.5 Gleichheit (igualdad)

1.)

a. La gente en España es *tan* simpática *como* en Francia

b. Tengo *tantos* hermanos *como* tú.

c. Pedro compra *tantas* patatas *como* Jorge.

d. El libro es *tan* interesante *como* la película.

e. Paul lee *tan* rápidamente *como* Sophie.

7. Globales Lesen, Hören und Verstehen: Sophies Ankunft

Übersetzung:

Cristina: "Estoy encantada de conocerte Sophie. ¿Qué tal el viaje?"

Sophie: "Estoy un poco cansada, pero todo va bien. Estoy feliz de conocerte. ¿Tienes un apartamento barato para mí?"

Cristina: "Sí, tengo tres. Un piso con dos habitaciones y cocina y otros dos con una habitación."

Sophie: "Vale. Muchas gracias por tu ayuda. Me hace ilusión vivir cerca de la playa aquí en Isla Plana y quiero una terraza, si es posible. ¿Qué piso está más cerca de la playa? ¿Qué piso tiene una terraza? ¿Y qué cuestan los pisos?"

Cristina: „Schön, dich zu kennenzulernen, Sophie. Wie war die Reise?"

Sophie: „Ich bin ein wenig müde, aber sonst alles ok. Es freut mich, dich kennenzulernen. Hast du ein günstiges Appartement für mich?"

Cristina: „Ja, ich habe drei. Eine Wohnung mit zwei Zimmern und Küche und zwei weitere mit einem Zimmer."

Sophie: „Perfekt. Herzlichen Dank für deine Hilfe. Ich freue mich darauf, hier in Isla Plana nahe am Strand zu wohnen und ich hätte gern eine eine Terrasse, wenn möglich. Welche Wohnung liegt am nähesten zum Strand? Welche Wohnung hat eine Terrasse? Und was kosten die Wohnungen?

Cristina: "He buscado los mejores pisos para ti. Los tres pisos son muy baratos y están cerca de la playa. Cuestan sólo 200€ por semana. ¿Vale? Para mí el mejor es el piso que está cerca de mi casa y sólo este tiene terraza. Tiene una habitación, está amueblado, tiene cocina, microondas, lavadora y lavavajillas. Está a dos minutos a pie de la playa, muy cerca de restaurantes y un supermercado."

Sophie: "Perfecto. ¿Puedo ver este apartamento ahora?"

Cristina: "Claro que sí. ¿Vamos en coche o a pie?"

Paul: "Sophie está cansada y tiene su maleta de viaje, vamos en coche, es mejor."

Los tres van en coche al piso. Cristina le muestra todo a Sophie y le explica cómo funciona la cocina de gas, el mircroondas y el lavavajillas.

Sophie: "Este piso es genial. No quiero ver los otros. Me quedo aquí, me gusta mucho."

Cristina: "¡Me alegra mucho saber que te gusta! Y ahora vives muy cerca de mi casa, eres mi vecina. ¿Quedamos mañana?"

Sophie: "Sí, me parece bien. Tengo que ir de compras mañana por la mañana, pero por la tarde podemos vernos."

Cristina: "Perfecto. Te llamo por el móvil mañana. Te doy mi número de móvil, aquí está. Puedes llamarme si necesitas ayuda. ¿Y Paul, vienes

Cristina: „Ich habe die besten Wohnungen für dich ausgesucht. Die drei Wohnungen sind sehr günstig und nahe am Strand. Sie kosten nur 200€ pro Woche. Ist das ok? Ich finde die Wohnung am besten, die ganz in der Nähe von meinem Haus ist, und nur die hat eine Terrasse. Sie hat ein Zimmer, ist eingerichtet, hat eine Küche, Mikrowelle, Waschmaschine und Spülmaschine. Sie ist zwei Minuten zu Fuß vom Strand entfernt, sehr nahe von Restaurants und einem Supermarkt."

Sophie: „Perfekt. Kann ich diese Wohnung jetzt anschauen?"

Cristina: „Natürlich. Fahren wir im Auto oder gehen wir zu Fuß?"

Paul: „Sophie ist müde und hat ihren Reisekoffer dabei, fahren wir im Auto, das ist besser."

Die drei fahren im Auto zu der Wohnung. Cristina zeigt Sophie alles und erklärt ihr wie der Gasherd funktioniert, die Mikrowelle und die Geschirrspülmaschine.

Sophie: „Diese Wohnung ist genial. Ich möchte die andern nicht anschauen. Ich bleibe hier, mir gefällt es sehr."

Cristina: „Schön zu wissen, dass es dir gefällt! Und jetzt wohnst du sehr nahe bei meinem Haus, du bist meine Nachbarin. Treffen wir uns morgen?"

Sophie: ‚Ja, finde ich gut. Morgen früh muss ich einkaufen gehen, aber nachmittags können wir uns sehen."

Cristina: „Perfekt. Ich rufe dich morgen per Handy an. Ich geb dir meine Handynummer, hier ist sie. Du kannst mich anrufen, wenn du Hilfe brauchst. Und Paul kommst du morgen

también mañana por la tarde?"

Paul: "Mañana tengo que trabajar, pero a partir de pasado mañana tengo vacaciones y quiero estar todo el tiempo con vosotras."

Cristina: "Entonces nos vemos mañana, Sophie. ¡Hasta luego!"

Sophie: "¡Sí, estupendo, hasta mañana!"

Nachmittag auch?"

Paul: „Morgen muss ich arbeiten, aber ab übermorgen habe Ferien und ich möchte die ganze Zeit mit euch verbringen."

Cristina: „Dann sehen wir uns morgen, Sophie. Bis dann!"

Sophie: „Ja, super, bis morgen!"

Teste dein Verständnis

1. Für Sophie ist es wichtig, dass die Wohnung in Strandnähe liegt, günstig ist und eine Terrasse hat.
2. Cristina empfiehlt die Wohnung, die nah bei ihrem eigenen Haus liegt. Diese Wohnung entspricht den Wünschen Sophies und gefällt Cristina besonders, weil sie dann Nachbarinnen sind und sich jederzeit treffen können.
3. Sophie und Cristina treffen sich am nächsten Tag nachmittags.

Lösungen zu Kapitel 8

8.1 Orts- und Richtungsangaben (indicaciones de lugar y dirección)

1.)

a. Me encanta dar una vuelta contigo *por* Cartagena. Vamos *en* mi coche y aparcamos *en* la calle Pez Espada que está *cerca* del Instituto Social de la Marina. Desde allí vamos *a* pie, todo recto, y después giramos *a la izquierda* en la calle Gisbert.

b. Vamos *por* esta calle hasta la tienda de prensa a la izquierda. Allí giramos *a la izquierda* y vamos *al este* hasta la Plaza St. Ginés. *En* esta plaza giramos *a la derecha* y ya vemos la maravillosa Plaza de San Francisco, que es ideal para tomar un café o comer algunas tapas.

c. *Cerca de* de este sitio hay muchos monumentos interesantes. ¿Quieres *entrar al* Museo del Teatro Romano? Es muy conocido y muestra la historia romana de Cartagena. *Detrás de* este museo está el Teatro Romano que es impresionante.

d. ¿O prefieres pasear *por* el puerto, ir de compras o ver otros monumentos? ¡*En* Cartagena hay de todo! Hasta mañana.

2.)

a. El bolígrafo está *al lado del* libro.

b. El gato está *debajo del* sofá.

c. Te espero *delante del* ayuntamiento.

d. El restaurante está *entre* el hotel y la panadería.

e. Sophie viaja *de* Alemania *a* España.

f. Murcia está *lejos de* Barcelona.

g. El móvil está *en* la mesa.

8.2 Zeitangaben (indicaciones temporales)

1.)

a. La comida es *a* las tres *de la tarde.*

b. *En* verano hace mucho calor.

c. Tengo una cita *por la mañana.*

d. Tengo mi cumpleaños *el* cuatro de julio.

e. Tienes que lavarte las manos *antes de* comer.

f. Quedamos *a las* siete *de la tarde.*

g. No puedes comprar *después de* las nueve. El supermercado está cerrado.

h. Tenemos vacaciones *desde* el lunes *hasta* el viernes.

8.3/8.4 Präpositionen und Verben mit festen Präpositionen (preposiciones y verbos con preposiciones fijas)

1.)

a. Sophie quiere empezar *a* cocinar las comidas españolas.

b. Paul se acuerda muchas veces *de* Sophie.

c. Sophie se interesa *por* la historia de Cartagena.

d. Sophie piensa muchas veces *en* Paul.

e. Sophie acaba *de* tomar el café.

8. Globales Lesen, Hören und Verstehen: Sophie und Cristina in Cartagena

Übersetzung

Cristina recoge a Sophie el jueves a las dos delante de su piso. Las dos van juntas en coche a Cartagena.	*Cristina holt Sophie am Donnerstag um 14:00h vor deren Wohnung ab. Die zwei fahren gemeinsam im Auto nach Cartagena.*
Cristina: "¡Encantada, Sophie! ¿Qué, te gusta mi plan?“	**Cristina:** „Schön dich zu sehen, Sophie! Gefällt dir mein Plan?“
Sophie: „¡Hola amiga! ¡Me gusta mucho, por supuesto! Tengo ganas de pasear por Cartagena contigo. Y me gustan sobre todo los monumentos históricos como el Teatro Romano y el museo del Teatro Romano. Y también quiero ir a comer tapas típicas de aquí, tengo hambre.“	**Sophie:** „Hallo Freundin! Aber klar doch, er gefällt mir sehr! Ich habe Lust mit dir durch Cartagena zu schlendern. Und mir gefallen vor allem die historischen Sehenswürdigkeiten wie das Römische Theater und das Museum des Römischen Theaters. Und ich möchte auch typische Tapas von hier essen gehen, ich habe Hunger.“
Cristina y Sophie aparcan en la calle Pez, cerca de la Capitanía Marítima. Allí el aparcamiento no cuesta nada. Desde allí van al centro de la ciudad. En la maravillosa Plaza de San Francisco encuentran un bar de tapas muy ricas.	*Cristina und Sophie parken in der Straße Pez, nahe der Hafenbehörde. Dort kostet das Parken nichts. Von dort aus gehen sie ins Zentrum der Stadt. Am wunderschönen Plaza de San Francisco finden sie eine Bar mit sehr leckeren Tapas.*
Sophie: "¿Vamos a ese bar de tapas?“	**Sophie:** „Gehen wir in diese Tapasbar?“

Cristina: "Sí, la comida allí está muy rica. ¿Quieres preguntar si hay una mesa para nosotras?"

Sophie: "Claro que sí. Quiero practicar mi español."

Sophie entra al bar y pregunta al camarero.

Sophie: "¿Hay una mesa para dos?"

Camarero: "Sí, tenemos tres. ¿Queréis esta mesa aquí en el restaurante o esa ahí o aquella más lejos, allí al aire libre?"

Sophie [dice incorrecto]: "Preferimos **esta** mesa **allí** al aire libre, ya hace calor y me gusta ver todos los monumentos preciosos en esta plaza tan bella. ¿Puedes darnos la carta, por favor?"

El camarero sonríe pero no dice nada. Trae la carta.

Sophie [repite su error]: "Tomamos **esta** mesa **allí** al aire libre."

Cristina sonríe como el camarero y Sophie no entiende nada. ¿Por qué todos sonríen? Pero Sophie no quiere preguntar por qué.

Cristina [corrige a Sophie]: "Sí, cogemos **aquella** mesa **allí** al aire libre. ¿Tomamos tapas, no? Te recomiendo una ensalada murciana con tomate, atún, huevo duro, cebollas y aceitunas negras y la ensaladilla rusa, que es la tapa murciana por excelencia, que hay también en toda España. Y además tienes que probar el matrimonio, que es una unión de anchoas y boquerones

Cristina: „Ja, das Essen dort ist sehr lecker. Möchtest du fragen, ob es einen Tisch für uns gibt?"

Sophie: „Klar doch. Ich möchte mein Spanisch anwenden."

Sophie tritt in die Bar ein und fragt den Kellner.

Sophie: ‚Gibt es einen Tisch für zwei Personen?"

Camarero: „Ja, wir haben drei. Wollt ihr diesen Tisch hier im Restaurant oder jenen da oder jenen dort weiter entfernt stehenden in der frischen Luft?"

Sophie [sagt falsch]: „Wir ziehen diesen Tisch dort drüben in der frischen Luft vor, es ist schon warm und mir gefällt es, all die herrlichen Sehenswürdigkeiten an diesem so schönen Platz zu sehen. Kannst du uns bitte die Karte geben?"

Der Kellner lächelt, aber sagt nichts. Er bringt die Karte.

Sophie [wiederholt ihren Fehler]: „Nehmen wir diesen Tisch dort drüben in der frischen Luft?"

Cristina lächelt wie der Kellner und Sophie versteht nichts. Warum lächeln alle? Aber Sophie möchte nicht nachfragen, warum.

Cristina [korrigiert Sophie]: „Ja, nehmen wir jenen Tisch dort drüben an der frischen Luft. Wir essen Tapas, oder? Ich empfehle dir einen murcianischen Salat mit Tomaten, Thunfisch, hartgekochtem Ei, Zwiebeln und schwarzen Oliven und den Ensaladilla rusa, das ist die ganz typische murcianische Tapa, die es auch in ganz Spanien gibt. Und du musst außerdem das Matrimonio

y una magra con tomate que es otra comida tradicional. Todo muy bueno. Y además los michirones murcianos están muy saborosos. ¿Qué te parece?“

probieren, das ist eine Mischung aus Sardellen und Sardinen und das Marga mit Tomate, das ist ein weiteres traditionelles Essen. Alles sehr gut. Und außerdem sind die murcianischen Michirones sehr schmackhaft. Was meinst du?“

Sophie: “Quiero conocer estas tapas murcianas. ¡Entonces las pedimos!“

Sophie: „Ich möchte diese murcianischen Tapas kennenlernen. Dann bestellen wir sie!“

A Sophie le gustan las tapas mucho. Después de la comida Cristina y Sophie van al Teatro Romano y al museo. A las ocho de la tarde vuelven a Isla Plana.

Sophie schmecken die Tapas sehr. Nach dem Essen gehen Cristina und Sophie zum Römischen Theater und ins Museum. Um 20:00h abends kehren sie zurück nach Isla Plana.

Cristina: “¿Te ha gustado el paseo por Cartagena?“

Cristina: „Hat dir der Spaziergang durch Cartagena gefallen?“

Sophie: “Sí, me ha encantado: la ciudad es maravillosa, la comida contigo, nuestras discusiones interesantes, ¡gracias por todo!“

Sophie: „Ja, er hat mir sehr gefallen: die Stadt ist wunderschön, das Essen mit dir, unsere interessanten Diskussionen, danke für alles!“

Cristina: “¿Te apetece hacer esta tarde conmigo unas empanadas?“

Cristina: „Hast du Lust heute Abend mit mir gefüllte Teigtaschen zu backen?“

Sophie: “¡Tengo muchas ganas de cocinar contigo!“

Sophie: „Ich habe große Lust mit dir zu kochen!“

Cristina: “Bueno, vienes a las nueve a mi casa. Está a 100 metros de tu piso. Vas todo recto por la carretera de Isla Plana hasta el supermercado pequeño, allí giras a la derecha en la calle Plaza del Mar y ya puedes ver mi casa de color naranja. Hasta luego.“

Cristina: „Gut, du kommst um neun Uhr zu mir. Mein Haus ist 100 Meter von deiner Wohnung entfernt. Du gehst die Hauptstraße von Isla Plana geradeaus entlang bis zum kleinen Supermarkt, dort biegst du rechts ein in die Straße Plaza del Mar und du kannst schon mein orangefarbiges Haus sehen. Bis dann.“

Sophie: “¡Hasta pronto!“

Sophie: „Bis gleich!“

Teste dein Verständnis

1. Sophie möchte vor allem historischen Sehenswürdigkeiten anschauen, wie das Römische Theater mit dem dazugehörigen Museum.
2. Sophie verbindet die Wörter „esta“ und „allí“, das ist ein Fehler. Korrekt muss es heißen: „aquellas mesas allí“ oder „aquellas mesas de allí“.
3. Für denselben Abend lädt Cristina Sophie zu sich nach Hause ein, um mit ihr zusammen gefüllte Teigpasteten (empanadas) zu backen.

Lösungen zu Kapitel 9

9.1 Die einfache Vergangenheit (pretérito indefinido)

.1.)

a. hablo (ich spreche): *hablé*

b. llama (er ruft an): *llamó*

c. compran (sie kaufen ein): *compraron*

d. come (er isst): *comió*

e. te gusta (dir gefällt): *te gustó*

f. vienes (du kommst): *viniste*

g. vivimos (wir leben): *vivimos*

h. sois (ihr seid): *fuisteis*

i. tienen (sie haben): *tuvieron*

j. hace (er macht): *hizo*

2.)

a. *trabajan* – trabajaste – trabajé – trabajó

b. viví – *vivo* – vivieron – vivimos

c. comí – comieron – *comes* – comiste

d. tuviste – tuvimos – *tengo* – tuvieron

e. *hablo* – hablé – habló – hablaste

f. dio – *doy* – diste – dimos

9.2 Das Perfekt (Pretérito perfecto)

1.)

Signalwörter für das Perfekt: *este año, este mes, esta semana, esta mañana, hoy, todavía no, ya, hasta ahora, nunca, alguna vez, hace poco, ahora mismo*

Signalwörter für die einfache Vergangenheit: *ayer, el jueves, el mes pasado, la semana pasada, en 2020, hace 4 días/años/semanas, aquel día*

2.)

a. pongo: *he puesto*

b. escribiste: *has escrito*

c. hicimos: *hemos hecho*

d. ponen: *han puesto*

e. habla: *ha hablado*

f. decís: *habéis dicho*

g. trabajé: *he trabajado*

h. hablaste: *has hablado*

3.)

a. Paul ha *escrito* un e-mail a Sophie.

b. Sophie todavía no ha *hecho* la comida.

c. Cristina y Sophie han *visto* una película muy buena.

d. ¿Dónde habéis *puesto* mi móvil?

e. ¿Sophie ya ha *vuelto* de Cartagena?

f. ¿Has *dicho* algo?

4.)

Hace 3 años Sophie no *pensó* en ir a España para aprender el idioma. *Quiso* aprender el inglés. Pero este año *ha decidido* aprender el idioma. El año pasado *conoció* a Paul y entonces *decidió* estudiar el español. Sus amigos alemanes le *preguntaron* ayer por qué, y les *contó* todo.

Hoy Sophie *ha llegado* al aeropuerto de Alicante y Paul la *ha recogido* y *llevado* a Isla Plana. A Sophie le *ha gustado* mucho hablar con Cristina. Nunca *ha imaginado* encontrar una amiga española tan rápidamente. Hoy *ha sido* un día estupendo para Sophie.

9.3 Die nahe Zukunft (futuro próximo)

1.)

a. El viernes Sophie *va a cocinar* una paella.

b. El fin de semana Paul, Cristina y Sophie *van a ir* a una fiesta.

c. Mira esas nubes. *Va a llover.*

d. ¿Qué *vas a decir* a Paul?

e. ¿Adónde *vais a ir* este domingo?

f. Estoy cansada. *Voy a acostarme/ Me voy a acostar.*

g. Tengo hambre. *Voy a comer* algo.

h. El coche está sucio. Lo *voy a lavar.*

i. ¿Cuándo *vais a ver* a Sophie?

j. ¿Adónde *van a ir* este fin de semana?

9.4 Die einfache Zukunft (futuro simple)

1.)

a. Hoy no puedo ir a Cartagena. *Iré* mañana.

b. ¿Ya han arreglado el ordenador? - No, lo *arreglarán* la semana que viene.

c. Dicen que el próximo sábado *bajarán* las temperaturas.

d. El año que viene desaparecerán todos tus problemas.

e. *Pasarás* unos días estupendos con tu familia y tus amigos.

f. En el futuro la vida *será* muy diferente.

g. ¿Has invitado a Carlos y Cristina? - Sí, pero supongo que no vendrán.

2.)

a. ¡Date prisa, es muy tarde! El tren va a salir/*saldrá*.

b. ¡Cuidado! Te *caerás*/vas a caer.

c. El sol *saldrá*/*va a salir* mañana a las siete de la mañana.

d. Creo que todos *van a venir*/vendrán a nuestra fiesta.

e. ¿Ha venido Sophie? - No, vendrá/*va a venir* más tarde.

9. Globales Lesen, Hören und Verstehen: Warum ist Paul ausgewandert?

Übersetzung:

El sábado Paul, Cristina y Sophie están en un restaurante al lado del mar en La Azohía para cenar a las nueve de la noche.

Zum Nachtessen am Samstag um neun Uhr abends sind Paul, Cristina und Sophie in einem Restaurant am Meer in La Azohía.

Hace todavía calor y los tres han pedido como entrante algunas tapas y la comida preferida de Sophie, una paella con mariscos, como plato principal. Disfrutan mucho de la comida rica, de la vista al mar, del tiempo agradable y hablan de las cosas que pasan en el mundo. Pero Sophie quiere saber más sobre Paul...

Es ist immer noch warm und die drei haben als Vorspeise einige Tapas bestellt und als Hauptgericht das Lieblingsessen von Sophie, eine Paella mit Meeresfrüchten. Sie genießen das leckere Essen sehr, den Ausblick aufs Meer, das angenehme Wetter und sie reden über die Dinge, die in der Welt passieren. Aber Sophie will mehr über Paul erfahren ...

Sophie: "¿Paul, por qué has emigrado al sur de España?"

Sophie: „Paul, warum bist du nach Südspanien ausgewandert?"

Paul: "Hay muchas razones por las que prefiero vivir aquí en Murcia. Las más importantes para mí son: aquí casi siempre hace sol incluso en Navidad, lo que me gusta mucho. El año pasado tuvimos siempre en noviembre y diciembre entre 15 y 23 grados. Hice deportes, nadé casi cada día, pasé muchos días en la playa, comí aquí con la vista bella del mar e hice senderismo en la montaña. Estoy muy contento, y

Paul: „Es gibt viele Gründe, weshalb ich lieber hier in Murcia lebe. Die wichtigsten für mich sind: Hier scheint fast immer die Sonne, sogar an Weihnachten, das mag ich besonders. Im vergangenen Jahr hatten wir im November und Dezember immer zwischen 15 und 23 Grad. Ich hab Sport getrieben, bin fast jeden Tag geschwommen, ich verbrachte viele Tage am Strand, aß hier mit dem schönen Ausblick aufs

aquí he encontrado amigos, como tú Cristina. Los españoles son muy simpáticos, cariñosos y amables. Siempre te quieren presentar a otros amigos e integrarte: cuando conoces a un amigo español, sus amigos también te quieren conocer. Así te sientes enseguida como en casa. Además la comida sana y rica, los pescados frescos, los mariscos... Y sobre todo el paisaje espectacular, la naturaleza fascinante, las montañas cerca del mar y las ciudades preciosas como Cartagena, Caravaca de la Cruz, Murcia, Lorca y otras más lejos como Sevilla, Granada, Madrid ..."

Meer und ich wanderte oft in den Bergen. Ich bin sehr zufrieden, und hier habe ich Freunde gefunden wie dich Cristina. Die Spanier sind sehr sympathisch, herzlich und freundlich. Sie wollen dich immer anderen Freunden vorstellen und dich integrieren: Wenn du einen spanischen Freund kennst, wollen dich seine Freunde auch kennenlernen. So fühlst du dich gleich wie zuhause. Außerdem das gesunde und leckere Essen, die frischen Fische, die Meeresfrüchte ... Und vor allem die einzigartige Landschaft, die fantastische Natur, die Berge nahe beim Meer und die herrlichen Städte wie Cartagena, Caravaca de la Cruz, Murcia, Lorca und andere weiter entfernte wie Sevilla, Granada, Madrid ..."

Cristina: "¿Pero cómo se puede emigrar a España? ¿Necesitas trabajo, no?"

Cristina: „Aber wie kann man nach Spanien auswandern? Du brauchst Arbeit, oder?"

Paul: "Claro que sí, el trabajo es muy importante. Hace ocho años mi empresa alemana me ofreció la posibilidad de trabajar aquí durante dos años como ingeniero. Desde entonces me he quedado en Murcia. He encontrado otra empresa española en Cartagena que me paga bien, es decir, tengo todo lo que necesito para vivir aquí."

Paul: „Natürlich, die Arbeit ist sehr wichtig. Vor acht Jahren bot mir meine deutsche Firma die Möglichkeit, hier für zwei Jahre als Ingenieur zu arbeiten. Seitdem bin ich in Murcia geblieben. Ich habe eine andere spanische Firma in Cartagena gefunden, die mich gut bezahlt, sodass ich alles habe, was ich zum Leben hier benötige."

Sophie: "Pero entonces no es fácil emigrar a España, no es fácil encontrar un trabajo..."

Sophie: „Aber dann ist es nicht einfach nach Spanien auszuwandern, es ist nicht einfach eine Arbeit zu finden ..."

Cristina: "Yo siempre pienso: si quieres, encontrarás un trabajo, como yo. Estoy en una inmobiliaria y me gusta mi trabajo. Tengo colegas muy simpáticos e incluso cooperamos."

Cristina: „Ich denke immer: wenn du willst, findest du eine Arbeit wie ich. Ich bin bei einer Immobilienfirma und mir gefällt meine Arbeit. Ich habe sehr nette Kollegen und wir halten zusammen."

Paul: "Lo más importante es saber lo

Paul: „Das Wichtigste ist, dass du

que quieres. En Alemania se puede ganar más dinero. Pero en España estoy más contento. Cuando en Alemania creen que, ´el dinero no es suficiente para unas vacaciones grandes!`, en España comentan, con una sonrisa y humor, ´perfecto, podremos hacer vacaciones pequeñas!` La buena disposición, la alegría y el humor de los españoles me ayudan mucho. Y quiero aprender más de esta manera de vida."

weißt, was du willst. In Deutschland kann man mehr Geld verdienen. Aber in Spanien bin ich zufriedener. Wenn die Menschen in Deutschland glauben, dass ´das Geld nicht ausreicht für einen großen Urlaub!`, meinen die Spanier mit einem Lächeln und Humor, ´perfekt, wir können einen kleinen Urlaub machen!` Die Hilfsbereitschaft, die Fröhlichkeit und der Humor der Spanier helfen mir sehr. Und ich möchte mehr über diese Lebensart lernen."

Cristina: "¿Pero, cuando viniste, te acuerdas de los problemas que tuviste al principio? En algunas ocasiones no supiste comportarte con cortesía. A mi padre le molestó mucho cuando dijiste, ´¡cierra la ventana, tengo frío!`. Una orden en vez de pedir amablemente, ´¿si no es molestia, podríais cerrar la ventana, por favor?`"

Cristina: „Aber als du kamst, erinnerst du dich an die Probleme, die du anfangs hattest? In manchen Fällen wusstest du nicht, wie man sich höflich verhält. Meinen Vater hat das sehr geärgert, als du sagtest, ´schließe das Fenster, mir ist kalt!` Ein Befehl, anstatt freundlich zu bitten, ´wenn es keine Umstände macht, könntet ihr bitte das Fenster schließen?`"

Paul: "Jajajaja. He cometido muchos errores, pero ahora sé todas las palabras claves de cortesía. ¿Podrías darme la sal, por favor?"

Paul: "Hahahaha. Ich habe viele Fehler gemacht, aber jetzt beherrsche ich alle Schlüsselwörter der Höflichkeit. Könntest du mir bitte das Salz reichen?"

Cristina: "Claro que sí, con mucho gusto. Has aprendido mucho, de verdad."

Cristina: „Natürlich, herzlich gerne. Du hast wirklich viel gelernt."

Sophie: "Me gustaría mucho conocer más de la cortesía española. ¿Dónde podría encontrar frases de cortesía?"

Sophie: „Ich würde sehr gerne mehr über die spanische Höflichkeit wissen. Wo könnte ich Sätze der Höflichkeit finden?"

Cristina: "Ya he escrito una lista de estas frases útiles para Paul, te la voy a enviar mañana."

Cristina: „Ich habe bereits für Paul eine Liste mit diesen nützlichen Sätzen geschrieben, ich werde sie dir morgen schicken."

Sophie: "¿Qué cosas más hay que saber para emigrar a España?"

Sophie: „Welche Dinge muss man sonst noch wissen, um nach Spanien auszuwandern?"

Cristina: "Lo más importante es hablar español. Con el inglés, no llegarás muy lejos. Con el inglés no puedes preguntar por el baño, tampoco puedes pedir un café. En las ciudades grandes hay algunas personas que hablan inglés pero aquí no. Y otra cosa importante: Nosotros comemos mucha carne. Si eres vegetariano o vegano tienes que pedir ´comidas con productos de origen no animal`. O mejor decir directamente ´sin carne, pescado, huevos, leche, queso`. Por lo general los cocineros son muy amables."

Cristina: „Das wichtigste ist, Spanisch zu reden. Mit dem Englischen kommst du nicht sehr weit. Mit dem Englischen kannst du weder nach der Toilette fragen noch einen Kaffee bestellen. In den großen Städten gibt es einige Personen, die Englisch sprechen, aber hier nicht. Und noch was Wichtiges: Wir essen viel Fleisch. Wenn du Vegetarier oder Veganer bist musst du nach ´Gerichten, die keine Produkte tierischen Ursprungs enthalten` fragen. Oder am besten sagst du direkt ´ohne Fleisch, Fisch, Eier, Milch, Käse`. Im Allgemeinen sind die Köche sehr freundlich."

Paul: "¡Y además no olvidar la siesta! Entre las tres y las cinco de la tarde muchas tiendas están cerradas. Los españoles comen a las dos o tres y cenan como nosotros hoy a las nueve de la noche. Aquí para muchos españoles la comida es una fiesta y dura dos o tres horas, lo que me gusta mucho. Y por suerte la puntualidad en España no es tan importante como en Alemania. La primera vez cuando llegué con retraso Cristina no se molestó, me dijo ´¡muy español, así me gusta!`"

Paul: „Und außerdem darf man die Siesta nicht vergessen! Zwischen drei und fünf Uhr nachmittags sind viele Geschäfte geschlossen. Die Spanier essen mittags zwischen zwei und drei Uhr und sie essen zu Abend wie wir heute um neun Uhr abends. Das Essen ist hier für viele Spanier ein Fest und dauert zwei bis drei Stunden, das gefällt mir sehr. Und zum Glück ist die Pünktlichkeit in Spanien nicht so wichtig wie in Deutschland. Das erste Mal als ich zu spät kam, ärgerte sich Cristina nicht, sie sagte mir, ´ganz spanisch, so gefällt es mir!`

Cristina sonríe. Los tres pagan y van a la playa para pasear y ver la puesta del sol.

Cristina lächelt. Die drei bezahlen und gehen an den Strand, um noch eine Runde zu drehen und den Sonnenuntergang zu betrachten.

Teste dein Verständnis

1. Die deutsche Firma, bei der Paul angestellt war, ermöglichte ihm vor zehn Jahren zwei Jahre in Spanien zu arbeiten. Danach fand Paul ein spanisches Unternehmen, das ihm gute Konditionen bot, um weiterhin in Spanien sein Geld zu verdienen. Mit dieser finanziellen Sicherheit kann Paul weiterhin in Spanien leben.

2. Cristina erwähnt die typische spanische Höflichkeit: Man sagt nicht direkt was man will, sondern formuliert, was man gern hätte, oder sich wünschen würde. Außerdem gibt es Schlüsselwörter und -sätze wie „bitte“, „wenn es keine Umstände macht“, „könntest du bitte“. Da es in Spanien nur wenige Vegetarier oder Veganer gibt, nennt Cristina Möglichkeiten, wie man Gerichte ohne tierische Produkte bestellen kann.

3. Paul betont, dass es wichtig ist, die spanische Sprache zu beherrschen, dass die Spanier erst um 14:00h Mittag essen und um ca. 21:00h zu Abend, die Siesta meist zwischen 15:00h und 17:00h erfolgt und deswegen viele Geschäfte geschlossen sind. Wichtig ist zudem, dass das Essen meist zwei bis drei Stunden dauert, darauf muss man sich einstellen. Außerdem ist die Pünktlichkeit nicht ganz so wichtig.

Lösungen zu Kapitel 10

los números, las cantidades, la hora y otros unidades de tiempo

1.)

a. 4: cuatro

b. 500: quinientos/-as

c. 15: quince

d. 850: ochocientas cincuenta casas

e. 29: veintinueve

f. 2 024: dos mil veinticuatro

g. 100: cien

h. 40 000: cuarenta mil habitantes

i. 200: doscientos/-as

j. 3 000 000: tres milliones de edificios

2.)

a. 3kg/tomates: tres kilos de tomates

b. 1 Flasche/agua: una botella de agua

c. ½ l/aceite: medio litro de aceite

d. 1 Tüte/caramelos (Bonbons): una bolsa de caramelos

3.)

a. 09:20: son las nueve y veinte de la mañana

b. 10:50: son las once menos diez de la mañana

c. 03:15: son las tres y cuarto de la madrugada

d. 19:30: son las siete y media de la tarde

e. 11:45: son las doze menos cuarto de la mañana

f. 22:55: son las once menos cinco de la noche

g. 15:35: son las cuatro menos veinticinco de la tarde

h. 17:00: son las cinco de la tarde

Lösungen zu Kapitel 11

fruta, verdura, carne, pescado, productos lácteos y bebidas

1.)

a. Der Käse: *el queso*

b. Die Sahne: *la nata*

c. Das Fleisch: *la carne*

d. Das Mineralwasser: *el agua mineral*

e. Die Meeresfrüchte: *los mariscos*

f. La mantequilla: *die Butter*

g. El pescado: *der Fisch*

h. La berenjena: *die Augbergine*

i. Las patatas: *die Kartoffeln*

j. El pepino: *die Gurke*

Globales Lesen, Hören und Verstehen: Sophie und Paul auf dem Markt

Übersetzung:

El domingo a las diez de la mañana Paul y Sophie van en coche al mercadillo de Mazarrón. Paul ha explicado a Sophie que a las once o doce hay demasiada gente y los mejores productos ya están vendidos. Aparcan a unos 500 metros del mercadillo y van a pie hasta allí.

Am Sonntag um zehn Uhr morgens fahren Paul und Sophie im Auto zum Markt in Mazarrón. Paul hat Sophie erklärt, dass es um elf Uhr oder zwölf Uhr zu viele Leute gibt und die besten Produkte schon verkauft sind. Sie parken etwa 500 Meter vom Markt entfernt und gehen zu Fuß dorthin.

Paul: "¿Qué vamos a comprar?"

Paul: „Was werden wir einkaufen?"

Sophie: "Antes de volver a Alemania, quiero hacer una cena para ti y Cristina el lunes. Para los entrantes necesito una lechuga, atún, zanahorias, patatas, unos pepinos y tomates. Además, para el plato principal: pimiento rojo, dos calabacines, cuatro berenjenas lilas, ajo, cebollas y perejil. Ah!, no ovidar el queso fresco y pescado. ¿O preferís carne?"

Sophie: „Bevor ich nach Deutschland zurückkehre, möchte ich am Montag ein Abendessen für dich und Cristina machen. Für die Vorspeisen benötige ich einen Salat, Thunfisch, Karotten, Kartoffeln, einige Gurken und Tomaten. Außerdem fürs Hauptgericht: rote Paprika, zwei Zucchini, vier violette Auberginen, Knoblauch, Zwiebeln und Petersilie. Ah, ich darf den Frischkäse nicht vergessen und Fisch! Oder mögt ihr lieber Fleisch?"

Paul: "Es un placer cenar contigo. A Cristina le gusta mucho el pescado. A mí me da igual."

Paul: „Ich freue mich darauf, mit dir Abend zu essen. Cristina schmeckt besonders Fisch. Mir ist es egal."

Sophie: "Bueno, entonces necesito pescados, una lubina, una dorada y un bacalao. Además, me gustaría comprar fruta: uvas, albaricoques y una piña. Lo demás lo compraré en el supermercado."

Sophie: "Gut, dann brauche ich Fische, eine Lubine, eine Dorade und einen Kabeljau. Außerdem würde ich gern Früchte kaufen: Trauben, Aprikosen und eine Ananas. Das Übrige werde ich im Supermarkt kaufen."

Paul: "Vale. Vamos primero a mi puesto de frutas y verduras preferido, es el de „Paco-patata", se llama así porque tiene las mejores patatas del mercadillo."

Paul: „Ok. Gehen wir zuerst zu meinem Lieblingsstand mit Früchten und Gemüse, es ist der von „Paco-patata", er heißt so, weil er die besten Kartoffeln des Markts hat."

Paco-patata: "Hola Paul ¿qué tal? Es un placer verte. No nos hemos visto desde hace tiempo. ¿Qué puedo ofrecerte?"

Paco-patata: „Hallo Paul, wie geht's? Es ist schön dich zu sehen. Wir haben uns schon seit einiger Zeit nicht mehr gesehen. Was darf ich dir anbieten?"

Paul: "Hola Paco-patata. Te presento a

Paul: „Hallo Paco-patata. Ich stelle dir

mi amiga Sophie, es también de Alemania. Ella necesita fruta y verdura."

meine Freundin Sophie vor, sie ist auch aus Deutschland. Sie benötigt Früchte und Gemüse."

Paco-patata: "Encantado de conocerte, Sophie. ¿Qué quieres?"

Paco-patata: „Es freut mich dich kennenzulernen, Sophie. Was möchtest du?"

Sophie: "Quiero, por favor unas uvas, medio kilo de albaricoques y una piña, por favor. Además, necesito tres de estos pimientos rojos, dos calabacines, cuatro o cinco berenjenas lilas, medio kilo de zanahorias, y 3 kilos de patatas. Aparte de eso quería dos ajos, cebollas y perejil."

Sophie: „Ich möchte bitte einige Trauben, ein halbes Kilo Aprikosen und eine Ananas. Außerdem brauche ich drei von diesen roten Paprika, zwei Zucchini, vier oder fünf violette Auberginen, ein halbes Kilo Karotten und drei Kilo Kartoffeln. Darüber hinaus hätte ich gern zwei Knollen Knoblauch, Zwiebeln und Petersilie."

Paco-patata: "¿Algo más?"

Paco-patata: „Sonst noch was?"

Sophie: "No gracias, es todo."

Sophie: „Nein danke, es ist alles."

Paco-patata: "Para ti hago un precio barato: 15€. Y una lechuga riquísima de regalo."

Paco-patata: „Für dich mache ich einen günstigen Preis: 15€. Und als Geschenk einen leckeren Salat."

Sophie: "No es muy barato. ¿Podrías bajar el precio un poco? 12€ son suficientes, ¿no?"

Sophie: „Es ist nicht sehr billig. Könntest du den Preis etwas senken? 12€ sind genug, oder?"

Paco-patata: "Lo puedo hacer por ti, Sophie. 12€ con la lechuga y ya está."

Paco-patata: "Ich kann das für dich machen, Sophie. 12€ mit dem Salat und fertig."

Sophie: "Muchas gracias y hasta pronto."

Sophie: „Vielen Dank und bis Bald."

Después Sophie y Paul van al puesto del pescado y al de la carne. Paul conoce a casi todos los vendedores. En el puesto de Pablo compran la carne, en el de Pili los pescados. Pero Sophie no quiere solo comprar comida, además desea ver las gafas de sol, porque las suyas ya están muy viejas, y también quiere ver y probarse algunos vestidos bonitos. Entonces Paul y Sophie están delante del puesto de las gafas. Sophie se pone unas gafas de sol que le gustan mucho.

Danach gehen Sophie y Paul zum Fischstand und zum Fleischstand. Paul kennt fast alle Verkäufer. Am Stand von Pablo kaufen sie das Fleisch, an jenem von Pili die Fische. Aber Sophie will nicht nur Essen einkaufen, sie wünscht sich noch, die Sonnenbrillen anzuschauen, weil ihre schon sehr alt sind und sie möchte auch einige schönen Kleider sehen und anprobieren. Schließlich sind Paul und Sophie vor dem Brillenstand. Sophie setzt sich einige Sonnenbrillen auf, die ihr sehr gefallen.

Sophie: "Mira, estas gafas me gustan mucho."

Sophie: "Schau, diese Brille gefällt mir besonders."

Paul: "Sí, las gafas te quedan muy bien."

Paul: „Ja, die Brille steht dir sehr gut."

Sophie: "Las compraré tal vez más tarde. Todavía tengo las gafas viejas que me regaló mi abuela. Vamos a ver los vestidos, hay muchísimos."

Sophie: „Ich werde sie vielleicht später kaufen. Ich habe ja immer noch die alte Brille, die mir meine Großmutter geschenkt hat. Lass uns die Kleider anschauen, es gibt etliche."

Paul y Sophie van a los puestos de vestidos. Allí Sophie se enamora de un vestido blanco, que al probarselo le queda muy bien. Pero en este momento se da cuenta de que ha perdido sus gafas, ¡el regalo de su querida abuela! Sophie y Paul vuelven al puesto de gafas, pero allí no están. Sophie se molesta y está muy triste.

Paul und Sophie gehen zu den Kleiderständen. Dort verliebt sich Sophie in ein weißes Kleid, das ihr beim Anprobieren sehr gut steht. Aber in diesem Moment wird ihr klar, dass sie ihre Brille verloren hat. Das Geschenk ihrer geliebten Großmutter! Sophie und Paul kehren zum Brillenstand zurück, aber dort ist sie nicht. Sophie ärgert sich und ist sehr traurig.

Paul: "Hay un cuento español para niños que explica que las cosas no quieren estar siempre contigo. Como muchas personas, también las cosas necesitan un cambio. Por eso tus gafas han buscado a otro dueño. Entonces no has perdido tus gafas, solamente tus gafas ahora han encontrado a otro dueño."

Paul: „Es gibt eine spanische Geschichte für Kinder die erklärt, dass die Dinge nicht immer bei dir bleiben wollen. Wie viele Menschen benötigen auch die Dinge einen Wechsel. Deswegen hat sich deine Brille einen anderen Besitzer gesucht. Also hast du deine Brille nicht verloren, lediglich deine Brille hat jetzt einen anderen Besitzer gefunden."

Sophie está pensando en sus gafas y en su abuela, pero las palabras de Paul la ayudan a aceptar la pérdida.

Sophie denkt an ihre Brille und an ihre Großmutter, aber die Worte von Paul helfen ihr den Verlust hinzunehmen.

Paul: "Tengo que irme pero vuelvo en diez minutos."

Paul: „Ich muss kurz weg, aber ich komme in zehn Minuten zurück."

Sophie espera a Paul delante del puesto de gafas hasta que vuelve.

Sophie wartet auf Paul vor dem Brillenstand, bis er zurückkommt.

Sophie: "¿Has comprado algo?, ¿qué? Déjame verlo."

Sophie: „Hast du was gekauft? Was? Lass es mich sehen."

Paul: "No, no he comprado nada, solo fui al baño en una cafetería cerca de aquí."

Paul: „Nein, ich habe nichts gekauft, ich war nur in einem hier nahen Kaffee auf der Toilette."

Sophie: "Oh ya son las tres de la tarde.

Sophie: „Oh, es ist schon drei Uhr

Tengo que ir a casa, comprar las bebidas y preparar todo para la cena con vosotros mañana."

nachmittags. Ich muss nach Hause gehen, die Getränke einkaufen und alles für das Abendessen mit euch morgen vorbereiten."

Sophie y Paul vuelven a La Azohía y se despiden.
Al día siguiente Sophie encuentra un paquete delante de su apartamento. Sophie abre el paquete y lee la carta: "Soy el vestido blanco del que te enamoraste ayer. Quiero estar contigo. ¿Estás de acuerdo?"

Sophie und Paul kehren zurück nach La Azohía und verabschieden sich. Am nächsten Tag findet Sophie ein Paket vor ihrem Appartement. Sophie öffnet das Paket und liest den Brief: „Ich bin das weiße Kleid, in das du dich gestern verliebt hast. Ich möchte bei dir bleiben. Bist du einverstanden?"

FSC
www.fsc.org
MIX
Papier | Fördert gute Waldnutzung
FSC® C083411

Zeitfracht Medien GmbH
Ferdinand-Jühlke-Straße 7
99095 Erfurt, Deutschland
produktsicherheit@kolibri360.de